Natália Hickman

Tudo bem? Vamos aprender Português! 2

Brazilian Portuguese
Intermediate and Advanced Levels

Apresentação

O livro Tudo bem? Vamos aprender Português! 2 foi criado para auxiliar professores que ensinam a língua portuguesa a estrangeiros, assim como adultos e adolescentes que desejam estudar sozinhos e aprender o português de forma objetiva e simples.
O livro é dividido em 7 unidades, resumindo de forma clara os pontos gramaticais mais importantes para a aprendizagem e comunicação da língua portuguesa. Ao final de cada lição, o aluno pode praticar o que aprendeu fazendo os exercícios relacionados à matéria. O livro foi adaptado usando também a língua inglesa para facilitar aqueles que estudam sozinhos.

Depois de muitos anos ensinando português e inglês para estrangeiros, resolvi criar o meu próprio método, abordando o que realmente importa para aprender uma língua estrangeira. O conteúdo é atual, descontraído e fácil de aprender, direcionado aos alunos do nível intermediário e avançado.

A autora

Available on amazon.com
For further information please write to:
tudobem.vamosaprenderportugues@gmail.com

My website:
tudobem-brazilianportuguese.com

Contact:
info@tudobem-brazilianportuguese.com

Tudo bem? Vamos aprender Português!

	SUMMARY/SUMÁRIO
UNIT 1 (page 7)	- The vowels and consonants - **As vogais e consoantes** - Interrogative Pronouns - **Pronomes Interrogativos** - Reflexive Verbs - **Verbos Pronominais Reflexivos** - Imperative - **Imperativo** - Expressions with parts of the body 1 - **Expressões com as partes do corpo 1**
UNIT 2 (page 41)	- FOR and TO - **PARA / POR / PELO** - SHOULD / MAY / MIGHT / HAVE TO - **DEVERIA,DEVIA / DEVER / TER QUE** - Pronouns (Direct and Indirect Object) - **Pronomes - Objeto direto e Indireto** - Agreeing and Disagreeing - **Concordando e Discordando** - VERY/VERY MUCH/MANY/MUCH/A LOT(OF)/FEW/LITTLE/A LITTLE BIT OF - **MUITO(A)/ MUITOS(AS)/POUCO(A)/POUCOS(AS)/UM POUCO DE** - Review of Verbs - **Revisão de Verbos** - Expressions with parts of the body 2 - **Expressões com as partes do corpo 2**
UNIT 3 (page 77)	- FOR / SINCE - **HÁ / DESDE** - STILL / YET / ALREADY / EVER - **AINDA, JÁ** - Comparative and Superlative - **Comparativo e Superlativo** - Conjunctions - **Conjunções** - Verbs including the Participle - **Verbos incluindo o Particípio** - Regular and Irregular Participle - **Particípio Regular e Irregular (Verbos Abundantes)** - Present Perfect Indicative and Past Perfect - **Pretérito Perfeito Composto do Indicativo e Pretério Mais-Que-Perfeito Composto do Indicativo** - Adverbs ending in -LY - **Advérbios terminados em -MENTE** - Expressions with parts of the body 3 - **Expressões com as partes do corpo 3**
UNIT 4 (page 107)	- Present Subjunctive - **Presente do Subjuntivo** - SOME / ANY / NO / NONE - **Algum(a), Nenhum(a), Qualquer** - SOMETHING / ANYHTING / NOTHING - **Alguma coisa/Algo, Nada, Qualquer coisa** - SOMEBODY / ANYBODY / NOBODY - **Alguém, Ninguém** - EVERY / EVERYTHING / EVERYBODY / ALL / ALL THE/ ALL OF THEM - **Todo, Tudo, Todo Todos (os/as)** - Expressions with parts of the body 4 - **Expressões com as partes do corpo 4**
UNIT 5 (page 145)	- Conditional - **Futuro do Pretérito do Indicativo** - Imperfect Subjunctive - **Pretérito Imperfeito do Subjuntivo** - Second Conditional - **Se + Pretérito Imperfeito do Subjuntivo + Futuro do Pretérito do Indicativo** - BIG / LITTLE / SMALL - **Aumentativo e Diminutivo** - Geometric Shapes - **Formas Geométricas** - Future Subjunctive - **Futuro do Subjuntivo** - First Conditional - **Se + Futuro do Subjuntivo + Futuro do Indicativo** - Impersonal and Personal Infinitive - **Infinitivo Impessoal e Pessoal** - Expressions with parts of the body 5 - **Expressões com as partes do corpo 5**
UNIT 6 (page 183)	- Passive Voice - **Voz Passiva** - Present Perfect Subjunctive - **Pretérito Perfeito Composto do Subjuntivo** - Past Perfect Subjunctive - **Pretérito Mais-Que-Perfeito Composto do Subjuntivo** - Third Conditional - **Se + Pretérito Mais-Que-Perfeito Composto do Subjuntivo + Futuro Pretérito Composto do Indicativo** - Future Perfect Subjunctive - **Futuro Composto do Subjuntivo** - Expressions with parts of the body 6 - **Expressões com as partes do corpo 6**

	SUMMARY/SUMÁRIO
UNIT 7 **(page 215)**	- Punctuation / Intonation- **Pontuação e Entonação** - Comparing / Expressing cause, quantity - **Comparando / Exprimindo causa, quantidade** - Direct and Reported Speech - **Discurso Direto e Indireto** - Relative Pronouns - **Pronomes Relativos** - Text: Behaviors among different generations. - **Texto: Comportamentos geracionais** - Expressions with parts of the body 7 - **Expressões com as partes do corpo 7**

THE VOWELS AND CONSONANTS
As vogais e consoantes

INTERROGATIVE PRONOUNS
Pronomes Interrogativos

REFLEXIVE VERBS
Verbos Pronominais Reflexivos

IMPERATIVE
Imperativo

EXPRESSIONS WITH PARTS OF THE BODY 1
Expressões com as partes do corpo 1

AS VOGAIS - THE VOWELS

A E I O U

Sons diferentes - Different sounds

A/Á (open sound) - casa, batata, pato, água, Natália, chá
A/Ã/Â (nasal sound) - cama, pijama, banana, maçã, hortelã, manhã, orgânico, mecânico, âncora
É (open sound) - ela, janela, pé, picolé
Ê (closed sound) - espelho, escova, você, pêssego
I (one sound) - ilha, Brasil, amigo
Ó (open sound) - ovos, olhos, nosso, ótimo, avó
Ô (closed sound) - ovo, olho, cachorro, avô
U (one sound) - uva, açúcar, cubo, urubu

Variações na pronúncia - Variations in pronunciation

Em português, as palavras <u>terminadas</u> em E e O são geralmente faladas de forma diferente. O som /**E**/ passa para /**I**/; o som /**O**/, passa para /**U**/.

Exemplos:

cidad**e** - 'cidadi'
idad**e** - 'idadi'
verd**e** - 'verdi'
Alic**e** - 'Alici'
aquel**e** - 'aqueli'

menin**o** - 'meninu'
carr**o** - 'carru'
gat**o** - 'gatu'
moment**o** - 'momentu'

<u>Let's practice! - Vamos praticar!</u>

Copacabana	caneta	vestido	romântico
Ipanema	cerveja	fogo	arte
cinema	estrela	homem	livro
tomate	melhor	povo	pântano
hoje	pior	César	Ângela
grama	hospital	puro	português
coelho	Jaqueline	romã	irmã
joelho	liberdade	Vietnã	ponte
conselho	saúde	aluno	barco

AS CONSOANTES - THE CONSONANTS

BA / BE / BI / BO / BU
CA / **CE** / **CI** / CO / CU - (CE / CI sounds S)
DA / DE / DI / DO / DU
FA / FE / FI / FO / FU
GA / **GE** / **GI** / GO / GU - (GE / GI sounds J)
HA / HE / HI / HO / HU
JA / JE / JI / JO / JU
LA / LE / LI / LO / LU
MA / ME / MI / MO / MU
NA / NE / NI / NO / NU
PA / PE / PI / PO / PU
RA/ RE / RI / RO / RU
SA / SE/ SI / SO / SU
TA / TE / TI / TO / TU
VA / VE / VI / VO / VU
XA / XE / XI / XO / XU (sounds SH)
ZA / ZE / ZI / ZO / ZU

As letras **K, W e Y** são geralmente usadas em nomes ou palavras de outras nacionalidades usadas no português.

Kátia / Wilson / Yasmin

Q - sons diferentes
     (different sounds)

QUA - /CUA/	QUE - /KE, CUE/	QUI - /KI, CUI/	QUO - /KO, CUO/
qual - what, which	**quero** - I want	**aqui** - here	**quorum** - quorum
quando - when	**esquerda** - left	**esquilo** - squirrel	**quociente** - quotient
quarto - bedroom	**queijo** - cheese	**anarquia** - anarchy	**quota** -share, installment
quantidade - quantity	**raquete** - racket	**esquimó** - eskimo	**oblíquo** - oblique
aquário - aquarium	**ataque** - attack	**psiquiatra** - psychiatrist	**alíquota** - percentage
esquadrão - squad	**cinquenta** - 50	**arquivo** - archive	
	sequestro - kidnapping	**quilômetro** - kilometer	
	delinquente - delinquent	**líquido** - liquid	
	sequência - sequence	**liquidação** - sale	
	frequente - frequent	**liquidificador** - blender	

Ç - C cedilha tem som de S.
   (sounds S)

açafrão - turmeric
açaí - kind of Brazilian berry
coração - heart

R - tem som de H em palavras que começam com R e palavras com RR.
   (sounds H in words that start with R and words that have RR.)

rio - river
rato - mouse
ferro - iron
rádio - radio
correto - correct
bizarro - bizarre

R - tem som de H também no meio de algumas palavras.
   (also sounds H in the middle of some words)

enrolado - curly
genro - son-in-law
tenro - tender

R - entre vogais, tem um som leve.
   (between vowels, it has a light sound.)

Vera
Maria
morar - to live
feira - farmer's market
cadeira - chair
areia - sand

R - perto de uma consoante, o som varia de acordo com o lugar que a pessoa vive. Há sotaques diferentes. Os cariocas falam o R com o som vindo da garganta.
(next to a consonant, the sound varies according to the place the person lives. There are different accents. Cariocas (people from Rio) say the R with a sound coming from the throat.

porta - door
carta - letter
circo - circus
perna - leg

R - no final da palavra, o R tem um som forte vindo da garganta (estilo carioca) como nos exemplos acima. Na verdade, o som vai depender da região.
(at the end of the word, R can also have a strong sound coming from the throat (carioca style) like the examples above. It will depend on the region, though.)

jantar - dinner   **sabor** - flavor
mar - sea   **calor** - heat
lugar - place   **amor** - love
cor - color

Let's practice! - Vamos praticar!

dor - pain
cereja - cherry
vender - to sell
morro - hill
horror - horror
horário - schedule
lar - home
lugar - place
dormir - to sleep
carioca - person from Rio
energia - energy
Rafael - Raphael
rico - rich
arrogante - arrogant
terrível - terrible
sorriso - smile
irresistível - irresistible
erro - mistake
guerra - war
maratona - marathon

racional - rational
rápido - fast
certo - right
errado - wrong
raro - rare
cerveja - beer
lareira - fireplace
fogueira - fire
repolho - cabbage
cérebro - brain
cancelar - to cancel
guaraná - Brazilian soda
raiz - root
caridade - charity
caroço - pit, seed, lump
caracol - snail
carruagem - carriage
rio - river
rocambole - cake roll
ridículo - ridiculous

Explicando o X

O X pode ser confuso às vezes porque tem sons diferentes.
(X can be confusing sometimes because there are many sounds to it.)

X - O X tem som de SH em palavras que tem duas vogais pertencentes à mesma sílaba.
(sounds SH in words that have two vowels belonging to the same syllable):

ameixa - plum
baixo - short
peixe - fish
caixa - box

outras palavras com som de SH:
(other words with SH sound:)

México - Mexico
Alexandre - Alexander
xadrez - plaid, chess
mexer - to stir
enfaixar - to bandage

xícara - tea cup
bruxa - witch
xerife - sheriff
xale - shawl
xingar - to curse, to swear

X - também tem som de SH quando vier depois da sílaba EN.
(also sounds SH when it comes after the syllable EN.)

enxada - garden hoe
enxame (de abelhas) - swarm
enxugar - to dry
enxergar - to see
enxaguar - to rinse

X - tem som de Z
(sounds Z)

exame - exam
exemplo - example
exército - army
exercício - exercise
exato - exact
execução - execution

X - tem som de S
(sounds S)

sexta - Friday
experiência - experience
expressar - to express
texto - text
exceção - exception
excelente - excellent
auxílio - aid, help, assistance

X- tem som de KS
(sounds KS)

táxi - taxi
Texas - Texas
fixo - fixed
tórax - chest
sexo - sex
anexar - to attach
látex - latex
xérox - xerox
fax - fax
inox - stainless

<u>Let's practice! - Vamos praticar!</u>

Ç = c cedilha / Ã = til / Ô = acento circunflexo / Ó = acento agudo

Leia e soletre as palavras:

a- **EDUCAÇÃO** - education
b- **EXAME DE SANGUE** - blood test
c- **ENXAME DE ABELHAS** - swarm
d- **CHAVEIRO** - key chain, locksmith
e- **EXCEÇÃO** - exception
f- **AÇOUGUE** - butcher shop
g- **ESQUIMÓ** - Eskimo
h- **AUXÍLIO** - support, help
i- **XÉROX** - xerox
j- **BRUXA** - witch
k- **CHAPÉU** - hat
l- **ORELHA** - ear
m- **CAMINHO** - way
n- **DINHEIRO** - money
o- **YOGA** - yoga
p- **JARDIM** - garden
q- **VOVÔ** - grandpa
r- **OXIGÊNIO** - oxygen

Tudo bem? Vamos aprender Português!

Aluno(a): _____

UNIT 1 - UNIDADE 1   **Lesson 1 - Lição 1**

EXERCÍCIOS

Practicing the syllables:

1- Complete as palavras com XA XE XI XO XU ou CHA CHE CHI CHO CHU:

a- li_____ (garbage)	h- Mé_____ co (a country)	o- _____rope (cough syrup)
b- _____le (shawl)	i- pei_____ria (fish market)	p- lagarti_____ (gecko)
c- abaca_____ (pineapple)	j- pu_____r (to pull)	q- co_____ (thigh)
d- pei_____ (fish)	k- _____va (rain)	r- lu_____ (luxury)
e- _____ão (floor)	l- _____ cara (cup)	s- bai_____ (short)
f- fa_____na (housecleaning)	m- mo_____la (backpack)	t- co_____lo (nap)
g- amei_____ (plum)	n- _____to (boring)	u- ca_____col (scarf)

2- Circule as palavras abaixo que tem som de KS:

explicação (explanation)	bruxa (witch)	oxigênio (oxygen)	caixa (box)
texto (text)	excursão (excursion)	próximo (next)	saxofone (saxophone)
experiência (experience)	táxi (taxi)	explicar (explain)	Alex
Texas (a state in the US)	exemplo (example)	sexta-feira (Friday)	tóxico (toxic)
exército (army)	anexo (attachment)	conexão (connection)	exame (exam)

3- Escreva frases com as palavras abaixo:

a- preguiça _____
b- xícara _____
c- experiência_____
d- lixeira _____
e- xarope _____
f- esquerda _____
g- açúcar _____
h- enrolado _____
i- perna _____
j- corrupto _____

4- Caça-palavras:

<u>CH   LH   NH</u>

cheio (full)
chupeta (pacifier)
mochila (backpack)
chuva (rain)
salsicha (hot dog)
chocolate (chocolate)
chaveiro (key ring)

vermelho (red)
palhaço (clown)
atalho (shortcut)
mulher (woman)
orelha (ear)
trabalho (work)
alho (garlic)

farinha (flour)
caminho (way/path)
dinheiro (money)
pinheiro (pine tree)
linha (line, thread)
rascunho (draft)
cozinha (kitchen)

J	V	C	O	N	G	D	U	E	W	F	X	Z	I	L	R	C	U	V
Ç	F	H	D	W	J	G	M	C	F	A	B	D	O	O	I	H	L	E
B	B	O	L	C	H	A	V	E	I	R	O	X	C	V	E	E	K	R
C	H	C	F	E	X	D	Y	D	C	I	X	R	A	B	F	I	M	M
A	L	O	B	S	Ç	S	M	P	I	N	H	E	I	R	O	O	N	E
M	U	L	H	E	R	A	O	E	F	H	H	F	G	S	X	R	B	L
I	Y	A	G	T	W	C	U	A	R	A	T	A	L	H	O	E	A	H
N	R	T	N	Y	C	H	U	V	A	S	D	E	F	D	R	S	E	O
H	D	E	D	G	A	U	Y	X	E	A	I	U	Y	D	E	C	S	C
O	V	X	I	H	D	P	W	C	R	M	O	C	H	I	L	A	G	F
Z	G	K	N	U	R	E	Z	A	A	S	C	Z	S	T	H	K	M	L
X	K	B	H	O	P	T	R	S	A	L	S	I	C	H	A	X	R	A
N	L	H	E	P	T	A	E	S	C	I	H	D	V	E	A	S	N	M
K	P	R	I	R	G	D	L	A	V	N	X	O	U	O	E	F	R	T
O	T	T	R	A	B	A	L	H	O	H	Z	F	H	K	A	V	G	Y
P	E	C	O	F	H	X	S	W	A	A	B	C	O	Z	I	N	H	A
D	W	D	C	G	J	V	G	H	Q	Ç	V	B	F	Y	M	N	I	O
T	Q	S	S	R	A	S	C	U	N	H	O	I	D	F	H	A	E	I

PRONOMES INTERROGATIVOS - INTERROGATIVE PRONOUNS

QUE / O QUE / QUAL / QUAIS - WHAT / WHICH / WHICH ONES
QUEM - WHO
QUANTO/A - HOW MUCH
QUANTOS/AS - HOW MANY
COMO - HOW
POR QUE? - WHY
QUANDO - WHEN

Pronomes Interrogativos são usados em frases interrogativas.

Exemplos de <u>interrogativas diretas</u>:

- **Que** dia é hoje? - What day is it today?
- **Quem** fez esse bolo? - Who made this cake?
- **Qual** é o seu prato favorito? - What's your favorite dish?
- **Quanto** custa o seu aluguel? - How much is your rent?
- **Quais** são os seus restaurantes favoritos? - What are your favorite restaurants?

Pronomes interrogativos <u>variáveis e invariáveis.</u>

Os pronomes interrogativos invariáveis não mudam.

Invariáveis:

Que – <u>Que</u> horas são? - What time is it?
O que – <u>O que</u> ele quer fazer hoje? - What does he want to do today?
Quem – <u>Quem</u> é a sua amiga? - Who is your friend?
Como – <u>Como</u> você está? - How are you?
Por que – <u>Por que</u> você quer aprender português? - Why do you want to learn Portuguese?
Quando – <u>Quando</u> ele vai viajar? - When is he going to travel?
Onde – <u>Onde</u> ela está trabalhando agora? - Where is she working now?

Os pronomes interrogativos QUAL e QUANTO são variáveis (mudam).

QUAL/QUAIS (plural) - What / Which ones
QUANTOS/AS (plural) - How many

Variáveis:

- **Quantos** anos você tem? - How old are you?
- **Quantas** cervejas você comprou? - How many beers did you buy?
- **Qual** é o seu nome? - What's your name?
- **Quais** são seus hobbies? - What are your hobbies?

Usados com preposições

Com quem? - With whom?
De quem? - Whose?
De onde? - Where from?
Para onde/Aonde? - Where to?

Exemplos:

- **Com quem** você conversou hoje? - Who did you talk to today?
- **De quem** é esse iPad? - Whose iPad is this?
- **De onde** eles são? - Where are they from?
- **Para onde/Aonde** você está indo agora? - Where are you going (to) now?

QUE / O QUE / QUAL - WHAT

QUE + substantivo (WHAT+ noun)

- **Que** <u>horas</u> são? - What time is it?

- **Que** <u>carro</u> você comprou? - What car did you buy?

O QUE + sujeito ou verbo (WHAT + subject or verb)

- **O que** <u>você</u> quer comer? - What do you want to eat?
- **O que** <u>está</u> acontecendo? - What is happening?

QUAL + verbo ou substantivo (WHAT + verb or noun)

- **Qual** <u>é</u> o seu nome? - What's your name?
- **Qual** <u>é</u> a sua fruta favorita? - What's your favorite fruit?
- **Qual** <u>carro</u> você tem? - What car do you have?

POR QUE? / POR QUE/ PORQUE/ PORQUÊ - WHY / BECAUSE

POR QUE (por qual razão, motivo) - WHY (for what reason?)

- **Por que** você quer aprender alemão? - Why do you want to learn German?
- Não sei **por que** ela não gosta de mim. - I don't know why she doesn't like me.

PORQUE - BECAUSE
- usado para indicar uma causa ou <u>explicação de algo</u>. Pode ter valor aproximado de "pois".
Exemplos:

- Não fui trabalhar hoje **porque** não estava me sentindo bem. (pois) - I didn't go to work today because I wasn't feeling well.
- Não esquece de fechar a janela **porque** vai chover mais tarde. - Don't forget to close the window because it's going to rain later.

(O) PORQUÊ - THE REASON (noun, used with 'o' ou 'um')
Exemplos:

- Não sabemos o **porquê** (o motivo, a razão) do desaparecimento dele. - We don't know the reason for his disappearance.
- Me diz <u>um</u> **porquê** (uma razão) para não aceitar a proposta de emprego.- Tell me a reason not to accept the job offer.

POR ISSO / POR CAUSA DISSO - BECAUSE OF THIS / THAT'S WHY
POR CAUSA DO/DA - BECAUSE OF (THE)

- Estava chovendo demais. **Por isso**, o show foi cancelado. - It was raining a lot. That's why the show was canceled.
- **Por causa da** chuva, o show foi cancelado. - Because of the rain, the show was canceled.
- **Por causa do** trânsito parado, cheguei atrasado/a. - Because of the heavy traffic, I arrived late.

Let's practice! Vamos praticar!

Traduza as frases:

a- **Because of** the holiday, the meeting was canceled. (=feriado)
b- **Why** do you want to learn Portuguese?
   Because I want to talk to my Brazilian friends.
c- I don't know **why** she hates him. (to hate =odiar/detestar)
d- **Whose** phone is this?
e- **What** color is your car?
f- **Where** are your parents from?
g- **Who** do you live with?
h- **What** do you like doing on Sundays?
i- **What** costume did you wear on Halloween? (=fantasia)
j- She doesn't know **the reason** for his anger. (=raiva)
k- I missed the bus. **That's why** I'm late. (=atrasado/a)
l- **What time** does he get up?
m- **How** does he go to work?
n- **How many** children do you have?
o- **How old** are they?
p- **What** are your plans for the Summer?
q- **Who** won the game? (=jogo)

Prática oral

Tânia   Isabela   João   Antônio   Francisco   Letícia

Gabriela e Ana Luísa

a- Para onde a Tânia está indo?

b- O que a Letícia está bebendo?

c- Que horas são?

d- Onde a Gabriela e a Ana Luísa estudam? Elas estão conversando sobre o quê?

e- Que tipo de música o João está ouvindo?

f- Em qual cidade estão?

g- De quem é o cachorro?

h- De onde a Isabela é? Ela está de férias na cidade?

i- Quantos anos a Gabriela tem?

j- Qual é o nome do cachorro?

k- Qual é a cor do casaco da Letícia?

l- Com quem o Francisco mora?

m- Quem está usando salto alto?

n- O que o Antônio vai fazer quando chegar em casa?

o- Você acha que o Antônio está com pressa? Por que ele está olhando pro relógio?

UNIT 1 - UNIDADE 1   Lesson 2 - Lição 2

<u>EXERCÍCIOS</u>

1- Complete as frases com o <u>pronome interrogativo</u> correto e depois ligue-o à resposta mais apropriada:
(O que/ Qual/ Onde/ Como/ De quem/ Quais/ Por que/ De onde/ Que/ Quando/ Quantos/Quem/ Com quem/)

a- _____ é esse livro?

b- _____ a senhora prefere o filé?

c- _____ é essa caipirinha? É sua?

d-_____ são seus hobbies?

e-_____ ela quer morar no Brasil?

f-_____ fica o Brasil?

g-_____ vocês estão fazendo aqui?

h-_____ eles moram?

i-_____ está o José agora?

j-_____ você é?

k- A_____ horas ela vai chegar?

l-_____ é o seu aniversário?

m_____ é a sua profissão?

n-_____ anos você tem?

o- _____ você mora?

p- _____ vocês estão indo agora?

q- _____ comeu a pizza toda?

_____Às 10h.

_____Yoga e culinária.

_____23.

_____É meu.

_____Bombeiro.

_____Ao ponto.

_____Na América do Sul.

_____Não. É da Sandra.

_____O João.

_____Porque ela gosta da
cultura do país.

_____Em Nova Iorque.

_____Dia 23 de agosto.

_____No trabalho.

_____De Porto Rico.

_____Com meus pais.

_____Para a praia.

_____Viemos passear.

2- Use a forma correta do POR QUE (why), PORQUE (because), (O) PORQUÊ (the reason):

a- Não sei _____ ele ainda não me ligou hoje.

b- Ninguém sabe o _____ da sua <u>demissão</u> ainda. (=lay-off)

c- _____ você não resolveu todas as questões da prova?
_____ não estudei muito.

d- _____ a entrevista foi <u>adiada</u>? (=postponed)

e- Ele viajou pra Espanha _____ ganhou a passagem de presente.

f- _____ vocês não foram à festa?
_____ estávamos cansados.

g- Eu quero saber _____ ele mentiu.

h- Gostaria de saber o _____ do cancelamento da viagem.

i-_____ você está tão atrasado?
_____ o <u>trânsito</u> estava parado. (=traffic)

j- Ele deve estar em casa _____ <u>a luz está acesa</u>. (=the light is on)

k- Quero saber o _____ da sua decisão.

l- Abra a janela _____ o calor está <u>insuportável</u>. (=unbearable)

m- Eu não sei _____, mas a verdade é que eles se separaram.

Jogo da memória

Você tem boa memória?
Olhe atentamente o desenho abaixo, por alguns minutos, e responda as perguntas.

Vocabulário:

estante, prateleira - shelf   **dado** - die/dice   **anjo** - angel
boneca - doll   **galo** - rooster   **touro** - bull
chocalho - rattle   **chupeta** - pacifier
vaso - vase   **caminhão** - truck
carrinho de bebê - stroller   **mamadeira** - (baby) bottle

Perguntas:

1- Você viu um telefone?
2- Tem um cavalo na estante?
3- O menino está triste? Com o que ele está brincando?
4- A mamadeira está no chão?
5- Onde está a chupeta?
6- Você viu um anjo?
7- A senhora está usando óculos?
8- Quantos vasos tem na estante?
9- Onde está o caminhão?
10- O que tem na primeira prateleira?

VERBOS PRONOMINAIS E REFLEXIVOS - REFLEXIVE VERBS

Os chamados **verbos reflexivos** são verbos que expressam ações que se refletem no próprio sujeito, isto é, o sujeito pratica e, ao mesmo tempo, recebe a ação. Podem ser aplicados os termos: a si mesmo ou a si próprio.
Os verbos são conjugados com os pronomes reflexivos **me, se, nos**.

PRONOMES REFLEXIVOS - REFLEXIVE PRONOUNS
Usados antes do verbo

Eu	**ME**	myself	a mim mesmo/a
Você	**SE**	yourself	a si mesmo/a
Ele/Ela	**SE**	himself/herself	a si mesmo/a
Nós	**NOS**	ourselves	a nós mesmos/as
Vocês/Eles/ Elas	**SE**	yourselves/themselves	a si mesmos/as

Exemplos de conjugação reflexiva: (a ação recai sobre o próprio sujeito)

- Ele **se vestiu** e foi trabalhar. (vestir - to dress) - He got dressed and went to work.
- Eu **me cortei** com a faca.= knife (cortar - to cut) - I cut myself with the knife.
- Ele **se feriu** com a tesoura. = scissors (ferir - to hurt) - He hurt himself with the scissors.

Verbos pronominais essenciais

arrepender-se - to regret
suicidar-se - to commit suicide
intrometer-se - to meddle, interfere
atrever-se - to dare
despedir-se - to say goodbye
candidatar-se - to apply for (job), to run for (politics)
queixar-se - to complain
apaixonar-se - to fall in love

Exemplos:

- Ela **se arrependeu** do que disse. - She regretted what she said.
- A mulher **se suicidou** dentro de casa. - The woman committed suicide inside her home.
- Não **se intrometa** na minha vida pessoal! - Stop meddling in my personal life!
- Não **se atreva**! - Don't you dare!
- Ele **se despediu** e saiu. - He said goodbye and left.
- O Carlos **se candidatou** a prefeito. - Carlos ran for mayor.
- Ela vive **se queixando** de dor de cabeça. - She is always complaining about her headache.
- Ela **se apaixonou** por ele assim que o viu. - She fell in love with him as soon as she saw him.

Mais exemplos de verbos pronominais e reflexivos

cortar / **cortar-se** - to cut
ferir / **ferir-se** - to hurt
pentear / **pentear-se** - to comb
vestir / ***vestir-se** - to dress, *to get dressed
barbear / **barbear-se** - to shave (men)
pintar /**pintar-se** - to paint
encostar / **encostar-se** - to lean (against)
olhar / **olhar-se** - to look
preocupar /**preocupar-se** - to worry
divertir / ***divertir-se** - to entertain, *to have fun
prejudicar / ***prejudicar-se** - to cause harm, *to get screwed over
lembrar/ **lembrar-se** - to remember
formar / **formar-se** - to graduate
sentir / **sentir-se** - to feel
sacrificar / **sacrificar-se** - to sacrifice
alimentar / ***alimentar-se** - to feed, *to eat
desesperar / **desesperar-se** - to freak out
dedicar / **dedicar-se** - to dedicate
controlar /**controlar-se** - to control

banhar / **banhar-se** - to bathe
lavar / **lavar-se** - to wash
maquiar / **maquiar-se** - to put make up on
despir / **despir-se** - to undress
enxugar /**enxugar-se** - to dry
casar / ***casar-se** - to marry, *to get married
enganar /***enganar-se** - to deceive, *to be wrong about
chamar / ***chamar-se** - to call, *to be called
amar / **amar-se** - to love
perder / ***perder-se** - to lose, *to get lost
esconder /**esconder-se** - to hide
perguntar / ***perguntar-se** - to ask, *to wonder
envolver / ***envolver-se** - to involve, *to get involved
desculpar / ***desculpar-se** - to forgive, *to apologize

Exemplos:

- Ele não **se alimenta** bem. Só come porcaria. - He doesn't eat well. He only eats junk food.
- **Divirta-se**! - Have fun!
- Não **se preocupe**. Tudo vai ficar bem./ Vai dar tudo certo. - Don't worry. Everything is going to be ok.
- Eu **me perdi** dos meus amigos no Carnaval. As ruas estavam cheias demais. - I got lost from my friends at Carnival. The streets were crowded.
- Ela **se dedica** inteiramente ao trabalho. - She dedicates herself entirely to her job.
- Ele **se barbeia** uma vez por semana. He shaves once a week.
- O menino **se escondeu** atrás da cortina. The boy was hiding behind the curtains.

Conjugação pronominal recíproca: (a ação recai sobre cada um dos sujeitos. Só ocorre com sujeitos plurais (nós, eles).

SE (UM AO OUTRO) - EACH OTHER
Os verbos que denotam reciprocidade, geralmente, são utilizados no plural e podem ser reforçados pelas expressões **um ao outro**, reciprocamente e mutuamente.

amar (love) - insultar (insult) - cumprimentar (greet) - abraçar (hug) - falar (talk) - ver (see)
agredir/atacar (attack)

- Eles **se amam** como irmãos. - They love each other as if they were brothers.
- Os dois **se insultaram**. - The two of them insulted each other.
- Eles **se cumprimentaram** e entraram na sala de reunião. - They greeted each other and entered the conference room.
- Nós **nos abraçamos. -** We hugged each other.
- A gente **se falou** ontem - We talked (to each other) yesterday.

- Vocês **se viram** na festa? - Did you see each other at the party?
- Eles **se agrediram/se atacaram** verbalmente. - They attacked each other verbally.

SOZINHO/A (S) - BY MYSELF, BY YOURSELF, BY HIMSELF, BY HERSELF, BY ITSELF, BY OURSELVES, BY YOURSELVES, BY THEMSELVES

- Eu moro **sozinho(a).** - I live by myself.
- Ele gosta de falar **sozinho**. - He likes to talk to himself.
- Eu pintei o quarto **sozinho(a)**. - I painted the bedroom myself.

MIM MESMO (eu)/ SI MESMO(A) (você,ele,ela)/ NÓS MESMOS(AS) (nós) / SI MESMOS(AS) (vocês, eles, elas)

- Ele só pensa em **si mesmo**. - He only thinks about himself.
- Temos que acreditar em **nós mesmos**. - We have to believe ourselves.

Let's practice! - Vamos praticar!

a- **Eu** me amo! / ele / nós / eles
b- Eles se **beijaram**. / abraçar / cumprimentar / nós
c- **Ele** é egoísta. Só pensa em **si mesmo**. / ela / nós
d- **Eu** me arrependi do que fiz. / ela / nós / eles
e- **Eu** me cortei com a faca. / você / ele / nós / elas
f- **Nós** nos cumprimentamos. / eles / vocês
g- **Eu** me casei em 2010. / você / ela / nós / eles
h- **O gato** se escondeu embaixo da cama./ eu / nós / vocês
i- **Ele** se candidatou a presidente? / você / eles / vocês
j- **Ela** se despiu e foi tomar banho. / eu / nós / eles
k- Tomei banho, me enxuguei e me vesti. / ele / nós / eles
l- **Eu** me preocupo com o Gabriel. / ela / nós / eles
m- **Eu** me enganei com ele. / ela / nós / eles
n- **Ele** se sentiu mal ontem. / ela / eu / nós
o- **Ele** se banhou nas águas do rio. / ela / nós / eu
p- **Ela** se intrometeu na conversa./ eu / eles
q- **Eu** me diverti na festa. / ela / eles / nós
r- **Ele** se casou em Janeiro. / nós / eles / eu
s- **Eu** me formei em 2017. / ela / nós / eles
t- **Ele** se envolveu com drogas. / eu / eles / nós
u- **Eu** não me desespero facilmente. / ele / eles / nós
v- **Eu** arrumei a casa toda **sozinha**. / ele / nós / eles
w- **Ela** organizou a festa **sozinha**. / nós dois / vocês / eu
x- **Nós** nos abraçamos. / eles / vocês
z- **Eles** se cumprimentaram formalmente. / nós / vocês

Verbos Reflexivos

a- Traduza as frases:

1- They **worry about** my health. (preocupar-se com)
2- He **ran for** president in 2018. (candidatar-se a)
3- She **fell in love with** him. (apaixonar-se por)
4- Don't you **dare** come here again! (atrever-se)
5- He **graduated** in 2019. (formar-se)
6- He can't **control himself** when they argue. (controlar-se)
7- They **kissed** and **hugged** when they **met**. (beijar / abraçar / encontrar)
8- We **greeted each other** and entered the room. (cumprimentar)
9- I **got married** 2 years ago. (casar-se)
10- He **wasn't feeling** well this morning. (sentir-se)
11- The thief **hid** under the bed. (esconder-se)
12- I **had fun** at the party. (divertir-se)
13- They **were wrong** about her. (enganar-se com)
14- She **apologized for** being late. (desculpar-se por)
15- I **got lost** in NY last year. (perder-se)
16- She **got involved** with a married guy. (envolver-se)
17- He **freaks out** when she gets home late. (desesperar-se)
18- He **shaves** twice a week. (barbear-se)
19- We **dedicate ourselves** to our children. (dedicar-se às/aos)
20- I **get dressed** fast every day. (vestir-se)
21- He **became** famous because of his jokes. (tornar-se)
22- He **is** always **meddling** in other people's life. (intrometer-se)
23- Stop **complaining**! (queixar-se)

b- Traduza e responda:

24- What makes you **feel** well? (sentir-se)
25- Do you **worry about** your future? (preocupar-se com)
26- Have you ever **dressed up as** a superhero on Halloween? (vestir-se de)
27- What do you do when you **freak out**? (desesperar-se)
28- How old were you when you **fell in love** for the first time? (apaixonar-se)
29- Do you **remember** your first job? (lembrar-se de)
30- Do you **control yourself** in a tense situation? (controlar-se)

Tudo bem? Vamos aprender Português!

Aluno(a): _____

UNIT 1 - UNIDADE 1   Lesson 3 - Lição 3

Texto:

Sérgio e Mônica se casaram no ano passado. Eles se conheceram no
Rio de Janeiro em 2015. Caio, amigo de Sérgio, apresentou a Mônica a
ele.
Sérgio é de Fortaleza e estava visitando o Rio pela segunda vez. Ele e
Mônica fizeram um passeio juntos no Cristo Redentor e foi lá que se beijaram pela primeira vez, e se
apaixonaram.
Dois anos depois, eles voltaram ao Rio para assistirem o Carnaval na Sapucaí e Sérgio resolveu pedir a
Mônica em casamento.
A festa foi linda e todos se divertiram muito. Eles decidiram se mudar para o Rio e se sentem muito
felizes na 'cidade maravilhosa'.

1- Sublinhe os verbos na forma reflexiva pronominal. (=underline)
 - Responda:

a- Onde eles moram atualmente? (=currently)

_____

b- Quando o Sérgio pediu a Mônica em casamento?

_____

c- Quem apresentou a Mônica pro Sérgio?

_____

d- Onde aconteceu o primeiro beijo entre eles?

_____

e- Quando eles se casaram?

_____

2- Escreva frases usando os verbos ou frases abaixo:

a- lembrar-se (de) _____
b- alimentar-se _____
c- sentir-se _____
d- queixar-se (de) _____
e- apaixonar-se (por) _____
f- mudar-se _____
g- controlar-se _____
h- formar-se_____

3- Responda:

a- Do que você **se arrepende** (regret) não ter feito?

_____

b- Você conhece alguém que gosta de **se intrometer** (meddle) na vida dos outros?

_____

c- Você já **se candidatou** (apply for) a algum emprego fora da sua cidade?

d- De que você já **se vestiu** (dress) no Halloween?

e- Você **se barbeou** (shave) hoje? (para os homens)

f- Por que as mulheres gostam tanto de **se olharem** (look) no espelho? (=in the mirror)

g- Com o que você **se preocupa** (worry)?

h- Você já **se prejudicou** (get screwed over) em algum negócio ou situação?

i- Você **se lembra** (remember) do seu primeiro beijo? Foi bom? Onde foi?

j- Em que ano você **se formou** (graduate) no Ensino Médio / na Faculdade? (High School/College?)

k- Você **se alimenta** ("eat") bem?

l- Me diz uma situação em que você **se desesperou**. (freak out)

m- Você **se dedica** (dedicate) mais ao trabalho ou ao lazer? (=leisure)

n- Você **se controla** (control) em situações estressantes?

o- Você **se maquia** (put makeup on) com frequência? (para as mulheres)

p- Quando você **se casou** (get married)? Quando os seus pais **se casaram**?

q- Você já **se enganou** ("be wrong about") com alguém?

r- Você tem um animal de estimação? (=pet) Como ele/a **se chama** (be called)?

s- Você já **se perdeu** (get lost) em algum lugar?

t- Você já **se envolveu** (get involved) em alguma briga (=fight) na rua ou no colégio?

u- Quando você **se mudou** (move) para o seu apartamento/a sua casa atual? (=current)

v- Me diz uma viagem que você **se divertiu** (have fun) muito. Para onde você foi?

w- Você **se parece** (look like) com o seu pai ou com a sua mãe fisicamente?

x- Você **se acha** (think) bom/boa o bastante na sua profissão? (=good enough)

FICA TUDO BEM

Vocabulário:

Se - If
voltar - to go back, to come back
tentar - to try
arrepender-se - to regret
se querer = se gostar - to like yourself
fazer valer a pena - to make it worth it (**It's worth it!** - Vale a pena!)
conhecer-se - to know yourself
convém - 'to be a good idea' (Você acha que convém eu ligar pra ele?)
pagar pra ver (gíria) - 'to pay the price'
Melhor nem saber! - It's better that you don't even know about it
a fundo - deeply
cuidar - to take care of

Fica Tudo Bem
Anitta, SILVA

Se você voltar pra ela
Tente não **se arrepender**
Vai ser difícil amar alguém
Sem **se querer**
Melhor fazer valer a pena
E é bem melhor **se conhecer**
Nas coisas do amor convém
Pagar pra ver
E fica tudo bem
Fica, fica, fica tudo bem
Fica tudo bem
Fica, fica, fica tudo bem
Eu posso não saber de tudo
Melhor às vezes nem saber
Mas uma coisa eu sei
Ninguém vai te dizer (vai te dizer)
Amigo, amar alguém a fundo
É coisa séria de querer
Cuide de quem te quer
E cuide de você (cuide de você)
Que fica tudo bem
Fica, fica, fica tudo bem
Fica tudo bem
Fica, fica, fica tudo bem
Fica tudo bem
Fica, fica, fica tudo bem
Fica tudo bem
Fica, fica, fica tudo bem

Prática oral

Faça frases usando os verbos abaixo:

a- cortar-se
b- barbear-se
c- preocupar-se
d- divertir-se
e- prejudicar-se
f- lembrar-se
g- formar-se
h- envolver-se

i- controlar-se
j- alimentar-se
k- sentir-se
l- sacrificar-se
m- desesperar-se
n- dedicar-se
o- maquiar-se
p- casar-se

A   B   D   F   G

I   J   M   O   P

IMPERATIVO - IMPERATIVE

Usado quando uma pessoa expressa o que quer que a outra faça. Pode ser um **pedido (request), convite (invitation), ordem (order), instruções (instructions), conselho (advice), comando (command) ou súplica (begging).** Dividi-se em imperativo afirmativo e negativo, sendo conjugados de forma diferente. Em ambos, não existe o uso na primeira pessoa do singular (eu).

Imperativo afirmativo:

ESTUDAR - STUDY	COMER - EAT	SAIR - LEAVE
——— (eu)	— — — (eu)	— — — (eu)
ESTUDA (tu)	COME (tu)	SAI (tu)
ESTUDE (você)	COMA (você)	SAIA (você)
ESTUDEM (vocês)	COMAM (vocês)	SAIAM (vocês)

Imperativo negativo:

ESTUDAR - STUDY	COMER - EAT	SAIR - LEAVE
——— (eu)	— — — (eu)	
NÃO ESTUDA (tu)	NÃO COME (tu)	NÃO SAI (tu)
NÃO ESTUDE (você)	NÃO COMA (você)	NÃO SAIA (você)
NÃO ESTUDEM (vocês)	NÃO COMAM (vocês)	NÃO SAIAM (vocês)

- **Para/Pare (com isso)!** - Stop it!
- **Joga/Jogue o lixo fora, por favor.** - Take the garbage out, please.
- **Resolve/Resolva esse problema rápido!** - Solve this problem fast!
- **Vai/Vá dormir!** - Go to bed!
- **Senta!/Sente-se! , Levanta!/Levante-se!** Sit down! , Stand up!
- **Sai/Saia da frente!** - Get out of my way!
- **Vai/Vá embora!** - Go away!
- **Dá/Dê graças a Deus!** - (You should) thank God for this.

31

Formas imperativas para tratamento com você e tu:

VERBOS IRREGULARES:

	TU	VOCÊ
GO - **IR**	VAI	VÁ
GIVE - **DAR**	DÁ	DÊ
DO/MAKE - **FAZER**	FAZ	FAÇA
SAY/TELL - **DIZER**	DIZ	DIGA
SEE - **VER**	VÊ	VEJA
COME - **VIR**	VEM	VENHA
LISTEN - **OUVIR**	OUVE	OUÇA
BRING - **TRAZER**	TRAZ	TRAGA
PUT - **PÔR**	PÕE	PONHA

SER - **SEJA**   ESTAR - **ESTEJA**
QUERER - **QUEIRA**   HAVER - **HAJA**

Alguns exemplos:

- **Vai pro inferno!** - Go to hell!
- **Dá um tempo!** - Give me a break!
- **Faz o dever de casa.** - Do the homework.
- **Diga sempre a verdade.** - Always tell the truth.
- **Vem cá!** - Come here!
- **Parte pra outra! Ela não quer mais você.** - Move on! She doesn't want you anymore.
- **Bebe tudo, agora!** - Drink it all, now!
- **Ouça o que estou falando.** - Listen to what I'm saying.
- **Sorria! O dia está lindo!** - Smile! It's a beautiful day!
- **Seja forte! Vai dar tudo certo!** - Be strong. Everything is gonna be all right.
- **Não queira saber!** - You don't wanna know.
- **Esteja pronto às 7h da manhã em ponto.** - Be ready at 7am sharp.
- **Deixa de ser bobo/a! / Não seja bobo!** - Don't be a fool!
- **Não fique/fica triste!** - Don't be sad!
- **Some daqui!** - Get out of here!
- **Põe a comida na geladeira, por favor.** - Put the food in the fridge, please.
- **Haja coração! Faltam dois minutos para acabar o jogo.** What a heart-stopping moment! Just two minutes to finish the game.

O que as mães sempre falam:

- **Lava a louça! / Vai lavar a louça!** - Wash the dishes! / Go wash the dishes!
- **Não chega tarde!** - Don't come home late!
- **Arruma o seu quarto!** - Clean your room!
- **Levanta! Já são 7h!** - Get up! It's already 7am!

RECEITA - RECIPE

<u>Bolo de banana - Banana bread</u>

Ingredientes:

2 xícaras de farinha de trigo - 2 cups all-purpose flour
1 xícara de açúcar - 1 cup sugar
1 xícara e meia de leite - 1 1/2 cups milk
3 ovos - 3 eggs
2 colheres de sopa de manteiga - 2 tablespoons butter
1 colher de chá de fermento em pó - 1 teaspoon baking powder
extrato de baunilha - vanilla extract
3 bananas maduras - 3 ripe bananas
canela (a gosto) - cinnamon (at your taste)

Instruções:

Preaqueça o forno a 180 graus C. (centígrados)
Misture o açúcar, o leite e os ovos e **mexa**.
Acrescente/Adicione a farinha de trigo, a manteiga, o fermento e o extrato de baunilha.
Bata todos os ingredientes por 3 minutos.
Unte uma forma média com manteiga e um pouco de farinha.
Despeje em uma forma untada.
Corte as bananas no comprimento e coloque-as por cima da massa.
Salpique canela a gosto.
Asse por aproximadamente 30 minutos.

Verbos:

preaquecer - preheat
misturar - mix
mexer - stir
acrescentar / adicionar - add
bater - beat
untar - coat a pan (nonstick cooking spray or butter)
despejar - pour
cortar - cut
salpicar - sprinkle
assar - bake

Traduza:

a- Forget it!
b- Smile!
c- Do the homework!
d- Take the trash out!
e- Throw it away/out.
f- Be quiet.
g- Don't get home late.
h- Be patient.
i- Take off your clothes.
j- Go take a shower.
k- Move on!
l- Get out of here!
m- Get out of my way!
n- Listen to what I'm saying.
o- Listen to me!
p- Don't be a fool!
q- Sit down!
r- Stand up!
s- Put the clothes in the closet.
t- Turn on the light, please.
u- Give me a break.
v- Come here!
w- Pay attention!
x- Be ready at 7am.
y- Clean your room.
z- Don't get in trouble!

Aluno(a): _____

UNIT 1 - UNIDADE 1   Lesson 4 - Lição 4

EXERCÍCIOS

1- Termine as frases:

a- Fica quieto! _____
b- Seja _____
c- Vai _____
d- Faz _____
e- Fecha _____
f- Parte pra outra! _____
g- Vem cá! _____
h- Come tudo! _____
i- Deixa de ser bobo! _____
j- Pare com essa brincadeira agora! _____
k- Some/Suma daqui! _____

2- Responda:

a- Quem é o seu melhor amigo? Onde vocês se conheceram?

_____

b- Por quem você se sacrificaria?

_____

c- Você se lembra do primeiro dia no seu primeiro emprego?

_____

d- Você conhece alguém que se considera superior aos outros?

_____

e- O que te faz se sentir bem?

_____

f- Você se preocupa com a destruição da Amazônia? Quais são as consequências?

_____

g- Você se dá bem com todos da sua família?

_____

h- Você conhece alguém que já se suicidou?

_____

i- Você já se pintou de alguma coisa quando era criança?

_____

j- Você já se vestiu de bruxa/o no Halloween?

_____

k- Quem se candidatou e ganhou para governador no seu estado nas últimas eleições?

_____

l- O que você faz quando se desespera?

_____

3- Escreva uma receita usando o Imperativo:

_____

Ingredientes:

Instruções:

4 - Escreva frases que as <u>mães</u> ou os <u>chefes</u> geralmente falam:

a- _____

b- _____

c- _____

d- _____

e- _____

f- _____

5- Observe a cena e crie uma história nesse ambiente . Não se esqueça do título.

Título: _____

_____

_____

_____

_____

_____

_____

_____

_____

_____

_____

_____

_____

_____

_____

_____

Caça-palavra:

Como preparar uma massa de crepe

Uma boa massa de **crepe** pode servir para os mais variados **recheios**. Veja só como é **fácil** de fazer.

Ingredientes:

- 3 **ovos**
- 1 **pitada** de **sal**
- 1 **xícara** de **farinha** de trigo, a mesma medida de **leite** e de **vinho** branco seco.
- **manteiga** para **untar** a frigideira

Modo de preparo:

Bata os ovos e depois junte a farinha de **trigo** e o sal. Acrescente o leite e o vinho **branco**.
Deixe a **massa** descansar por cerca de 30 minutos.
Unte uma **frigideira** com a manteiga e leve-a ao **fogo.** Coloque um pouco da massa e espalhe.
Recheie conforme sua **preferência**.

X	Y	Z	J	L	Y	R	V	P	B	L
F	R	I	G	I	D	E	I	R	A	D
C	G	K	Í	A	E	P	N	E	L	N
B	Q	S	A	L	O	D	H	F	V	F
R	Z	D	R	S	G	A	O	E	I	A
A	U	P	I	T	A	D	A	R	Y	R
N	S	X	D	R	C	G	J	Ê	C	I
C	F	Á	C	I	L	R	M	N	R	N
O	C	A	W	G	R	H	J	C	E	H
R	Q	O	V	O	S	C	A	I	P	A
S	L	J	N	W	L	G	G	A	E	F
R	E	C	H	E	I	O	S	P	D	F
B	X	E	L	E	I	T	E	F	A	O
C	F	D	T	X	O	A	A	N	H	G
Q	E	N	E	D	U	N	T	A	R	O
M	A	S	S	A	X	V	O	E	A	I
M	O	C	F	A	R	A	C	Í	X	P

Expressões populares com as partes do corpo
Parte 1

OLHOS:

*olho grande - one who wants everything at the same time (especially food)
- Deixa de ser **olho grande**! Tem muita comida no seu prato.

*olho maior que a barriga - one who takes more food than they can eat; the eyes are bigger than the stomach.
- Ela tem **o olho maior que a barriga** e nunca come tudo.

*ir pro olho da rua - to be fired, expelled
- Ele faltou muitos dias de trabalho e **foi pro olho da rua**.

*comer com os olhos - to desire something
- Quando vejo os doces na padaria, **como todos com os olhos**.

*com bons olhos - positively
- Temos que analisar a situação **com bons olhos**.

*num piscar de olhos - in a blink of an eye, in a heart beat, fast
- Ele comeu o sanduíche **num piscar de olhos**.

*abrir os olhos - to be cautious, open the eyes
- **Abre o olho!** Esse cara não tem boa fama.

*custar os olhos da cara - to cost an arm and a leg, be very expensive
- Essa bolsa custa **os olhos da cara**.

*olho gordo - evil eye, jinx, envy; one who wants things you have.
- Ela quer ter tudo o que eu tenho. Põe **olho gordo** em tudo.

*fura-olho - one who takes a friend's love partner
- Ela roubou o namorado da amiga. **Fura-olho!**

*ficar de olho em alguém/ algo - keep an eye on someone/something
- **Fica de olho** no Kevin quando ele estiver nadando, por favor. A piscina é funda.

*não pregar os olhos - not be able to sleep
- Não consigo **pregar os olhos** quando tenho muitos problemas no trabalho.

*menina dos olhos - something precious, very important, the apple of one's eyes
- Ele está se dedicando inteiramente ao novo projeto. É a **menina dos olhos** dele no momento.
- Minha filha caçula é **a menina dos meus olhos**.

*O que os olhos não veem, o coração não sente - Out of sight, out of mind.

- Prefiro acreditar que ele esteja sozinho na viagem. **O que os olhos não veem, o coração não sente.**

*de olhos fechados - totally (trust, believe)
- Você pode confiar nele **de olhos fechados.**

Let's Practice! - Vamos praticar!

a- Você já ficou sem **pregar os olhos** por causa de alguma coisa?
b- Você confia em alguém **de olhos fechados**?
c- Você tem **o olho maior que a barriga?**
d- O que você faz **num piscar de olhos**?
e- Você tem algo que considera a sua **menina dos olhos?**
f- Você geralmente vê as coisas **com bons olhos?**
g- Você vai dar um mergulho no mar e pede pra sua amiga olhar suas coisas. Como diz?
h- Você concorda com a frase: "**o que os olhos não veem, o coração não sente**"?
i- Você conhece alguém que tem **olho gordo?**
j- O que você **come com os olhos**?
k- O que você diz para alguém que não está vendo uma situação claramente, tipo quando alguém não é confiável?
l- Me diz uma coisa que você comprou ou ganhou que custou **os olhos da cara.**
m- Você conhece alguém **olho grande?**

FOR and TO
Para / Por / Pelo

SHOULD / MAY / MIGHT / HAVE TO
Deveria, Devia / Dever / Ter que

PRONOUNS (Direct and Indirect Object)
Pronomes - Objeto Direto e Indireto

AGREEING AND DISAGREEING
Concordando e Discordando

VERY / VERY MUCH / MANY / MUCH / A LOT (OF) / FEW / LITTLE / A LITTLE BIT OF
Muito(a) / Muitos(as) / Pouco(a) / Poucos(as) / Um pouco de

REVIEW OF VERBS
Revisão de Verbos

EXPRESSIONS WITH PARTS OF THE BODY 2
Expressões com as partes do corpo 2

PARA / POR / PELO/A - FOR or TO

PARA

Propósito (purpose) - Esta cesta é **para** as frutas.
Razão, motivo (reason) - Estou estudando português **para** falar com os meus amigos brasileiros.
Receptor (receiver) - Este presente é **para** você.
Tempo, data (point in time) - Você tem planos **para** o fim de semana?
Emprego (place of work) - Eles trabalham **para** a empresa de marketing mais famosa do Brasil.
Comparação (comparison) - **Para** uma criança, ele é bem esperto.
Direção, destino (direction, destination) - Estou indo **para** casa.
Ponto de vista (point of view) - **Para** mim, este carro é o mais bonito da loja.

PARA A = À
Gosto de ir **à/para a/pra** praia no fim de semana.

PARA O = AO
Gosto de ir **ao/para o/pro** cinema nos fins de semana.

POR

Frequência (frequency) - Eu estudo português duas vezes **por** semana.
Meios de comunicação (means of communication) - Vou enviar a mensagem **por** email.
Duração (duration) - Vou ficar no Brasil **por** um mês.
Preço (price) - Comprei o livro **por** R$20.
Em nome de alguém (on behalf of) - Ele vai falar **por** mim na reunião.
Troca (exchange) - Quero trocar os meus dólares **por** reais.
Por uma razão (reason why) - Fiz isso **por** amor.

POR + O/A = **PELO/A**
POR + OS/AS = **PELOS/AS**

PELO(A) = FOR / THROUGH / ALONG / BY THE

- A Itália é famosa **pela** comida. - Italy is famous <u>for</u> the food.
- Gosto de ver os carros e as pessoas **pela** janela. - I like to see the cars and the people <u>through</u> the window.
- Ela gosta de caminhar **pela** praia toda manhã.- She likes to walk <u>along</u> the beach every morning.
- Ela vai pra casa **pela** via expressa. - She takes the expressway to go home.

Também usado com os verbos:

agradecer = to thank (for)
- Obrigado **pelo** presente. - Thanks <u>for</u> the gift. **(obrigado + noun)**
- Obrigado **por** me ensinar tantas coisas boas. - Thanks <u>for</u> teaching me so many good things. **(obrigado + verb)**

43

parabenizar = to congratulate
- Parabéns **pelo** excelente desempenho! - Congratulations <u>on</u> your excellent performance!

ser apaixonado(a) = to be in love with (somebody (name)/something)
- Ele é apaixonado **pela** Sofia e **pela** profissão dele. - He is in love <u>with</u> Sofia and his profession.
- Ele é apaixonado **por** ela/mim. - He is in love <u>with</u> her/me.

PELO MENOS = AT LEAST

- As opções não são boas, mas **pelo menos** são um começo. - The options aren't good, but <u>at least</u> they are a start.
- Ela limpa a casa **pelo menos (no mínimo)** uma vez por semana. - She cleans the house <u>at least</u> once a week.

FALANDO SOBRE... - TALKING ABOUT...

FILMES - MOVIES

Ação
Aventura
Comédia
Comédia romântica
Crime
Documentário
Drama
Desenho Animado
Ficção científica
Guerra
Infantil
Musical
Romance
Suspense
Terror

MÚSICA - MUSIC

Ambiente
Americana
Axé
Clássica
Jazz
Infantil
Latina
Sertanejo
Pagode
Forró
Pop
MPB
Bossa nova
Rock
Hip hop
Funk
Samba
Salsa
Reggae
Rock pesado
Rap
Eletrônica - EDM
Gospel
Ópera
Anos 80
Anos 90
Blues

MAIS JOVEM, MAIS BELA, MAIS LINDA
Thiago Martins

O tempo passa e você fica
Cada vez mais gata
Como é que explica?
O tempo passa, você só melhora
Sempre foi um sucesso
Desde a escola
Te queria um tanto
Imagine agora, imagine agora

Se beleza valesse dinheiro,
Cê tava milionária faz tempo
Maravilhosa por fora
E o dobro por dentro
Contrariando as leis da física
Mais jovem, mais bela, mais linda
Ave-Maria!

Let's practice! - Vamos praticar!

PARA / POR / PELO(A) / PELO MENOS

Traduza:

a- He's going home now.
b- To me, she's a fantastic singer!
c- Brazil is famous for its Carnival.
d- She is in love with him./with Bernardo
e- Congratulations on your new job!
f- She did that for love.
g- They bought the house for $350,000.
h- I'll stay in NY for 10 days.
i- We're studying Portuguese to go to Brazil next year.
j- Do you have plans for tomorrow?
k- This gift is for you.
l- I need to exchange the blue shirt for the black one.
m- They work ou five times a week.
n- I take the bridge to go home.
o- Thanks for the gift!
p- Thanks for coming to my party!
q- They see the animals through the hotel window.
r- Do you usually go to the movies?
s- I clean my room at least twice a week.

Tudo bem? Vamos aprender Português!

Aluno(a): _____

UNIT 2 - UNIDADE 2   Lesson 1 - Lição 1

<u>EXERCÍCIOS</u>

1- Complete com PARA/ POR/ PELO(S)/A(S)

a- Ele é completamente apaixonado _____ ela.
b- Todo dia vejo muitos aviões passando _____ janela.
c- Vou pro trabalho _____ I-95 todo dia.
d- Eles moraram em Salvador _____ dois meses.
e- Parabéns _____ novo trabalho!
f- Compramos a casa _____ R$800.000,00
g- Eu troquei o meu carro _____ um Tesla.
h- Adoro andar _____ ruas da zona sul do Rio.
i- Obrigado _____ convite, mas não poderei ir à festa.
j- Faço minhas compras de mercado _____ Internet.
k- Você mandou a mensagem _____ email?
l- Separei esta gaveta _____ as calcinhas e a outra _____ minhas roupas de ginástica.
m- _____ mim, a meditação é essencial para o equilíbrio mental.
n- A Carmen é famosa _____ lindas esculturas que faz.
o- Ela trabalha _____ o Sr. Rodrigo Silva há 10 anos.
p- Eles viajam para o Brasil _____ menos uma vez _____ ano.
q- Obrigado _____ ser tão amável com meus filhos.
r- Você foi para a cidade passando _____ túnel ou _____ ponte?
s- Paguei $34 _____ casaco.

2- Complete com POR ou PARA:

a- Os alunos foram juntos _____ a biblioteca.
b- Esta carta é _____ mim? Que surpresa!
c- Antes da viagem ao Rio de Janeiro, passarei _____ São Paulo.
d- O recibo será enviado _____ email.
e- Muitas pessoas vão _____ os Estados Unidos em busca de uma vida melhor.
f- Sempre falo com minha tia _____ telefone.
g- Nós ficamos em Orlando _____ duas semanas.
h- Não podemos esquecer que o relatório é _____ sexta-feira.
i- O ônibus 102 passa _____ aqui?

3- Use a preposição correta:

a- Você pode me visitar _____ tarde ou _____ noite.
b- A vacina foi descoberta _____ Dr. Sabin.
c- Terei que pegar um dinheiro emprestado _____ o meu amigo.
d- Por favor, peça ao Lucas para ir brincar _____ quintal.
e- Eu o conheci _____ 2018, _____ festa da cidade.
f- Meu avô mora _____ fazenda.

g- O seu aniversário é _____ abril?

h- Por que você não vem pro trabalho _____ metrô? É mais rápido.

i- Thaís mora _____ quinto andar.

j- Ele chegará em casa _____ poucos minutos.

k- Tem alguém esperando _____ você _____ portão do prédio.

l- O carro dele veio _____ Inglaterra.

m- Minha irmã acorda _____ 6h toda manhã.

n- Tia Teresa está _____ férias passeando _____ Europa.

o- O Marcelo mora _____ Rua Oscar Freire, n.786/307.

p- Eles saíram _____ loja e foram direto _____ casa.

q- Ela gosta de andar _____ praia toda manhã.

r- Os ladrões escaparam _____ polícia.

4- Escolha um filme que você assistiu e adorou e escreva um parágrafo sobre ele.

_____
_____
_____
_____
_____
_____
_____

Let's Practice! - Vamos praticar!

1-

a- Call a friend to invite him/her to go to the movies.

b- Buying the tickets:

    2 tickets / name of movie / time / middle seats

c- Buying popcorn:

    2 medium popcorn with butter

    1 soda and 1 bottle of water

    1 chocolate candy

2- You and your friend are talking about music.

a- favorite band / singer

b- new album on iTunes

c- new tour this year

d- concert show next month

e- buy tickets to go

DEVERIA (DEVIA) - SHOULD

1- Usado para dar um **conselho** ou **opinião**. - Used to give advice or an opinion.

Eu deveria/devia
Você/Ele/Ela deveria/ devia
Nós deveríamos/ devíamos
Vocês/Eles/Elas deveriam/ deviam

CONSELHO (ADVICE)

- O bebê está com febre alta. Você **deveria** levá-lo ao pediatra. - The baby has a high fever. You <u>should</u> take him to the pediatrician.
- Ela **deveria** aceitar o emprego. Eles pagam bem. - She <u>should</u> accept the job. They pay well.
- O Léo está muito estressado ultimamente. Ele **deveria** tirar umas férias do trabalho. - Leo has been very stressed lately. He <u>should</u> take some time off from work.

DEVER - SHOULD

2- Usado para dar uma **sugestão**, falar de **expectativa**, **probabilidade** e **dever**. - Used in suggestions, expectations, probabilities and duty.

Eu devo
Você/Ele/Ela deve
Nós devemos
Vocês/Eles/Elas devem

SUGESTÃO: (SUGGESTION)
- Você **deve** chegar cedo no aeroporto. - You <u>should</u> arrive early at the airport.

EXPECTATIVA: (EXPECTATION)
- Eles **devem** chegar em casa logo. - They <u>should</u> get home soon.

PROBABILIDADE: (PROBABILITY)
- **Devo** chegar em 10 minutos. - I <u>should</u> arrive in 10 minutes.

DEVER: (DUTY)
- **Devemos** cumprir as leis. - We <u>should</u> comply with the laws.

DEVER **(possibilidade)** - MAY / MIGHT

3- Também usado no caso de uma **possibilidade**. - Also used in case of a possibility.

- **Deve** chover hoje. - It may rain today.
- Ele **deve** vir à festa. Ele ainda precisa confirmar. - He may come to the party. He still needs to confirm.
- Eu **devo** chegar tarde no trabalho amanhã. - I might get to work late tomorrow.

TER QUE (+ verbo) - HAVE TO / MUST

- Usado quando algo precisa ser feito; uma **necessidade**. - used when something needs to be done.

```
Eu tenho que
Você/Ele/Ela tem que
Nós temos que
Vocês/Eles/Elas têm que
```

- Meu carro está vazando óleo. **Tenho que** levá-lo ao mecânico. - My car is leaking oil. I have to take it to the mechanic.
- Ela **tem que** entregar o relatório até amanhã. - She has to hand in the report by tomorrow.
- Nós **temos que** respeitar os mais velhos. - We must respect the elderly.

Let's practice! - Vamos praticar!

Use deveria, devia / ter que / dever

a- Estou com muita dor de estômago.
b- Ele está com muita dor de dente.
c- Minha jaqueta está rasgada. (torn)
d- A casa está muito suja. (dirty)
e- O preço da gasolina abaixou. (went down)
f- Eles estão muito estressados.
g- Meu cabelo está comprido (long) demais.
h- A lixeira (trash can) está cheia (full).
i- O céu está escuro (dark).
j- Está tarde. (late)
k- Ela está sempre cansada.
l- Meu aluguel (rent) é muito caro.
m- As pessoas estão sem paciência.
n- Acho que vai chover muito mais tarde.
o- A reunião (meeting) começará em 10 minutos.
p- Ele fuma 2 maços (packs) de cigarro por dia.
q- Ela está magra (thin) demais.

Tudo bem? Vamos aprender Português!

Aluno(a): _____

UNIT 2 - UNIDADE 2   Lesson 2 - Lição 2

Texto:

Você sabia que as pessoas antigamente limpavam os dentes com suco de limão, cinzas, ervas e até mesmo areia? A escova de dentes (de cerdas de náilon) foi inventada em 1938, nos Estados Unidos, e escovar os dentes tornou-se popular durante a Segunda Guerra Mundial.

Temos que cuidar dos dentes a vida toda. Precisamos escová-los após as refeições, trocar a escova a cada 3 meses, usar o fio dental regularmente e ir ao dentista a cada 6 meses.

A visita ao dentista é muito importante. Não devemos ter placa bacteriana, cáries ou sangramento da gengiva. Muitas bactérias nocivas podem crescer dentro da boca e, até mesmo, causar doenças pelo corpo.

Uma ótima dica para limpar as toxinas da boca pela manhã é bochechar uma colher de sopa de óleo de coco por alguns minutos (oil pulling) e depois limpar a língua. A boca fica limpa e livre de bactérias. Esse é um ritual de higiene muito antigo e usado pela medicina indiana chamada Ayurveda. Experimente!

Vocabulário:

antigamente - in the past
cinzas - ashes
ervas - herbs
até mesmo - even
areia - sand
cerdas - bristles
tornar-se - to become
cuidar - to take care of
escova de dentes - toothbrush
fio dental - dental floss
placa bacteriana - plaque
cáries - cavities
sangramento da gengiva - gum bleeding

nocivas - harmful
crescer - to grow
doenças - diseases
dica - tip
bochechar - to swoosh
colher de sopa - tablespoon
óleo de coco - coconut oil
língua - tongue
antigo - old
experimentar - to try

Compreensão de texto:

1- Quando devemos cuidar dos dentes?

_____

2- O que temos que fazer para termos dentes saudáveis?

_____

3- Para que serve o dentista?

_____

4- Quando a escova de dentes foi inventada?

_____

5- O que pode acontecer se não cuidarmos dos dentes?

_____

EXERCÍCIOS

1- Dê um **conselho** para cada um dos problemas abaixo:

a- Eu passo horas em frente ao computador todos os dias.

_____

b- Eu gosto de português mas quando tento falar, fico com vergonha.

_____

c- Ele sempre chega atrasado no trabalho.

_____

d- O meu trabalho é muito estressante.

_____

e- Estou sempre cansado/a.

_____

f- Minha gengiva (gum) sangra (bleeds) quando escovo os dentes.

_____

g- Ela está gordinha, mas não quer fazer exercícios.

_____

h- Ele gosta de mim, mas não gosto dele.

_____

i- Ele tem insônia.

_____

2- Use as palavras no lugar apropriado:

dor de cabeça, fio dental, corrida, estresse, frutas, cigarro, cárie, andar de bicicleta, açúcar, natação, viajar, fazer trilha, sol da manhã, dormir pouco, descansar na rede, yoga, meditação, academia

BOM PRA GENTE	RUIM PRA SAÚDE	BOM EXERCÍCIO

3- Use o Imperativo:

O problema e a solução:

a- Você está com dor de dente? **Vá ao dentista.**
b- Você está com gripe? _____.
c- Você está com tosse? _____.
d- Você está com muito frio? _____.
e- Você está insatisfeito/a no trabalho? _____.

f- Você anda estressado/a demais? _____.

g- Você quer ganhar mais no trabalho? _____.

h- Você não ama mais o seu parceiro/a sua parceira? _____.

i- Você quer mudar de vida? _____.

j- Você tá precisando fazer terapia?_____.

k- Você está acima do peso?_____.

4- Use o Imperativo:

Aprendendo a meditar:

_____ (sentar-se) numa posição confortável, _____ (fechar) os olhos e _____ (respirar = breathe) profundamente por algumas vezes.

_____ (Conectar-se) com o seu coração.

_____ (pensar) em algo que te traz paz.(= peace)

_____ (imaginar) uma luz dourada a sua volta e _____ (repetir) mentalmente o mantra SO HUM (I am). _____ (deixar = let) os problemas irem embora (=go away) e _____ (relaxar). _____ (focar = focus) em coisas boas e _____ (ficar) sentado, repetindo o mantra por, pelo menos, dez minutos todo dia.

A meditação acalma e te leva ao autoconhecimento (=self knowledge). _____ (conectar-se) com o Criador e _____ (agradecer) por tudo na sua vida.

_____ (ser) grato (=grateful) e só coisas boas acontecerão a você.

5- Complete com PARA, POR ou PELO/A(S):

Em fevereiro, meu marido e eu vamos _____ o Nordeste do Brasil passar as férias de verão. Ficaremos lá _____ uma semana. Fomos à uma agência de viagens (travel agency) _____ reservarmos o hotel e comprarmos as passagens aéreas. Conseguimos preços ótimos. Pagamos somente R$3.000,00 _____ passagens e R$1.200,00 _____ hotel.

Teremos que sair _____ o aeroporto às 5h da manhã. Não gosto de levantar cedo _____ viajar, mas _____ esses preços não tivemos outra opção.

Decidimos ir _____ o Nordeste porque lá é muito lindo. É famoso _____ belas praias, mas temos que tomar cuidado com o sol forte, por isso precisamos de chapéu (hat) e muito protetor solar (sunscreen)_____ proteger a pele (skin), e muita água _____ evitar (to avoid) a desidratação. Quero comprar umas lembrancinhas (souvenirs) _____ minha familia também. O artesanato (art craft) do Nordeste é bem diferente e tem cada coisa linda!

Os restaurantes são famosos _____ moquecas (fish stew) e frutos do mar. A água de coco também é ótima e faz muito bem _____ a saúde.

Não vejo a hora de viajar! (I can't wait to travel!)

DEVERIA / DEVIA / DEVE / TER QUE

O que devemos fazer quando...

* temos gripe?
* estamos muito cansados?
* estamos de ressaca?
* trabalhamos sentados por muitas horas seguidas?

Adjetivo + infinitivo

É **importante** procurar um médico.
Às vezes é **bom** passar o dia inteiro dormindo.
É **aconselhável** hidratar-se bastante.
Convém / É uma boa ideia ter pequenos intervalos para levantar e andar um pouco.

a- Qual seria o seu conselho ou sugestão nessas situações?

a- Eu sempre tenho fome antes de dormir.
b- Estou muito estressado/a no trabalho. Tô pensando em sair de lá.
c- Preciso estudar, mas não consigo me concentrar.
d- Eu passo mal quando viajo de carro por muitas horas.
e- Eu esqueço da metade das palavras novas que aprendo em português.
f- Fico nervoso/a quando tenho que falar português com as pessoas.
g- Preciso consertar minha geladeira mas não tenho dinheiro agora.

b- **O que devo fazer?**

Estou com um problema e preciso da sua ajuda. Meus pais não gostam do jeito que me visto. Tenho um estilo irreverente, mas eles acham que é estranho. Será que eles nunca foram jovens? O que faço?

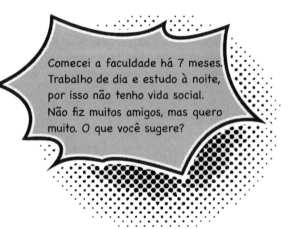

Comecei a faculdade há 7 meses. Trabalho de dia e estudo à noite, por isso não tenho vida social. Não fiz muitos amigos, mas quero muito. O que você sugere?

PRONOMES - OBJETO DIRETO E INDIRETO - PRONOUNS (DIRECT AND INDIRECT OBJECT)

SUJEITO	PRONOME OBJETO DIRETO	
Eu	**me**	Ele **me** convidou pra festa. Ele quer **me** convidar pra festa.
Você/Ele/Ela	**te, o, a, -lo, -la**	Ele convidou <u>você</u> pra festa.= Ele **te** convidou pra festa. Ele quer convidar <u>você</u> pra festa. = Ele quer convidá-**lo/a** pra festa./ Ele quer **te** convidar pra festa. Ele convidou <u>o Rafael</u> pra festa. = Ele **o** convidou pra festa. Ele quer convidar <u>o Rafael</u> pra festa.= Ele quer convidá-**lo** pra festa. Ele convidou <u>a Teresa</u> pra festa. Ele **a** convidou pra festa. Ele quer convidar <u>a Teresa</u> pra festa. = Ele quer convidá-**la** pra festa.
Nós	**nos**	Ele convidou <u>a gente</u> pra festa. = Ele **nos** convidou pra festa. Ele quer convidar <u>a gente</u> pra festa. = Ele quer **nos** convidar pra festa.
Vocês/Eles/Elas	**os, as -los, -las**	Ele convidou <u>vocês</u> pra festa. = Ele **os** convidou pra festa. Ele quer convidar <u>vocês</u> pra festa. = Ele quer convidá-**los** pra festa. Ele convidou <u>os pais</u> pra festa. = Ele **os** convidou pra festa. Ele quer convidar <u>os pais</u> pra festa. = Ele quer convidá-**los** pra festa. Ele convidou <u>as amigas</u> pra festa. = Ele **as** convidou pra festa. Ele quer convidar <u>as amigas</u> pra festa. = Ele quer convidá-**las** pra festa.

Verbos terminados em AR, ER, IR usando -LO/LOS, -LA/LAS:
(drop the R at the end of the verb and use an accent)

comprar um carro = **comprá-lo (-Á)**
vender o carro = **vendê-lo (-Ê)**
assistir o filme = **assistí-lo (-Í)**

Exemplos:

- Eu **conheço** <u>você</u> de algum lugar. = Eu **te** conheço de algum lugar.
- Ele **viu** <u>a Carolina</u> no mercado hoje. = Ele **a** viu no mercado hoje.
- Vou **levar** <u>você</u> ao cinema comigo. = Vou **te** levar ao cinema comigo. / Vou levá-**la** ao cinema comigo.
- **Vamos comprar** <u>a casa</u> amanhã. = Vamos comprá-**la** amanhã.
- Eu recebi vários emails hoje, mas ainda não **li** <u>os emails</u>. = Eu recebi vários emails hoje, mas ainda não **os** li.
- **Vou ajudar** <u>as crianças</u> com o dever de casa. = Vou ajudá-**las** com o dever de casa.

Sujeito + verbo + objeto - TE, O, A

Eu **amo** <u>você</u>. = Eu **te** amo.
Ele **comprou** <u>o carro</u> ontem. = Ele **o** comprou ontem.
Eles **viram** <u>a Thaís</u> na festa. = Eles **a** viram na festa.

Sujeito + verbo + verbo no infinitivo - -LO, -LA, -LOS, -LAS (mais usado)

Ele **quer comprar** <u>o carro</u> amanhã. = Ele quer comprá-**lo** amanhã.

SUJEITO	PRONOME OBJETO INDIRETO	
Eu	**me/mim**	Ele **me** vendeu a casa. Ele vendeu a casa <u>para</u> **mim**.
Você/Ele/Ela	**lhe (formal)**	Eles não **lhe** disseram nada. Eles não disseram nada **para/a você, para/a ele, para/a ela.**
Nós	**nos**	Ele não **nos** telefonou. Ele não telefonou **para nós./ para a gente.**
Vocês/Eles/Elas	**lhes (formal)**	Ela **lhes** explicou o problema. Ela explicou o problema **para/a vocês/eles/elas.**

Let's practice! - Vamos praticar!
(LO, LA, LOS, LAS, TE, NOS, O, A, OS, AS)

a- Quero comer <u>o bolo</u> agora. = Quero comê-**lo** agora.
b- Vou mostrar a casa <u>para você</u>. TE
c- Tenho que encontrar <u>o Marcos</u> às 7h hoje. - LO
d- Você vai vender<u> a casa</u>? - LA
e- Ele ajuda <u>a gente</u> sempre. - NOS
f- Eu convidei <u>os alunos</u> para a minha festa. - OS
g- Eu vou convidar <u>os alunos</u> para a minha festa. - LOS
h- Ela amamenta <u>o bebê</u> a cada 6 horas. - O
i- Ela precisa amamentar <u>o bebê</u> a cada 6 horas. - LO
j- Eu conheço <u>a Sofia</u> há muito tempo. - A
k- Vou conhecer <u>a Sofia</u> amanhã na festa. - LA
l- Quero apresentar o meu amigo Marcelo <u>a você.</u> - TE
m- Quero apresentar <u>o meu amigo Marcelo</u> a você. - LO
n- Você precisa comer <u>frutas</u> de manhã. - LAS
o- Você comeu <u>os morangos</u>? - OS
p- Ele vai pintar <u>as porcelanas</u> com flores. - LAS

CONCORDAR OU DISCORDAR - AGREE OR DISAGREE

ACHO QUE - I THINK THAT
ACHO QUE SIM - I THINK SO
ACHO QUE NÃO - I DON'T THINK SO
TALVEZ - MAYBE
NÃO SEI - I DON'T KNOW
ESTÁ CERTO / É ISSO MESMO - THAT'S RIGHT
ESTÁ ERRADO - THAT'S WRONG
DESCULPE, MAS NÃO É BEM ASSIM - SORRY, BUT THAT'S NOT REALLY TRUE
CONCORDO (PLENAMENTE) - I AGREE
NÃO CONCORDO / DISCORDO - I DISAGREE
CLARO! / LÓGICO! - OF COURSE!
COM CERTEZA! - SURE!, DEFINITELY!
TENHO CERTEZA QUE... - I'M SURE THAT
COMO NÃO? / POR QUE NÃO? - HOW COME? / WHY NOT?
DE JEITO NENHUM! - NO WAY!

EXEMPLOS:

a- **Acho que** vou chegar no trabalho às 8h30 amanhã. - I think I'll get to work at 8:30 tomorrow morning.

b- Será que (=**Você acha que**) consigo ingressos pro show amanhã? - Do you think I can get tickets for the show tomorrow?
  Acho que sim. O estádio é bem grande. - I think so. The stadium is pretty big.

c- Podemos mudar o dia do passeio? - Can we change the day of the tour?
  Acho que não. A reserva já foi confirmada. - I don't think so. The reservation has already been confirmed.

d- Ele virá pra reunião? - Will he come to the meeting?
  Talvez. Não confirmou nada ainda. - Maybe. He hasn't confirmed anything yet.

e- Você vai passar o Ano Novo no Brasil esse ano? - Are you going to spend New Year's in Brazil this year?
  Não sei. Ainda tenho que comprar as passagens. - I don't know. I still have to buy the tickets.

f- Você é a favor da pena de morte? - Are you in favor of death penalty?
  Lógico! Essas pessoas que cometem crimes horríveis não merecem viver. - Of course! People who commit those horrible crimes should not live.
  Desculpe, mas não é bem assim. **Discordo** da sua opinião. - Sorry, but that's not really true. I disagree with you.

g- Temos que respeitar a opinião das pessoas. - We have to respect people's opinion.
  Concordo (com você). - I agree with you.

h- Você quer jantar comigo hoje? - Do you wanna have dinner with me tonight?
  Claro! - Of course!

i- Ele não quer mais trabalhar na empresa do pai dele. - He doesn't want to work in his dad's company any longer.
  Como não? / Por que não? - How come? / Why not?

j- **Tenho certeza que** ela será uma ótima companhia na sua viagem. - I'm sure she will be great company on your trip.

k- Mãe, posso dormir na casa da Luana? - Mom, can I spend the night at Luana's?
  De jeito nenhum! Você tem que estudar pra prova. - No way! You have to study for the exam.

Dê a sua opinião:

a- As mulheres devem ganhar o mesmo salário que os homens.
b- Os homens são mais inteligentes que as mulheres.
c- A educação é a base de tudo na nossa vida.
d- Quem faz faculdade se dá melhor na vida.
e- O aborto deveria ser permitido.
f- Amor de mãe é incondicional.
g- O homem deve ser responsável pelas despesas da casa.
h- Prefiro morar na cidade grande.
i- Usar anabolizante faz mal pra saúde.
j- Tudo que fazemos precisa de moderação.
k- Adoro praticar esportes.
l- Primeiro penso em mim e depois nas pessoas ao meu redor.
m- O voto não deveria ser obrigatório no Brasil.
n- Todo político é corrupto.
o- Viver sem julgamentos é difícil.
p- Ser vegano é coisa de maluco.
q- Não consigo viver sem carne.
r- Família é a base de tudo.

Você vai viajar com seu amigo, sua mãe, seu chefe...para o Brasil. Como você acha que ele/ela se comportará como turista?

Acho que... ela vai levar muitas malas.
Tenho certeza que... ele vai comprar muitas coisas.

viajar
visitar
gostar
gastar
levar
andar
chegar
comprar
reclamar
comer

MUITO / POUCO E SUAS VARIAÇÕES

MUITO + ADJETIVO - VERY + ADJECTIVE
MUITO - VERY MUCH
MUITOS/AS ou MUITO/A - MANY/MUCH, A LOT (OF),
POUCOS/AS - FEW
POUCO/POUCA - LITTLE
UM POUCO DE - A LITTLE (BIT OF)

- Ela é **muito** <u>bonita</u>! - She is very beautiful.
- O meu aluguel é **muito** <u>caro</u>. - My rent is very expensive.
- Eu gosto **muito** de você. - I like you very much/a lot.
- **Muitas** <u>pessoas</u> viajam para o Brasil todo ano. - Many/A lot of people travel to Brazil every year.
- **Muita** <u>gente</u> viaja para o Brasil todo ano.
- As crianças e os animais precisam de **muito** <u>amor</u> . - Children and animals need a lot of love.
- Não tenho **muito** <u>tempo</u> pra conversar agora. - I don't have much time to talk now.
- Tenho **poucos** <u>amigos</u>, e você? - I have few friends, and you?
- Gosto de sobremesas com **pouco** <u>açúcar</u>. - I like desserts with little sugar.
- Tenha **um pouco de** <u>paciência</u>. Tudo vai ficar bem. - Have a little patience. Everything is going to be ok.

<u>Let's practice! - Vamos praticar!</u>

Traduza:

a- <u>A lot of people</u> buy things on Amazon.
b- There are <u>few eggs</u> in the fridge.
c- The plant is dying. It needs <u>a lot of water</u>.
d- She is <u>very smart</u>.
e- They like American football <u>very much</u>.
f- She likes <u>little salt</u> in her food.
g- How many students canceled the class? <u>A few</u>.
h- I like my coffee with <u>a lot of</u> sugar!
i- I don't have <u>much patience</u> to play chess.
j- He is <u>a lot of fun</u>.
k- <u>Many</u> of my friends live near the beach.
l- What else do you need? <u>A little bit of</u> salt and pepper.
m- I've known him for <u>a very long time</u>.
n- My kids enjoy playing videogame <u>very much</u>.
o- There is <u>little work </u>at the office now.

I can't wait to travel to Rio! - **Não vejo a hora de viajar pro Rio!**

It's up to you! - **Você decide. / Você escolhe. / Você que sabe.**

I'm on my way! - **Estou a caminho. / Tô indo!**

Absolutely! - **Com certeza!**

Absolutely not! - **De jeito nenhum!**

Sure! - **Claro!**

For sure. - **Com certeza.**

I'm sure. - **Tenho certeza.**

Make sure... /Check if... (the window is closed) - **Vê se ... a janela está fechada.**

I'm in! - **Tô dentro!**

I'm out! - **Tô fora!**

I think so. - **Acho que sim.**

I don't think so. - **Acho que não.**

I guess. - **Eu acho**

Guess what? - **Adivinha?**

Really? - **Jura?**

Serious? - **Sério? / Tá falando sério?**

I've gotta go. - **Tenho que ir.**

Listen up! - **Escuta!**

Tell me! - **Fala! / Me conta!**

What's up? - **E aí?**

No way! / Hell no! - **De jeito nenhum! / Nem pensar!**

No waaay! - **Tá brincando!**

Be quiet! - **Fica quieto!**

See you! - **A gente se vê!**

Take care! - **Se cuida!**

So far so good. - **Até agora, tudo bem.**

Thank God! - **Graças a Deus!**

Never mind! - **Esquece! / Deixa pra lá!**

I wish! - **Quem me dera!**

Good grief! - **Cruz credo! / Cruzes!**

Holy cow! - **Caramba!**

Gross! Nasty! Ewww! - **Que nojo! (Eca!)**

It's gross! - **Nojento!**

Yummy! / Delicious! - **Que delícia! / Gostoso!**

UNIT 2 - UNIDADE 2   <u>**Lesson 3 - Lição 3**</u>

<u>EXERCÍCIOS</u>

1- Use os pronomes pessoais corretamente: (te, o, a, os, as, -lo, -la, -los, -las)

a- Comprei <u>o jornal</u> e _____ li todo.

b- Recebi muitos <u>presentes</u>, mas ainda não _____ abri.

c- Telefonei para <u>meus amigos</u> e _____ convidei pro meu aniversário.

d- <u>Os vestidos</u> estão lindos! Vou experimentá- _____ agora mesmo!

e- Eu não vi <u>os documentos</u> na gaveta. Você _____ pegou?

f- Eles gostam muito <u>do André e da esposa dele</u>. Eles _____ conheceram numa viagem a Paris.

g- <u>Mariana</u>, eu sempre _____ ajudarei. Pode contar comigo!

h- Adoro <u>as minhas plantas</u>! Gosto de molhá- _____ uma vez por semana.

i- Eu _____ convenci a comprar a casa e <u>eles</u> ficaram muito felizes.

j- Onde estão <u>os seus livros velhos</u>? Você quer vendê-_____?

k- Levo <u>as crianças</u> à aula de natação e depois vou buscá-_____.

l- Recebi <u>o meu dinheiro</u> ontem. Preciso depositá- _____ no banco hoje.

m- Quero _____ convidar pra minha festa no sábado. <u>Você</u> vem?

n- Esse <u>exercício</u> é difícil. Vou terminá-_____ mais tarde.

o- Posso ajudá- _____? <u>Precisam</u> de alguma coisa?

2- Ligue:

a- Onde estão os ovos?

b- Você leva o seu filho na escola todo dia?

c- Você tem carro?

d- Quando e para quem você enviou o email?

e- Gostou das flores que te mandei?

f- E este pedaço de bolo? O que vai fazer com ele?

g- O sofá é muito grande!

h- O presidente da empresa chegou.

i- As crianças vão de ônibus pra escola?

_____ Você vai apresentá-lo aos funcionários?

_____ Adorei! Vou colocá-las num vaso agora!

_____ Sim. Mas vou buscá-las à tarde.

_____ Em cima da mesa. Coloque-os na cesta.

_____ Sim. Eu o levo pra escola regularmente.

_____ Sim. Posso levá-la pra casa se quiser uma carona.

_____ Vou comê-lo agora!

_____ O enviei para o Marcos hoje de manhã.

_____ Como iremos transportá-lo?

3- Reescreva as frases usando o pronome correto:

a- Quero ajudar **você**.

_____

b- Alunos queridos, minha irmã quer conhecer **vocês**.

_____

c- Ela vendeu **o carro** para o Sr. Felipe Bastos.

_____

d- Eu conheço **a Marina e o Léo.**

_____

e- Crianças, a van vai levar **vocês** para o zoológico.

_____

4- Traduza as frases:

a- I like pizza very much.

_____

b- Do you have many friends?

_____

c- She has little patience with the baby.

_____

d- Alice is very pretty and intelligent.

_____

e- He needs a lot of attention.

_____

f- She has few things in her backpack.

_____

g- The coffee is bitter. It needs a little bit of sugar.

_____

h- He is very lazy.

_____

i- She spends a lot of money.

_____

j- You don't need much money to travel to Colombia.

_____

5- Traduza usando "Será que"?

Do you think it's going to rain? = **Será que vai chover?**

a- Do you think she will accept the job? I think so.

_____

b- Do you think they liked the gift? I don't think so.

_____

c- Do you think it's a good school? I don't know.

_____

d- Do you think they are happy together? Maybe. I'm not sure.

_____

e- Do you think Bernardo will come to the party? I think so.

_____

<u>REVISÃO DE VERBOS - REVIEW OF VERBS</u>

PRESENTE CONTÍNUO - (ING FORM) - PRESENT PROGRESSIVE

SUJEITO + VERBO ESTAR + VERBO (sem o R) + NDO

- Eu **estou estudando** agora.
- As meninas **estão limpando** a casa.
- Eles **estão viajando** de férias.
- O que ela **está fazendo** agora?
  Ela **está terminando** o trabalho no computador.

PASSADO CONTÍNUO (ING FORM) - PAST PROGRESSIVE

SUJEITO + VERBO ESTAR + VERBO (sem o R) + NDO

- O que você **estava fazendo** às 3h da tarde ontem?
  Eu **estava trabalhando.**

SUJEITO + VERBO ESTAR + VERBO (sem or R) + NDO + QUANDO (verbo no passado) + SUJEITO + VERBO NO PASSADO

- Ela **estava fazendo** o almoço <u>quando</u> o Juliano **chegou** da escola.
- <u>Quando</u> ele me **ligou**, eu **estava tomando** banho.

SUJEITO + VERBO ESTAR + VERBO (sem o R) + NDO + ENQUANTO + SUJEITO + VERBO ESTAR + VERBO (sem or R) <u>ou</u> VERBO NO PASSADO

- Eles **estavam estudando** <u>enquanto</u> eu **estava preparando** o jantar.
- Eles **estudavam** <u>enquanto</u> eu **preparava** o jantar.

FUTURO DO PRESENTE DO INDICATIVO - SIMPLE FUTURE

Exemplos:

	VIAJAR - TRAVEL	**VENDER** - SELL	**SAIR** - LEAVE
Eu	viajar**ei** / **vou viajar**	vender**ei** / **vou vender**	sair**ei** / **vou sair**
Você	viajar**á** / **vai viajar**	vender**á** / **vai vender**	sair**á** / **vai sair**
Ele/Ela	viajar**á** / **vai viajar**	vender**á** / **vai vender**	sair**á** / **vai sair**
Nós	viajar**emos** / **vamos viajar**	vender**emos** / **vamos vender**	sair**emos** / **vamos sair**
Vocês	viajar**ão** / **vão viajar**	vender**ão** / **vão vender**	sair**ão** / **vão sair**
Eles/Elas	viajar**ão** / **vão viajar**	vender**ão** / **vão vender**	sair**ão** / **vão sair**

Alguns verbos irregulares:

	FAZER - DO/MAKE	**TRAZER** - BRING	**DIZER** - SAY/TELL
Eu	far**ei** / **vou fazer**	trar**ei** / **vou trazer**	dir**ei** / **vou dizer**
Você/Ele/Ela	far**á** / **vai fazer**	trar**á** / **vai trazer**	dir**á** / **vai dizer**
Nós	far**emos** / **vamos fazer**	trar**emos** / **vamos trazer**	dir**emos** / **vamos dizer**
Vocês/Eles/Elas	far**ão** / **vão fazer**	trar**ão** / **vão trazer**	dir**ão** / **vão dizer**

- Quando você **chegará/vai chegar** em casa?
- O que eles **trarão/vão trazer** pra festa?
- Nós **viajaremos/vamos viajar** para São Paulo amanhã.

Verbo SER /ESTAR - Presente e Passado (perfeito e imperfeito) - TO BE - Present and Past Tenses

SUJEITO	SER (presente)	SER (pretérito perfeito)	SER (pretérito imperfeito)	ESTAR (presente)	ESTAR (pretérito perfeito)	ESTAR (pretérito imperfeito)
Eu	sou	fui	era	estou	estive	estava
Você /Ele / Ela	é	foi	era	está	esteve	estava
Nós	somos	fomos	éramos	estamos	estivemos	estávamos
Vocês / Eles /Elas	são	foram	eram	estão	estiveram	estavam

SER - PRESENTE (**permanent state**) - TO BE (PRESENT)

Exemplos:

- Eu **sou** americano. Eu **sou** do Texas.
- Ela **é** dentista. Ela **é** católica. Ela **é** determinada.
- Hoje **é** dia 29 de junho.
- Ele **é** magro, alto e careca.
- Eles **são** membros da igreja. Eles **são** ótimos profissionais.
- Minha estação do ano favorita **é** a primavera.

ESTAR - PRESENTE (**temporary state**) - TO BE (PRESENT)

- Eles **estão** de férias. Eles **estão** em casa.
- Nós **estamos** com muita fome agora.
- Eu **estou** ficando gordo. **Estou** comendo demais ultimamente.
- **Está** nevando em Chicago hoje mas **está** fazendo sol em Miami.
- **Estou** com vontade de comer uma pizza agora.

SER - PRETÉRITO PERFEITO (**finished action / also used with the Present Perfect**) - TO BE (PAST)

- Como **foi** a aula? **Foi** ótima!
- Michael Jackson **foi** o cantor mais famoso dos anos 80.
- Ele sempre **foi** o meu melhor amigo.
- Eu **fui** gentil com ele ontem.
- Nós **fomos** os primeiros a chegar na festa.

SER - PRETÉRITO IMPERFEITO (**habitual action**) - TO BE (PAST)

- A Fernanda **era** muito tímida na escola.
- Eu **era** muito ingênua quando **era** adolescente.
- Eu, Daniela e Marina **éramos** inseparáveis no colégio. Melhores amigas!
- Eles **eram** tão estressados. Agora fazem meditação e estão muito mais calmos e centrados.
- Como **era** a sua vida na adolescência?
- O seu pai **era** autoritário?

ESTAR - PRETÉRITO PERFEITO (**usually used when talking about places you've been to or people you've seen/run into**) - TO BE (PAST)

- Eu **estive** com o Paulo na festa ontem. (I saw him/I ran into him)
- Ela **esteve** em Paris duas vezes esse ano. (places)
- Você já **esteve** no Brazil? Sim, **estive**.
- Nós **estivemos** no mercado duas vezes essa semana.

ESTAR - PRETÉRITO IMPERFEITO (**temporary state**) - TO BE (PAST)

- A Laura **estava** linda na festa!
- Com quem você **estava** na festa? Eu **estava** com a minha namorada.
- Meu sobrinho **estava** com febre ontem.
- A comida **estava** muito boa e o chopp **estava** bem gelado!
- Por que você **estava** mal-humorado ontem?
- Onde eles **estavam** ontem à noite? Eles **estavam** no cinema.

Compare:

- Eu **estive** no Brasil no ano passado. = Eu **fui** ao Brasil no ano passado.
  Eu **estava** no Brasil <u>no Carnaval do ano passado</u>. (durante todo o Carnaval)

- Você <u>já</u> **esteve** no Brasil na época do Carnaval? = Você <u>já</u> **foi** ao Brasil na época do Carnaval?
- Sim, <u>já</u> **estive**. = Sim, <u>já</u> **fui**.
- Não, <u>nunca</u> **estive**. = Não, <u>nunca</u> **fui**.

- Você **estava** no Brasil <u>no Carnaval de 2020?</u>
- Sim, **estava**.
- Não, **não estava**.

VERBOS REGULARES NO PRESENTE DO INDICATIVO E <u>PASSADO</u> (=PRETÉRITO PERFEITO DO INDICATIVO)
SIMPLE PAST OF REGULAR VERBS

<u>AR   ER   IR</u>

VERBO	EU	VOCÊ/ELE/ELA	NÓS	VOCÊS/ELES/ELAS
ESTUDAR	estud**o**/estud**ei**	estud**a**/estud**ou**	estud**amos**/estud**amos**	estud**am**/estud**aram**
BEBER	beb**o**/beb**i**	beb**e**/beb**eu**	beb**emos**/beb**emos**	beb**em**/beb**eram**
DECIDIR	decid**o**/decid**i**	decid**e**/decid**iu**	decid**imos**/decid**imos**	decid**em**/decid**iram**

VERBO	EU	VOCÊ/ELE/ELA	NÓS	VOCÊS/ELES/ELAS
-AR	O / EI	A / OU	AMOS / AMOS	AM / ARAM
-ER	O / I	E / EU	EMOS / EMOS	EM / ERAM
-IR	O / I	E / IU	IMOS / IMOS	EM / IRAM

<u>Alguns exemplos:</u>

jogar - play	**comer** - eat	**assistir** - watch
falar - talk, speak	**escrever** - write	**subir** - go up
cantar - sing	**aprender** - learn	**permitir** - allow
dançar - dance	**ofender** - offend	**dividir** - divide
fechar - close	**resolver** - solve	**abrir** - open
visitar - visit	**escolher** - choose	**discutir** - discuss, argue
descansar - rest	**vender** - sell	**imprimir** - print
viajar - travel	**atender** - answer (phone), assist	**decidir** - decide
ajudar - help	**descer** - go down	**insistir** - insist
almoçar - have lunch	**correr** - run	**desistir** - give up
limpar - clean	**viver** - live	**distribuir** - distribute

ALGUNS VERBOS IRREGULARES (E COM CONJUGAÇÃO DIFERENTE) NO PRESENTE DO INDICATIVO
E PASSADO (=PRETÉRITO PERFEITO DO INDICATIVO)
SIMPLE PRESENT AND PAST OF SOME IRREGULAR VERBS

VERBO	EU	VOCÊ/ELE/ELA	NÓS	VOCÊS/ELES/ELAS
DAR - give	dou / dei	dá / deu	damos / demos	dão / deram
PENTEAR - comb	penteio/ penteei	penteia / penteou	penteamos/ penteamos	penteiam / pentearam
PASSEAR - stroll	passeio/passeei	passeia / passeou	passeamos / passeamos	passeiam / passearam
JOGAR - play	jogo / joguei	joga / jogou	jogamos / jogamos	jogam / jogaram
BRINCAR - play	brinco/ brinquei	brinca / brincou	brincamos / brincamos	brincam / brincaram
LIGAR - call, turn on	ligo / liguei	liga / ligou	ligamos / ligamos	ligam / ligaram
SABER - know	sei / soube	sabe / soube	sabemos / soubemos	sabem / souberam
LER - read	leio / li	lê / leu	lemos / lemos	leem / leram
PODER - can	posso / pude	pode / pôde	podemos / pudemos	podem / puderam
FAZER - make, do	faço / fiz	faz / fez	fazemos / fizemos	fazem / fizeram
TRAZER - bring	trago / trouxe	traz / trouxe	trazemos / trouxemos	trazem / trouxeram
QUERER - want	quero / quis	quer / quis	queremos / quisemos	querem / quiseram
DIZER - say, tell	digo / disse	diz / disse	dizemos / dissemos	dizem / disseram
VER - see	vejo / vi	vê / viu	vemos / vimos	veem / viram
TER - have	tenho / tive	tem / teve	temos / tivemos	têm / tiveram
PERDER - lose	perco / perdi	perde / perdeu	perdemos / perdemos	perdem / perderam
MENTIR - lie	minto / menti	mente / mentiu	mentimos / mentimos	mentem / mentiram
PREFERIR - prefer	prefiro / preferi	prefere / preferiu	preferimos / preferimos	preferem / preferiram
SERVIR - serve	sirvo / servi	serve / serviu	servimos / servimos	servem / serviram
DORMIR - sleep	durmo / dormi	dorme / dormiu	dormimos / dormimos	dormem / dormiram
OUVIR - listen, hear	ouço / ouvi	ouve / ouviu	ouvimos / ouvimos	ouvem / ouviram
PEDIR - ask, order	peço / pedi	pede / pediu	pedimos / pedimos	pedem / pediram
VIR - come	venho / vim	vem / veio	viemos / viemos	vêm / vieram
IR - go	vou / fui	vai / foi	vamos / fomos	vão / foram
PÔR - put	ponho/pus	põe/ pôs	pomos / pusemos	põem / puseram

PRETÉRITO IMPERFEITO DO INDICATIVO - SIMPLE PAST (IMPERFECT INDICATIVE)

* The imperfect tense is used to describe a repeated or habitual action in the past. It corresponds to the Simple Past or the expression **"used to"** in English.

Regular Verbs - Verbos regulares (terminados em -**ar** -**er** -**ir**)

PRONOME PESSOAL	VERBO -**AR**	VERBO -**ER**	VERBO -**IR**
	GOSTAR - LIKE	**ESQUECER** - FORGET	**DIRIGIR** - DRIVE
EU	gost**ava**	esquec**ia**	dirig**ia**
VOCÊ	gost**ava**	esquec**ia**	dirig**ia**
ELE/ELA	gost**ava**	esquec**ia**	dirig**ia**
NÓS	gost**ávamos**	esquec**íamos**	dirig**íamos**
VOCÊS	gost**avam**	esquec**iam**	dirig**iam**
ELES/ELAS	gost**avam**	esquec**iam**	dirig**iam**

- Minha mãe às vezes **esquecia** de fechar a janela do quarto quando **viajávamos**.
  (My mom sometimes forgot to close the bedroom window when we traveled.) = continuous action

- Nós **gostávamos** de ouvir funk quando **dirigíamos** para a faculdade.
  (We liked to listen to funk when we drove to college.) = on a regular basis

- Ele sempre **comprava** flores para a esposa depois que **brigavam.**
  (He used to buy flowers for his wife after they had a fight.)

SUJEITO	**TER** - HAVE	**IR** - GO	**VIR** - COME	**PÔR** - PUT
EU	tinha	ia	vinha	punha
VOCÊ/ELE/ELA	tinha	ia	vinha	punha
NÓS	tínhamos	íamos	vínhamos	púnhamos
VOCÊS/ELES/ELAS	tinham	iam	vinham	punham

- Eu **tinha** uma amiga que só gostava de homens asiáticos. - I had a friend who only liked Asian men.
- Eles **iam** pra fazenda do avô deles todo verão. - They used to go to their grandfather's farm every Summer.
- Ela **vinha** pra casa a pé todo dia. - She used to come home on foot every day. / She used to walk home every day.
- Ele sempre **punha** o dinheiro no cofre. - He always put the money in the safe.

 * O que você fazia 10 anos atrás que você não faz mais?

Tudo bem? Vamos aprender Português!

Aluno(a): _____

UNIT 2 - UNIDADE 2   Lesson 4 - Lição 4

1- Complete as frases usando os verbos no <u>presente do indicativo</u>: (Simple Present)

a- Você _____ algum instrumento? Sim, eu _____ violão. (tocar)

b- Que horas ela _____ o almoço? (fazer)

c- Você _____ as crianças pra casa às 5h da tarde todo dia? (trazer)
   Não. Eu _____ as crianças às 5h45.

d- Ele _____ pra casa de ônibus e eu _____ de carro. (vir)

e- Você _____ aula de quê? Eu _____ aula de português. (dar)

f- Eu _____ com os cachorros duas vezes por dia. Você _____ com os
seus? (passear)

g- Eles não _____ os cabelos. Você _____ os seus? (pentear)

h- Eles _____ as notícias todo dia. Eu só _____ de vez em quando. (ler)

i- Você _____ quando ele chegará? Não _____. (saber)

j- Eu sempre _____ as compras de mercado no sábado. Quando eles _____?
(fazer)

k- Ele sempre _____ que precisamos ser pontuais. (dizer)

l- Eles só _____ TV à noite, mas eu sempre _____ de manhã. (ver)

m- Nós _____ dois filhos. Quantos filhos eles _____? (ter)

n- Eu _____ peso facilmente, mas minha irmã não _____. (perder)

o- Ele sempre _____ as escadas correndo. Eu _____ bem devagar. (subir)

p- Eu _____ todos os jogos de videogame. (vencer)

q- Você _____? Eu _____ de vez em quando. (mentir)

r- Você _____ a sua comida e eu _____ a minha, ok? (pedir)

s- Que tipo de música você _____? Eu só _____ sertanejo. (ouvir)

t- Eles _____ à praia todo fim de semana. (ir)

u- O Diego _____ de mim. E eu _____ do meu ex. (fugir)

v- Eu _____ a sua ajuda. (agradecer)

w- Como você _____ em situações tensas? Eu _____ com calma. (reagir)

2- Complete com o <u>presente ou passado</u> usando os verbos no <u>gerúndio</u>: (estar + verb + NDO) (Present
or Past Progressive)

a- Onde a sua irmã _____? (morar)
   Ela _____ no Rio e _____ em Niterói.
(morar) (trabalhar)

b- Eu _____ um projeto muito importante ontem. (preparar)

c- Que curso vocês _____? Eu e minha irmã _____ um
curso de culinária. (fazer)

d- Ontem de manhã, ele _____ as plantas enquanto a Clara
_____ a casa. (molhar=to water) (limpar)

e- Ele _____ cedo todo domingo para ir à igreja. (acordar)

f- Há quanto tempo vocês _____ a casa? (reformar = renovate)

g- Eu e ele _____ as férias na Jamaica. (passar)

h- Nós _____ a rua quando um carro quase nos atropelou.
(atravessar = to cross)

69

i- Existem tantas crianças que _____ fome no mundo. (passar)

j- Você _____ o que eu _____?
(entender) (falar)

k- Os mendigos (=homeless) _____ as grandes cidades.
(invadir)

l- Minha mãe _____ mal ontem. (passar)

m- Minhas notas _____ na escola. (melhorar = to get better)

n- Cadê as crianças? Elas _____ na piscina. (nadar)

3- Complete as frases usando os verbos no <u>passado</u>: (Pretérito Perfeito e Imperfeito) (Simple Past -
Preterite Indicative and Imperfect Indicative)

a- Eu _____ aula de natação toda semana quando eu _____ criança. (ter) (ser)

b- Você _____ bons professores na faculdade? (ter)

c- Você _____ um bom fim de semana? Sim, _____ (ter)

d- Eles _____ alguma coisa no shopping? (comprar)
   Sim, _____ um computador novo e dois pares de tênis.

e- Eu não _____ nada especial no Reveillón passado. O que você _____? (fazer)

f- Eles não _____ para a aula ontem. Eles não _____ se sentindo
bem. (vir) (estar)

g- Eu _____ que você vai viajar pra Índia. (saber)

h- Você _____ o quê pra ele de aniversário? (dar)
   Eu _____ uma camisa nova.

i- Eu ainda não _____ as contas esse mês. (pagar)

j- Ela sempre _____ uma <u>marmita</u> (=lunch box) pro trabalho. Agora come na rua. (trazer)

k- Ele _____ o português por muito tempo. Eu não _____
muito. (praticar)

l- Quantos anos você _____ quando _____ a estudar? (ter) (começar)

m- Eu _____ dançando na festa quando ele _____. (estar) (chegar)

n- Ele me _____ que não vai viajar nas férias. (dizer)

o- Você _____ <u>a prova</u> (=the test) a tempo? (terminar) Sim, _____,
(terminar) mas meus amigos não _____ terminar. (poder)

p- Eu sempre _____ trabalhar com crianças. (querer)

q- Ele _____ comprar uma casa no campo, mas não _____ dinheiro
suficiente. (querer) (ter)

r- Você _____ de ônibus? Não, eu _____ de carro. (vir)

s- Onde você _____ ontem? Eu _____ ao cinema. (ir)

t- Eles _____ as bebidas e nós _____ a comida. (trazer)

u- Você _____ muitos <u>desenhos animados</u> (=cartoons) quando _____
criança? (assistir) (ser)

v- Você _____ o que eles _____? (ver) (fazer)

w- Nós _____ com o Paulo na festa, mas não nos falamos. (estar)

x- Eu _____ no mercado duas vezes essa semana. (estar)

y- A comida _____ horrível. Eu não _____ comer nada. (estar)
(conseguir)

z- Nós _____ quase todo dia. Agora não somos mais amigos. (conversar)

4- A vida da mulher era melhor antigamente? Use o <u>pretérito imperfeito</u> nas frases abaixo: (Imperfect Indicative)

a- A mulher _____ (ficar) em casa e _____ (cuidar) só da família.
b- Ela _____ (ter) mais tempo para ela.
c- Ela _____ (ser) menos independente.
d- Ela _____ (não /trabalhar) fora, por isso _____ (não /competir) com os homens.
e- Ela _____, _____, _____ das crianças e não _____ tanto com as despesas da casa. (limpar) (cozinhar) (cuidar) (se preocupar)

5- Relacione as frases:

<u>Vocabulário:</u>

boate, balada - night club
figurinhas - stickers
história em quadrinhos, gibis (slang) - comic books
soltar pipa - fly a kite
aula de natação - swimming classes

brincar de casinha - play house
patins - rollerblade, rollerskate
datilografia - typing
pique-esconde - hide and seek

a- Quando ela era criança,
b- Eles dormiam tarde,
c- Eu sou da época que
d- Toda sexta-feira,
e- Ela sempre caía quando
f- Eu ia pra boate e
g- Ele tinha uma coleção grande de figurinhas e
h- Eles adoravam história em quadrinhos e
i- Os meninos soltavam pipa e
j- Eu fazia aula de natação e

_____ as meninas brincavam de casinha.
_____ andava de patins.
_____ nós tomávamos uma cerveja juntos.
_____ não existia celular.
_____ liam todos os gibis do Batman.
_____ por isso chegavam atrasados.
_____ a minha irmã fazia aula de datilografia.
_____ ela adorava brincar de pique-esconde.
_____ dançava a noite toda.
_____ sempre completava o álbum.

6- Complete as frases usando o <u>passado simples e o passado contínuo</u> (passado simples e passado com -NDO): (Simple Past and Past Progressive)

a- O diretor da empresa já _____ (falar) quando nós _____. (chegar) na reunião.
b- Ela _____ (tomar banho) quando o João _____ (telefonar)
c- Quando eu _____ (entrar) no quarto, eles ainda _____ (dormir)
d- Ela não _____ (gostar) da resposta que _____. (esperar)
e- O garçom _____ (trazer) a comida quando _____ (tropeçar = to trip) e a <u>bandeja</u> (=tray) caiu.
f- Ela _____ (cozinhar) feijão quando a panela _____. (explodir)

71

7- Escreva frases usando o _passado contínuo ou o pretérito imperfeito:_ (Past Progressive or Simple Past - Imperfect Indicative)

Exemplo:

Enquanto ela **estava cuidando** das crianças, ele **estava lavando** os pratos.
Enquanto ela **cuidava** das crianças, ele **lavava** os pratos.

a- estudar + assistir TV _____

b- trabalhar + gastar dinheiro _____

c- viajar + ficar em casa _____

d- tomar banho + fazer a barba _____

e- lavar a louça + lavar roupa _____

f- falar + pensar em outras coisas _____

g- dirigir + ouvir música _____

h- fazer o almoço + passar roupa _____

8- Use o verbo PÔR nas frases abaixo: (PUT)

a- Eu não gosto de _____ muito sal na comida.

b- Eles _____ todas as frutas no cesto. Eu as _____ na geladeira, com exceção das bananas.

c- Eu _____ esse casaco hoje de manhã, mas agora está muito quente.

d- Eles _____ todas as roupas sujas na lavadora.

e- Eu _____ todo o meu dinheiro no banco.

f- Onde você _____ o bolo?

g- Você _____ o nome do Léo na lista de convidados?

h- Onde eles estão agora? Eles _____ as malas no carro.

9- Dê respostas usando **pôr** ou **poder**: (PUT or CAN)

- Você põe catchup na batata frita? **Ponho.**
- Ela pode sair sozinha à noite? **Não pode.**

a- Vocês podem vir amanhã? _____.

b- Você pode me ajudar? _____.

c- Eles puderam comprar o carro? _____.

d- Você pôs gasolina no carro? _____.

e- Você põe gasolina no carro toda semana? _____.

f- Vocês puderam resolver o problema? _____

g- Você pôde terminar o trabalho? _____.

h- Você põe açúcar no café? _____.

i- Você pode tirar 1 mês de férias por ano? _____.

j- Os seus avós punham dinheiro embaixo do colchão? _____.

10- Faça frases usando o verbo PÔR com as palavras abaixo: (PUT)

a- as roupas na mala _____

b- a mala no carro _____

c- a gravata pra trabalhar _____

d- o dinheiro no banco _____

e- o vinho na geladeira _____

f- a carta no correio _____

g- o carro na garagem _____

h- gelo na Coca-cola _____

i- uniforme para ir à escola _____

j- sal na carne _____

k- os documentos na gaveta _____

11- Complete o diálogo usando os verbos IR e VIR: (GO and COME)

<u>Ao telefone:</u>

Vera: Oi Sylvia, tudo bem? Você _____ pra cá no Carnaval?

Sylvia: Sim, eu _____.

Vera: Com quem você _____?

Sylvia: Não sei ainda. Acho que _____ com a Luana. Ela gostaria muito de _____ aí te conhecer.

Vera: Ótimo! Como vocês vão _____?

Sylvia: _____ de avião. Não posso _____ de carro porque tive que vendê-lo.

12- Leia o convite de casamento e responda as perguntas:

MARCOS ANDRADE   LUÍS OLIVEIRA

JANETE ANDRADE   VERA OLIVEIRA

sentem-se felizes em convidar para o casamento de seus filhos

Larissa e André,

que se realizará às 11h do dia 16 de maio de 2024, na Igreja São João Batista.

Após a cerimônia, os noivos receberão os convidados no Country Clube do Rio de Janeiro.

RSVP (21) 3202-4009

---

a- Onde será o casamento? _____

b- Quem irá se casar? _____

c- Onde será a recepção do casamento? _____

d- Que horas será a cerimônia? _____

e- Em que dia será o casamento? _____

13- Complete o anúncio com os verbos abaixo no <u>futuro do presente do indicativo</u>: (Simple Future)

será - poderão - acontecerá - precisará - sairemos - durará - serão - subiremos - dormiremos - receberão - passaremos - poderá

<u>Corrida de Montanha - Circuito Rio das Pedras</u>

No próximo dia 20 de abril, _____ a nossa corrida de montanha anual. _____ às 6h de Mury, Nova Friburgo em direção à <u>serra</u>. (= mountain range) Nós _____ a montanha e _____ por várias <u>trilhas</u>. (= trails) A corrida _____ dois dias. Na primeira noite, nós _____ no Hotel Estrela Azul. Quem não quiser ficar no hotel, _____ passar a noite no <u>acampamento</u> (= camping) perto do hotel. Os valores _____ ser <u>parcelados em 3x</u>. (= in 3 installments)

73

Menores de 18 anos não _____ aceitos. Não se esqueça: você _____ de roupas leves e tênis apropriado. Os 3 primeiros colocados _____ prêmios. (= prizes) A premiação _____ feita logo no final da corrida.

14- Formule as perguntas usando o futuro do presente do indicativo: (Simple Future)

a- (passar) **Onde vocês passarão as férias?** Em Campos do Jordão.

b- (abrir) _____? Às 10h em ponto.

c- (ajudar) _____? Ninguém.

d- (fazer) _____? Nada.

e- (ir) _____? De navio.

f- (beber) _____? Uma cerveja.

g- (trazer) _____? 10.

h- (dizer) _____? Não.

i- (gastar) _____? $450

j- (comprar) _____? Na Target.

k- (pedir) _____? Uma pizza de calabresa.

15- Ligue as ações à tradução correta:

Com que frequência você faz essas tarefas? De quais delas você não gosta? Qual delas você preferiria fazer no caso de uma divisão de tarefas na sua casa?

a- lavar o banheiro
b- cortar a grama
c- tirar o pó/tirar a poeira
d- passar pano no chão
e- cozinhar
f- lavar a louça
g- lavar a roupa
h- varrer o chão
i- arrumar a cama
j- molhar as plantas
k- cuidar do cachorro
l- passar roupa
m- pôr a mesa
n- limpar as janelas
o- fazer compras
p- passar o aspirador
q- pendurar a roupa
r- levar o lixo pra fora

_____ mop
_____ take the trash out
_____ water the plants
_____ vacuum
_____ cook
_____ iron
_____ clean the windows
_____ wash the bathroom
_____ dust
_____ hang the clothes
_____ cut the grass
_____ do the laundry
_____ take care of the dog
_____ set the table
_____ wash the dishes
_____ go shopping
_____ sweep the floor
_____ make the bed

Expressões populares com as partes do corpo
Parte 2

BARRIGA:

*rir da **barriga** doer - laugh a lot (your belly hurts)
- Gosto de filmes de comédia porque **rio da barriga doer.**

*ter o rei na **barriga -** act as if he/she is more important than others
- Ele acha que tem **o rei na barriga.** Coitado!

*frio na **barriga -** fear
- Ver as pessoas escalando montanhas me dá **frio na barriga.**

*tirar a **barriga** da miséria - eat a lot
- Hoje vou **tirar a barriga da miséria!** Vamos celebrar Thanksgiving!

CORAÇÃO:

*abrir o **coração** para alguém - vent, tell the truth about what's going on
- Preciso **abrir meu coração pra você.**

***coração** de pedra - cold person
- Que homem frio! Ele deve ter **coração de pedra.**

***coração** apertado - when you have a bad feeling or when you feel sorry for somebody (my heart goes out to you)
- Fico com o **coração apertado** toda vez que ele sai de moto.
- Meu **coração está apertado** em vê-lo tão triste.

*o **coração** fala mais alto - when your feelings are more important
- Entre o coração e a razão, o **coração sempre fala mais alto.**

*Quem vê **cara** não vê **coração -** Don't judge a book by its cover.
- Ele é lindo e elegante, mas não presta. **Quem vê cara não vê coração.**

CABEÇA:

*dor de **cabeça -** problem, pain in the neck
- Esse cara só me dá **dor de cabeça!**

*meu mundo virou de **cabeça** pra baixo - my life turned upside down, changed/ turned on its head; changed drastically
- Depois que conheci você, **meu mundo virou de cabeça pra baixo.**

*esfriar a **cabeça -** to be calm, to calm down
- **Esfria a cabeça!** Vai ficar tudo bem.

***cabeça**-dura - stubborn, hard-headed
- Não seja **cabeça-dura!** Aceite a situação.

*cabeça-de-vento - absent-minded, air-headed
- Ela não presta atenção em nada que faz. É cabeça-de-vento!

*cabeça fria - calm person, chill
*manter a cabeça fria - to keep calm, chill out
- Para ele, está tudo sob controle. Ele é cabeça fria.
- Precisamos manter a cabeça fria no momento.

*cabeça quente - nervous person, hot-headed
- Ele é muito cabeça quente. Deus me livre!

*cabeça feita - one who knows what they want; to make up one's mind
- Já estou com a cabeça feita. Vou me mudar no ano que vem.

*cabeça aberta - open minded
- O mundo mudou muito. Precisamos ter a cabeça aberta para tantas mudanças.

*cabeça fechada, careta - narrow minded
- Deixa de ser cabeça fechada!

*o sangue sobe à cabeça - to get angry, the blood is boiling

Let'sPractice! - Vamos praticar!

a- Você é cabeça aberta ou mais conservador/a para algumas coisas?
b- O que faz o seu sangue subir à cabeça?
c- Você é cabeça-de-vento?
d- O que deixa o seu coração apertado?
e- Você conhece alguém que tem coração de pedra?
f- O que te faz rir da barriga doer?
g- O que te dá frio na barriga?
h- Você já abriu o coração pra alguém?
i- Você conhece alguém que tem o rei na barriga?
j- O seu coração sempre fala mais alto?
k- Você tem algum amigo cabeça quente?
l- Você tira a barriga da miséria no Natal?

FOR /SINCE
Há / Desde

STILL / ALREADY / YET / EVER
Ainda / Já

COMPARATIVE and SUPERLATIVE
Comparativo e Superlativo

CONJUNCTIONS
Conjunções

VERBS INCLUDING THE PARTICIPLE
Verbos incluindo o Particípio

REGULAR AND IRREGULAR PARTICIPLE
Particípio Regular e Irregular (Verbos Abundantes)

PRESENT PERFECT INDICATIVE / PAST PERFECT
Pretérito Perfeito Composto do Indicativo e Pretérito Mais-Que-Perfeito Composto do Indicativo

ADVERBS ENDING IN -LY
Advérbios terminados em -MENTE

EXPRESSIONS WITH PARTS OF THE BODY 3
Expressões com as partes do corpo 3

- Usando o <u>Present Perfect</u> e o <u>Present Perfect Progressive</u> no português

HÁ - FOR
DESDE - SINCE

- Há quanto tempo você **mora** nos Estados Unidos? = How long **have you lived** in the US?
  Eu **moro** nos Estados Unidos <u>há</u> 15 anos. = I **have lived** in the US for 15 years.

- Há quanto tempo ela **trabalha** na empresa? = How long **has she worked** in the company?
  Ela **trabalha** na empresa <u>desde</u> 2017. = She **has worked** in the company since 2017..

- Eles **estão trabalhando** no projeto <u>há</u> um mês. = They **have been working** in the project for one month.
- Eu **estou estudando** português <u>há</u> um ano. = **I've been studying** Portuguese for one year.

AINDA - STILL / YET (used in **negative answers** in Portuguese)
JÁ - ALREADY / YET, EVER (used in **questions and affirmative** sentences in Portuguese)

- Você **já viu** um urso (de perto)? = **Have you ever seen** a bear (close to you)?
  Nunca vi (um). = **I've never seen** one.

- Ela **já comeu** a sobremesa? = **Has she already eaten** the dessert?
  Sim, **já comeu**. = Yes, **she has.**

- Eu **ainda não achei** uma casa legal pra comprar. = **I still haven't found** a nice house to buy.

- Ele **ainda não foi** ao Peru. = He **hasn't been** to Peru **yet**.

- Eu **não liguei** pra ele **ainda**. / Eu **ainda não liguei** pra ele. - I haven't called him yet. / I still haven't called him.
- Ele **ainda mora** na mesma casa. - He **still lives** in the same house.

- Você **já** foi ao Brasil? **Ainda** não. - **Have you ever been** to Brazil? Not yet.

- Vamos pedir uma pizza? - Let's order a pizza!
  Ahhhh, **já comi**. Pede uma média pra você. - Ahhh, **I've already eaten**. Order a medium one for you.

JUST - ações que acabaram de acontecer.

- **Acabei de** comer. - **I've just** eaten.
- **Acabei de** falar com ele. - I spoke to him **just now**.
- Ela **acabou de** tomar banho. - **She's just** taken a shower.

Você já ...? - Have you ever...?
Sim, já...
Não, nunca...
Não, ainda não...

a- andou a camelo? / a cavalo?
b- andou de helicóptero / de navio?
c- foi à França? / ao Japão? / à Disney?
d- cantou karaokê?
e- matou aula na escola? (skip class)
f- recebeu uma multa de trânsito? (traffic ticket)
g- assistiu a sua banda favorita ao vivo?
h- comeu coração de frango?
i- experimentou comida tailandesa? / portuguesa?
j- perdeu o celular / algum documento?
k- usou fantasia de vampiro? / de bruxa? / de monstro
l- bebeu caipirinha? / mojito? / suco de caju?
m- escalou uma montanha? (climb)
n- andou de asa-delta? (hang gliding)
o- atravessou um rio ou lago nadando?
p- acampou? (go camping)
q- ficou em albergues? (hostels)
r- assistiu um concerto sinfônico?
s- leu alguma história de Shakespeare?
t- escreveu um poema?

caju

Há quanto tempo você...? - How long have you...?
Eu .... há ....
Eu ... desde ....

a- é aluno/a de português?
b- mora nessa cidade?
c- é casado/a?
d- tem o seu cachorro? / gato?
e- conhece o seu melhor amigo/ a sua melhor amiga?
f- trabalha no seu emprego atual?
g- não come sopa de legumes?
h- não viaja pra outro país?
i- tem o seu carro? / tem o seu computador?
j- me conhece?
k- não usa salto alto/ terno e gravata?
l- não vai ao teatro?

Tudo bem? Vamos aprender Português!

Aluno(a): _____

UNIT 3 - UNIDADE 3   Lesson 1 - Lição 1

Texto:

Visitando o Rio pela primeira vez

Daniela: Oi, Fernando! <u>Tão bom te ver aqui!</u> Você chegou quando?
Fernando: Oi, Dani! Cheguei na sexta.
Daniela: <u>Não vejo a hora de</u> te mostrar a cidade toda! Você já foi ao Cristo Redentor?
Fernando: Ainda não.
Dani: Tem muitos lugares lindos pra te mostrar no Rio. Onde quer ir agora?
Fernando: <u>Você que manda!</u> Podemos começar com o Cristo e o Pão de Açúcar.
Dani: Quero te levar também à Santa Teresa. Lá tem o <u>bondinho</u> e é bem legal.
Fernando: Vou ficar aqui por 10 dias. <u>Dá para</u> conhecer tudo?
Dani: Claro que sim! Já fiz uma lista dos lugares que vamos visitar.
Fernando: A <u>Confeitaria Colombo</u> tá na lista também?
Dani: Sim. Acho que não esqueci de nada. Vamos nos divertir muito! Vou te levar aos museus, igrejas e também faremos um passeio na favela.
Fernando: <u>Poxa</u>, nem sei como te <u>agradecer</u>. <u>Valeu!</u>
Dani: Eu adoro o Rio e é um prazer mostrá-lo a minha cidade. <u>Bem-vindo</u> ao Rio de Janeiro!

Vocabulário:

Tão bom te ver aqui! - It's so good to see you here!
Não vejo a hora de - I can't wait to
Você que manda! - It's your call!
bondinho - street car
Dá para…? - Is it possible to…
Confeitaria Colombo - very famous bakery in Rio
Poxa - Gosh
agradecer - to thank
Valeu! - Obrigado/a
Bem-vindo/a - Welcome

*Como é a cidade onde você mora? Quais são os pontos turísticos, como é a gastronomia e o que tem de bom pra fazer? Há quanto tempo você mora aí? Você já mostrou sua cidade pra alguém?

81

1- Traduza:

a- Have you ever eaten caviar? No, never.

_____

b- He hasn't tried the new Japanese dish yet.

_____

c- Have you worked out a lot this week? Yes, I've already been to 3 zumba classes.

_____

d- I haven't had breakfast yet.

_____

e- Have you already seen "A bela e a fera"? Yes, I have already seen it.

_____

f- They haven't finished the job yet.

_____

g- She has been on a diet for 3 months.

_____

h- What have you bought for her?

_____

i- I've never been to Mexico. Have you?

_____

j- They've already eaten lunch.

_____

k- How long have you had your computer?

_____

l- We've been friends since High School.

_____

m- I have been working there for 2 years.

_____

n- How long have you been studying Portuguese?

_____

o- I've just had lunch.

_____

p- She's just started class.

_____

2- Complete o diálogo com a resposta certa:

_____
* quando era adolescente * Quanto tempo você morou lá? * Já escolheu o restaurante? *
* Ainda não decidi. * comi muito ceviche lá. * Já comi várias vezes. * já comeu *
* 2 anos * Você está aqui há muito tempo? * Ainda não. * Você já comeu ceviche? *
_____

Pedro: Desculpe o atraso. _____?
Jaqueline: Não, cheguei há poucos minutos.
Pedro: _____?
Jaqueline: _____. Você _____ comida árabe?
Pedro: _____. É boa?

82

Jaqueline: É deliciosa. _____.

Pedro: E que tal comida peruana? _____?

Jaqueline: Já. Morei em Lima _____. Eu

_____.

Pedro: Ah, não sabia! _____?

Jaqueline: Morei lá por _____.

3- Faça frases:

a- desde _____

b- há _____

c- já _____

d- ainda (still) _____

e- ainda (yet) _____

4- Use o imperativo na receita abaixo:

Pudim de leite condensado

- 1 lata de leite condensado
- a mesma medida de leite
- 3 ovos
Calda: (caramel sauce)
- 1 xícara de açúcar

Primeiro, _____ (derreter) o açúcar na forma de pudim. (=bundt pan)
_____ (colocar) os ingredientes no liquidificador e _____ (bater) por 30
segundos.
_____ (despejar = pour) a mistura na forma com a calda de açúcar. (=caramelized sugar)
_____ (assar) em banho-maria por 50 minutos. (=water bath, bain marie)
_____ (espetar = stick) um garfo para ver se está bem assado.
_____ (retirar = remove, take out of) do forno, _____ (deixar) esfriar
(=let it cool down) e _____ (desenformar =unmold).
_____ (servir) gelado.

Let's practice! - Vamos praticar!

a- Pergunte a mim:

1- How long have you lived in...?
2- How long have you been teaching Portuguese?
3- Have you ever been to Chicago?
4- Has your mother ever visited Mexico?
5- How long have you worked at your current job?
6- Have you finished paying your car/house yet?
7- Have you just turned on your computer?
8- Have you been on a diet?
9- Have your parents taught you another language?
10- How long have you had your car?
11- Have you ever eaten chicken heart?
12- Have you ever lost your cell phone?
13- How long have you known me? / your best friend?
14- Have you bought your car recently?

b- Traduza as frases: (Pretérito Perfeito e Imperfeito)

1- What time did the meeting end?
2- She didn't bring the food. Did you bring the drinks?
3- What time did you come home last night? I came home late.
4- We used to eat (ate) mac&cheese when we were kids.
5- Did you give him the money?
6- What did you do on the weekend?
7- I wanted to go to the party but I had to work.
8- Did you have a dog when you were a child?
9- I had a black car.
10- I had a headache yesterday.
11- I dreamed about you last night.
12- Could you finish the job? Yes, I could.
13- He made pasta for dinner last night.
14- We went to the game last night.
15- Who did you see at the party?
16- Did you tell him the truth?
17- He didn't invite me to the party.
18- She dreamed about being a professional ballet dancer.

COMPARATIVO E SUPERLATIVO - COMPARATIVE AND SUPERLATIVE

COMPARATIVO DE SUPERIORIDADE, INFERIORIDADE E IGUALDADE:

MAIS _____ (DO) QUE - MORE THAN / ER THAN
MENOS _____(DO) QUE - LESS THAN / ER THAN
TÃO _____ QUANTO/COMO - AS... AS
_____TANTO QUANTO/COMO _____ - AS...AS

MAIOR QUE - BIGGER THAN **(GRANDE)**
MENOR QUE - SMALLER THAN **(PEQUENO)**

MELHOR QUE - BETTER THAN **(BOM/BOA)**
PIOR QUE - WORSE THAN **(RUIM)**

Exemplos:

- Ele é **mais** <u>alto</u> **(do) que** eu. - He is taller than me.
- O meu carro é **mais** <u>confortável</u> **(do) que** o seu. - My car is more comfortable than yours.
- Você tem **menos** <u>problemas</u> **(do) que** eu. - You have less problems than me.
- Ele é **tão** <u>inteligente</u> **quanto/como** o irmão. - He is as intelligent as his brother.
- Ele é inteligente **tanto quanto/como** o irmão. - He is as intelligent as his brother.
- Sou preguiçosa **tanto quanto/como** você. - I'm as lazy as you.
- O meu apartamento é **maior / menor (do) que** o seu. - My apartment is bigger / smaller than yours.
- Eu acho <u>vinho tinto</u> **melhor (do) que** <u>vinho branco.</u> - I think red wine is better than white wine.
- Esse xarope é **pior (do) que** eu imaginava. - This cough syrup is worse than I thought.

SUPERLATIVO DE SUPERIORIDADE E INFERIORIDADE:

O MAIS - THE MOST / THE ...EST
O MENOS - THE LEAST / THE ...EST

O MAIOR - THE BIGGEST - **(GRANDE)**
O MENOR - THE SMALLEST - **(PEQUENO)**

O MELHOR - THE BEST **(BOM/BOA)**
O PIOR - THE WORST **(RUIM,MAU)**

- O Bugatti é **o** carro **mais caro** do mundo. - Bugatti is the most expensive car in the world.
- Esse é **o** problema **menos importante** da empresa agora. - This is the least important problem of the company now.
- A baleia azul é **o maior animal** do mundo. - The blue whale is the biggest animal in the world.
- Qual é **o menor país** do mundo? -What's the smallest country in the world?
- Quem é **o melhor funcionário** da empresa? - Who is the best employee of the company?
- Esse foi **o pior filme** que já vi! - That was the worst movie I've seen!

O grau **superlativo absoluto sintético** (qualidades em grau muito elevado) é expresso através de uma só palavra, formada pelo adjetivo no grau normal mais um sufixo:

- -íssimo;
- -imo;
- -ílimo;
- -érrimo.

Exemplos:

caro demais = **caríssimo**
lindo demais = **lindíssimo**
bela demais = **belíssima**
bom demais = ótimo, **boníssimo**
ruim demais = **péssimo**
difícil demais = **dificílimo**

forte demais = **fortíssimo**
rico demais = **riquíssimo**
pobre demais = **paupérrimo**
confortável demais = **confortabilíssimo**
amável demais = **amabilíssimo**
magro demais = **magérrimo**

QUANTO MAIS ...
QUANTO MENOS...

- **Quanto mais eu ganho, mais eu gasto.** - The more I earn, the more I spend.
- **Quanto mais cedo, melhor.** - The sooner, the better.
- **Quanto mais te vejo, mais te quero.** - The more I see you, the more I want you.
- **Quanto mais dividimos, mais temos.** - The more we share, the more we have.
- **Quanto menos eu o vejo, mais rápido o esqueço.** - The less I see him, the faster I forget him. (Out of sight, out of mind.)
- **Quanto menos você trabalha, mais ocioso você fica.** - The less you work, the lazier you become.

A casa é	**mais**	confortável	**(do) que**	o apartamento.
	menos	cara	**(do) que**	
	tão	bonita	**quanto/como**	

A sala é	pequena,	mas a cozinha é	**menor**	ainda.
O quarto é	grande,	mas a sala é	**maior**	ainda.
O apartamento é	bom,	mas a casa é	**melhor**	ainda.
A cozinha é	ruim,	mas a área de serviço é	**pior**	ainda.

- **A sala é pequena, mas a cozinha é menor ainda.** - The living room is small but the kitchen is even smaller.

e - and	Ela trabalha **e** estuda.
que - that	Eu acho **que** você deveria aceitar o presente.
mas - but	A casa é linda, **mas** cara demais.
porque - because	Gosto desse mercado **porque** é mais barato que os outros.
por isso, portanto - therefore	Ela é menor de idade, **por isso** não pode dirigir ainda.
quando - when	Eles foram tomar banho **quando** chegaram em casa.
enquanto - while	Ela estava cozinhando **enquanto** as crianças estavam brincando.
se - if	Eu não sei **se** poderei viajar com você.
como - how	Não sei **como** montar esse armário.
ou - or	Temos vinho **ou** cerveja. O que prefere?
então - so	Estava me sentindo mal, **então** deitei na cama.
ou...ou - either... or	**Ou** você estuda **ou** ouve música.
nem...nem - neither...nor	Não sou **nem** alto **nem** baixo.
no entanto - however	Tentei comprar o carro, **no entanto** não tinha o dinheiro suficiente.
além disso / além de... - besides	Tenho que comprar as passagens. **Além disso**, reservar o hotel. **Além de** comprar as passagens, tenho que reservar o hotel.

However = **No entanto**
       Mas
       Contudo
       Porém
       Entretanto
       Todavia

COMPARATIVO / SUPERLATIVO

a- Qual país é _____, Canadá ou China? (grande)

b- Qual cidade tem a _____ população? (grande)
   Tóquio, Cidade do México ou São Paulo?

c- Qual é a montanha _____ do mundo? (bonita)
   Eu acho que Monte Fuji, no Japão é uma das _____.

d- Qual país é _____, Espanha ou Itália? (pequeno)

e- Qual cidade é _____ de se viver? (cara)
   Londres, Nova York ou Tóquio?

f- Qual é o oceano _____ do mundo? (profundo)
   Pacífico, Atlântico ou Índico?

g- Qual capital da América do Sul é _____? (alta)
   La Paz (Bolívia), Quito (Equador) ou Bogotá (Colômbia)?

h- Qual é o esporte _____ do Brasil? (famoso)
   Futebol, Jiu-Jitsu ou Capoeira?

i- E qual é o prato italiano _____ pra você? (gostoso)
   Pizza, espaguete à bolonhesa ou lasanha?

O MUNDO EM QUE VIVEMOS

* A França é o país **mais visitado do mundo**, com 89 milhões de turistas por ano.

* O Aeroporto Internacional Hartsfield Jackson em Atlanta, GA, nos Estados Unidos, é **o mais movimentado do mundo**, com mais de 107 milhões de passageiros por ano.

* Avatar, de James Cameron, é o filme **mais popular de todos os tempos**. Bilheteria: US$ 2,847 bilhões.

* O voo direto **mais longo** é de Nova York à Cingapura, com duração de 18h30m.

* O preço **mais alto** pago por um livro foi de US$30,8 milhões por 'The Codex Leicester', de 72 páginas, de Leonardo Da Vinci. Quem o comprou foi Bill Gates, em 1994.

* Um dos animais **mais fortes do mundo** é o escaravelho-sagrado (sacred scarab beetle). Ele pesa somente 100 gramas, mas consegue empurrar qualquer coisa que seja 1.141 vezes o seu próprio peso corporal

UNIT 3 - UNIDADE 3   Lesson 2 - Lição 2

1- Complete o texto usando as palavras adequadamente: (Comparative and Superlative)

O meu irmão é 3 anos _____ (velho) eu. Apesar de eu ser _____ (novo) ele, sou _____ (esperto).
Ele é _____ (alto) eu também. Nós dois trabalhamos na _____ (grande) empresa de tecnologia da cidade. Ele é considerado _____ (bom) funcionário da empresa na área de desenho gráfico. Mas eu sou _____ bom _____ ele.

2- Complete as frases usando as formas de <u>comparativo</u> ou <u>superlativo</u> adequadas:

a- A bicicleta do Elias é _____ a minha. (velha)
b- A Torre Eiffel é _____ a Estátua da Liberdade. (alta)
c- Ana Maria é a _____ da turma. (inteligente)
d- Susane parece ser _____ sua irmã. (jovem)
e- São Paulo é _____ o Rio de Janeiro. (grande)
f- Qual é _____ estado dos Estados Unidos? (grande)
g- O leão é o animal _____ de todos. (esperto)
h- O Rio Amazonas é o rio _____ do mundo. (longo)
i- O que é _____ pra você, perder um emprego ou perder um amor? (ruim)
j- Bolo de chocolate é _____ bolo de cenoura. (calórico)
k- As motocicletas são _____ os carros. (seguras)
l- Esse é o exercício _____ eu já fiz. (fácil)
m- A Ferrari é _____ a Lamborghini. (cara)
n- O Tesla é o carro _____ que existe? (rápido)
o- O caracol (snail) é _____ a tartaruga (turtle). (lento)
p- Os oceanos são _____ os rios. (profundos)
q- Qual é _____ time de futebol profissional americano? (bom)
r- Eu e o Lucas compramos os nossos carros em 2009. O carro dele é _____ o meu. (velho)
s- O inverno em Boston é bem _____ o inverno em Miami. (frio)
t- Onde fica o prédio _____ (alto) do mundo? Em Dubai.
u- Qual é _____ (pequeno) país do mundo? O Vaticano.
v- E qual é _____ (grande) país do mundo? A Rússia.

3- Complete as frases abaixo com as palavras da lista usando o <u>comparativo</u> ou <u>superlativo</u> adequados:

> grande   cedo   séria   pequeno   alto   importantes   cheio   interessado   calmo
> magro   importante   confiável   eficiente   fáceis   bom   barato   gostoso

a- Eu estava muito cansado ontem à noite, por isso fui dormir _____.
b- Preciso de um funcionário _____. O Ronaldo é muito preguiçoso.
c- Infelizmente, a doença dele era _____ que imaginávamos.
d- Você está _____. Você está malhando?

e- Preciso de um apartamento _____ o seu. Tenho muitos móveis e o seu não tem muito espaço.

f- Ele não gosta muito de estudar. Está _____ em se divertir e viajar.

g- A saúde e a felicidade são bem _____ o dinheiro.

h- As instruções são complicadas. Poderiam ser _____.

i- O metrô estava _____ o trem ontem.

j- Ela é a pessoa _____ que eu conheço. Eu confio totalmente nela.

k- O seu pai é _____ você? Sim, ele mede 1,80.

l- Ele é o cara _____ da nossa turma. Ele medita, faz yoga e terapia Reiki. Ele raramente se irrita com alguma coisa.

m- O pinguim é _____ a foca (seal).

n- Pão de queijo é _____ pão com queijo.

o- O presidente é a pessoa _____ do país.

p- Qual é _____ restaurante japonês que você já foi?

q- Um tênis da Nike é _____ um tênis da Gucci.

4- Escreva frases com as palavras abaixo:

a- pior _____

b- mais bonita _____

c- maior _____

d- menos importante _____

e- tão inteligente quanto _____

f- mais quente _____

g- menos caro _____

h- o melhor _____

i- tanto quanto _____

5- Use o superlativo absoluto sintético das palavras abaixo:

a- grande demais _____

b- fácil demais _____

c- divertido demais _____

d- importante demais _____

e- gostoso demais _____

f- ruim demais _____

g- bom demais _____

h- famoso demais _____

i- barato demais _____

j- agradável demais _____

6- Termine as frases:

a- Quanto mais eu como, _____

b- Quanto mais ele fuma, _____

c- Quanto menos ela limpa a casa, _____

d- Quanto menos eu falo, _____

e- Meu apartamento é pequeno, mas _____ ainda.

f- Não viajo muito, mas _____ ainda.

g- Não falo português bem, mas _____ ainda.

h- Não sou nem _____ nem _____.

i- Ou você _____, ou _____.

CONJUGAÇÃO DE VERBOS REGULARES

	INFINITVO	PRESENTE	PRETÉRITO PERFEITO	PRETÉRITO IMPERFEITO	IMPERATIVO	GERÚNDIO	PARTICÍPIO
-AR	FALAR	falo fala falamos falam	falei falou falamos falaram	falava falava falávamos falavam	fale/fala (tu) falemos falem	falando	**falado**
-ER	COMER	como come comemos comem	comi comeu comemos comeram	comia comia comíamos comiam	coma/come comamos comam	comendo	**comido**
-IR	DIVIDIR	divido divide dividimos dividem	dividi dividiu dividimos dividiram	dividia dividia dividíamos dividiam	divida/divide dividamos dividam	dividindo	**dividido**

Exemplos:

a- Ele **fala** comigo todo dia.

b- Vocês **comeram** o macarrão todo?

c- Nós sempre **dividíamos** a conta.

d- **Come** tudo!

e- Com quem você **está falando**?

f- Nós brigamos na semana passada. Não tenho **falado** com ele.

g- Meu cachorro não tem **comido** nada. Tenho que levá-lo ao veterinário. Estou preocupada.

* O uso de um dicionário é essencial para o aprendizado dos verbos.

CONJUGAÇÃO DE ALGUNS VERBOS REGULARES E IRREGULARES

INFINITIVO	PRESENTE	PRET. PERF.	PRET. IMPERF.	IMPERATIVO	GERÚNDIO	PARTICÍPIO
ESTAR	estou está estamos estão	estive esteve estivemos estiveram	estava estava estávamos estavam	esteja estejamos estejam	estando	**estado**
DAR	dou dá damos dão	dei deu demos deram	dava dava dávamos davam	dê/dá demos deem	dando	**dado**
GASTAR	gasto gasta gastamos gastam	gastei gastou gastamos gastaram	gastava gastava gastávamos gastavam	gaste/gasta gastemos gastem	gastando	**gastado/gasto**

INFINITIVO	PRESENTE	PRET. PERF.	PRET. IMPERF.	IMPERATIVO	GERÚNDIO	PARTICÍPIO
ENTREGAR	entrego entrega entregamos entregam	entreguei entregou entregamos entregaram	entregava entregava entregávamos entregavam	entregue/ entrega	entregando	**entregado/ entregue**
PAGAR	pago paga pagamos pagam	paguei pagou pagamos pagaram	pagava pagava pagávamos pagavam	pague/paga paguemos paguem	pagando	**pagado/ pago**
SER	sou é somos são	fui foi fomos foram	era era éramos eram	seja sejamos sejam	sendo	**sido**

INFINITIVO	PRESENTE	PRET. PERF.	PRET. IMPERF.	IMPERATIVO	GERÚNDIO	PARTICÍPIO
QUERER	quero quer queremos querem	quis quis quisemos quiseram	queria queria queríamos queriam	queira queiramos queiram	querendo	**querido**
FAZER	faço faz fazemos fazem	fiz fez fizemos fizeram	fazia fazia fazíamos faziam	faça/ faz	fazendo	**feito**
TER	tenho tem temos têm	tive teve tivemos tiveram	tinha tinha tínhamos tinham	tenha tenhamos tenham	tendo	**tido**
PODER	posso pode podemos podem	pude pôde pudemos puderam	podia podia podíamos podiam	possa possamos possam	podendo	**podido**
TRAZER	trago traz trazemos trazem	trouxe trouxe trouxemos trouxeram	trazia trazia trazíamos traziam	traga/traz tragamos tragam	trazendo	**trazido**
ESCREVER	escrevo escreve escrevemos escrevem	escrevi escreveu escrevemos escreveram	escrevia escrevia escrevíamos escreviam	escreva/ escreve escrevamos escrevam	escrevendo	**escrito**
DIZER	digo diz dizemos dizem	disse disse dissemos disseram	dizia dizia dizíamos diziam	diga/diz digamos digam	dizendo	**dito**
SABER	sei sabe sabemos sabem	soube soube soubemos souberam	sabia sabia sabíamos sabiam	saiba saibamos saibam	sabendo	**sabido**

VER	vejo	vi	via		vendo	**visto**
	vê	viu	via	veja/vê		
	vemos	vimos	víamos	vejamos		
	veem	viram	viam	vejam		
ABRIR	abro	abri	abria		abrindo	**aberto**
	abre	abriu	abria	abra/abre		
	abrimos	abrimos	abríamos	abramos		
	abrem	abriram	abriam	abram		
PREFERIR	prefiro	preferi	preferia		preferindo	**preferido**
	prefere	preferiu	preferia	prefira		
	preferimos	preferimos	preferíamos	prefiramos		
	preferem	preferiram	preferiam	prefiram		

IR	vou	fui	ia		indo	**ido**
	vai	foi	ia	vá/vai		
	vamos	fomos	íamos	vamos		
	vão	foram	iam	vão		
VIR	venho	vim	vinha		vindo	**vindo**
	vem	veio	vinha	venha/vem		
	viemos	viemos	vínhamos	venhamos		
	vêm	vieram	vinham	venham		
OUVIR	ouço	ouvi	ouvia		ouvindo	**ouvido**
	ouve	ouviu	ouvia	ouça/ouve		
	ouvimos	ouvimos	ouvíamos			
	ouvem	ouviram	ouviam			
COBRIR	cubro	cobri	cobria		cobrindo	**coberto**
	cobre	cobriu	cobria	cubra/cobre		
	cobrimos	cobrimos	cobríamos	cubramos		
	cobrem	cobriram	cobriam	cubram		
PÔR	ponho	pus	punha		pondo	**posto**
	põe	pôs	punha	Põe		
	pomos	pusemos	púnhamos	Ponhamos		
	põem	puseram	punham	Ponham		

LEVAR E TRAZER:

Miguel **vai levar** cerveja pro churrasco na casa do Antônio.

 LEVAR

Miguel **trouxe** cerveja pro churrasco na casa do Antônio.

 TRAZER

Verbos abundantes: usados no particípio regular e irregular:

Particípio regular: usado preferencialmente na <u>voz ativa</u> com os verbos auxiliares **ter** ou **haver**.
Particípio irregular: usado preferencialmente na <u>voz passiva</u> com os verbos **ser** ou **estar**.

<u>Exemplos:</u>

aceitar - **aceitado** (forma regular)

- <u>**Temos**</u> **aceitado** a situação. - We have accepted the situation.
- **Ele** <u>**havia/tinha**</u> **aceitado** o emprego. - He had accepted the job.

aceitar - **aceito** (forma irregular)

- O documento <u>**foi aceito.**</u> **-** The document was accepted.
- A proposta <u>**foi aceita.**</u> **-** The proposal was accepted.
- O que preciso fazer para <u>**ser**</u> **aceito** no grupo? - What do I need to do to be accepted in the group?

	PARTICÍPIO REGULAR	PARTICÍPIO IRREGULAR
ACEITAR - accept	aceitado	aceito
GANHAR - win	ganhado	ganho
PAGAR - pay	pagado	pago
MORRER - die	morrido	morto
EXTINGUIR - extinguish	extinguido	extinto
ENXUGAR, SECAR - dry	enxugado, secado	enxuto, seco
GASTAR - spend	gastado	gasto
ACENDER - light, turn on	acendido	aceso
ELEGER - elect	elegido	eleito
CONFUNDIR - confuse	confundido	confuso
ENCHER - fill up	enchido	cheio
ENTREGAR - deliver	entregado	entregue
IMPRIMIR - print	imprimido	impresso
LIMPAR - clean	limpado	limpo
MATAR - kill	matado	morto
PRENDER - arrest	prendido	preso
SUSPENDER - lift, suspend	suspendido	suspenso
EXPRESSAR - express	expressado	expresso
PEGAR - get, catch	pegado	pego
EXPULSAR - expel, kick out	expulsado	expulso

Tudo bem? Vamos aprender Português!

Aluno(a): _____

UNIT 3 - UNIDADE 3   Lesson 3 - Lição 3

1- Complete com os verbos no <u>pretérito perfeito, imperfeito</u> e <u>particípio</u>:

INFINITIVO	PRESENTE (EU)	PRETÉRITO PERFEITO (EU)	PRETÉRITO IMPERFEITO	PARTICÍPIO
ajudar - help	ajudo	ajudei	ajudava	ajudado
trazer - bring				
ver - see				
sonhar - dream				
esquecer - forget				
pôr - put				
vir - come				
ser - be				
comer - eat				
trabalhar - work				
ir - go				
preferir - prefer				
fazer - do/make				
pegar - catch/take/get				
machucar - hurt				
jogar - play				
começar - start				
decidir - decide				
ler - read				
pedir - ask for, order				
cobrir - cover				
entregar - deliver				
escrever - write				
saber - know				

2- Complete as frases abaixo usando o <u>particípio passado</u> dos verbos: (Past Participle)

a- O meu cachorro está _____. (perder)
b- A porta está _____ (abrir) ou _____ (fechar)?
c- O livro está _____ (guardar) no armário.
d- A carta foi _____ (escrever) por mim.
e- O jogo está _____. (ganhar)
f- O dinheiro foi _____. (gastar)
g- A conta está _____. (pagar)
h- O trabalho está todo _____. (fazer)
i- O filme foi _____ (ver) várias vezes.
j- O céu está _____ (cobrir) de estrelas.
k- O pacote foi _____ (entregar) ontem.
l- A TV ficou _____ (ligar) o dia todo.
m- A porta fica _____ (trancar) durante o dia.
n- O correio fica _____ (fechar) aos domingos.
o- Minha casa está _____ (arrumar) pra festa.
p- Obrigado por ter _____ o convite. (aceitar)
q- O assaltante foi _____ ontem. (prender)
r- Ela havia _____ o melhor vestido da loja. (escolher)
s- A professora tem _____ o nome dos alunos. (confundir)
t- A Regina tem _____ a casa de flores. (encher)
u- O povo tem _____ o mesmo prefeito há anos. (eleger)
v- A luz está _____. (acender)
w- Estou _____ com a situação. (confundir)
x- O carteiro tem _____ as cartas todo dia. (entregar)
y- Eles têm _____ a casa todo dia. (limpar)
z- O inseto está _____ (morrer)

3- Complete as frases com o <u>particípio passado</u> dos verbos: (Past Participle)

a- O filme foi bem _____ (aceitar) pela crítica.
b- Eles foram _____ (ver) juntos no cinema.
c- A casa foi _____ (construir) em 6 meses.
d- A mesa está _____. (pôr)
e- A verdade foi _____. (dizer)
f- Tenho _____ (dizer) muitas coisas sem pensar, mas o que está _____ (fazer) não
pode ser _____. (mudar)
g- A casa fica _____ (arrumar) o tempo todo.
h- O apartamento está _____ (alugar = to rent) agora.
i- A casa toda foi _____ (pintar) de azul claro.
j- Os livros ficam _____ (guardar) durante as férias.
k- Eles disseram que nunca haviam _____ (expulsar) ninguém da escola, mas que tinham
_____ (suspender) dois alunos na semana passada. Ontem, um aluno foi
_____ (expulsar) e outro foi _____ (suspender).
l- Os documentos não foram _____. (imprimir)
m- Se a polícia não tivesse _____ (prender) os <u>ladrões</u>, (=thieves) o dinheiro não teria
sido _____ (recuperar). Agora, estão todos _____ (prender) na
penitenciária de Bangu, RJ.

n- O novo prefeito foi _____ (eleger) com milhares de votos de diferença do segundo candidato.

o- Eu tinha _____ (acender = to turn on) todas as luzes da casa. Por que não estão _____ (acender) agora?

p- Esse longo período de depressão do Robson tem me _____. (preocupar)

4- Termine as frases usando os verbos no particípio passado:

a- O carro está _____.

b- O dever de casa foi _____?

c- A janela fica _____ quando você está em casa?

d- É _____ fumar aqui.

e- As aulas foram _____.

f- As roupas sujas foram _____ dentro da lavadora.

g- O vestido está _____ no armário.

h- O presidente é _____ a cada 4 anos .

i- A TV está _____?

j- Vê se a porta está _____, por favor.

k- Eu nunca tinha _____ nada igual.

l- Ele nunca tinha _____ uma carta antes. (=letter)

m- O cofre (=safe) estava _____ e o dinheiro tinha _____.

n- O bolo estava _____ com calda de chocolate. (= chocolate fudge, syrup)

o- Esse time nunca tinha _____ um campeonato. (=championship)

5- Responda as perguntas abaixo usando o particípio passado dos verbos:

a- O que você estava procurando ontem? (chave/perder)
   Eu estava procurando a chave **perdida**.

b- Como você deixou a casa? (limpar e arrumar)
   _____.

c- Como está a comida? (embalar =to pack)
   A comida está pronta e _____.

d- O que houve com o carro? (vender)
   Ele foi _____.

e- Quantos emails você enviou? (enviar)
   350 emails foram _____.

f- O que aconteceu ontem no protesto? (quebrar/saquear =to loot)
   As vitrines das lojas (store windows) foram _____ e as mercadorias foram _____.

6- Complete o texto abaixo com o Pretérito Perfeito ou Imperfeito: (Simple Past - Preterite Indicative or Imperfect Indicative)

Antes de se mudar para o Rio, Janaína _____ (morar) em Campinas, SP. Ela _____ (trabalhar) no Banco do Brasil e _____ (estudar)

Psicologia à noite. Ela _____ (ter) muitos amigos e _____ (ir) muito pra balada. (=nightclubs/bars) Ela não _____ (ter) namorado firme (=serious boyfriend), por isso _____ (viajar) muito e _____ (curtir = enjoy) a vida.
Agora, morando no Rio, sua vida _____. (mudar) Ela _____ (conhecer) o Eric e se _____ (apaixonar). Ela _____ (começar) a trabalhar em uma ótima empresa, _____ (comprar) um carro novo e um cachorro, _____ (reformar =to renovate) o apartamento dela e eles _____ (decidir) morar juntos. Ontem, eles _____ (ir) à casa de uns amigos e _____ (passar) a tarde lá. Eric _____ (fazer) o churrasco e as caipirinhas. O dia _____ (estar) lindo e eles _____ (divertir-se) muito.

7- Como era a sua vida 5 anos atrás? Onde você estava e quantos anos você tinha? O que fazia no seu tempo livre? Quais eram os seus sonhos e planos para o futuro?

_____
_____
_____
_____
_____
_____
_____
_____
_____
_____
_____
_____
_____
_____

8- Faça frases com as conjunções:

a- então _____
b- por isso _____
c- no entanto _____
d- mas _____
e- enquanto _____
f- nem...nem _____
g- quando _____

9- Use o comparativo para falar sobre o seu país e o Brasil, e o superlativo:

O meu país é **maior/menor** que o Brasil.
O meu país é **o mais desenvolvido / tem a maior economia** do mundo.

a- _____
b- _____
c- _____
d- _____
e- _____
f- _____
g- _____

PRETÉRITO PERFEITO COMPOSTO DO INDICATIVO E PRETÉRITO MAIS-QUE-PERFEITO COMPOSTO DO INDICATIVO - PRESENT PERFECT INDICATIVE AND PAST PERFECT

	INFINITIVO	PRETÉRITO PERFEITO COMPOSTO DO INDICATIVO	PRETÉRITO MAIS-QUE-PERFEITO COMPOSTO DO INDICATIVO
-AR	FALAR	tenho falado tem falado temos falado têm falado	tinha falado tinha falado tínhamos falado tinham falado
-ER	COMER	tenho comido tem comido temos comido têm comido	tinha comido tinha comido tínhamos comido tinham comido
-IR	PEDIR	tenho pedido tem pedido temos pedido têm pedido	tinha pedido tinha pedido tínhamos pedido tinham pedido

PRETÉRITO PERFEITO COMPOSTO DO INDICATIVO - PRESENT PERFECT INDICATIVE

- Usado para indicar uma ação repetida que tem ocorrido no passado e **continua no presente**.

VERBO **TER** NO PRESENTE DO INDICATIVO + PARTICÍPIO

- Eu **tenho corrido** no calçadão da praia todo dia. - I have run/have been running on the beach boardwalk every day.
- Meu marido **tem trabalhado** muito ultimamente. - My husband has worked/has been working a lot lately.
- **Tenho comido** muita besteira nessas férias. - I have eaten/have been eating a lot of junk food on my vacation.

PRETÉRITO MAIS-QUE-PERFEITO COMPOSTO DO INDICATIVO - PAST PERFECT

- Usado para indicar uma ação que ocorreu antes de outra ação no passado. Pode indicar também um acontecimento situado de forma incerta no passado.

VERBO **TER** NO PRETÉRITO IMPERFEITO + PARTICÍPIO

- Quando ele **chegou** em casa, nós já **tínhamos jantado. -** When he got home, we had already had dinner.
- Ela já **tinha embarcado** quando **cheguei** no aeroporto. - She had already boarded the plane when I got to the airport.
- Ele já **tinha feito** o dever de casa antes de eu pedir. - He had already done the homework before I asked.
- Elas **tinham comprado** as malas antes da viagem ser planejada. - They had bought the suitcases before the trip was planned.

ULTIMAMENTE - LATELY

O que você tem feito ultimamente?

Eu **tenho ficado** muito em casa ultimamente. - (ficar) - I have stayed home a lot lately.
Eu **não tenho saído** muito ultimamente. (sair) - I haven't been going out much lately.

ver
ler
comer
trabalhar
assistir filmes
pensar
fazer
comprar

ADVÉRBIOS USANDO **-MENTE** - ADVERBS USING -LY

ADJETIVO	ADVÉRBIO
calmo	**calmamente** - calmly
fácil	**facilmente** - easily
rápido	**rapidamente** - quickly
claro	**claramente** - clearly
fluente	**fluentemente** - fluently

Advérbios com duas formas:

- Eles chegaram em casa **rápido/rapidamente**. - They got home quickly/ fast.
- Ele bateu a porta **forte/fortemente.** - He slammed the door.
- Nós viemos **direto/diretamente** pra casa. - We came straight home.
- Ele conversou **sério/seriamente** comigo. - He talked to me seriously.

Outros advérbios:

- Ela fala inglês **bem / mal**. - She speaks English well. / badly
- Ela fala **depressa, rápido / devagar**. - She speaks fast. / slowly
- Ela fala **alto / baixo**. - She speaks loud. / softly, quietly
- Ela fala **pouco / muito**. - She doesn't talk much. / She talks a lot.
- Ela fala inglês **bem mal/ muito mal.** - She speaks very bad English.

Como você...?

 fala português? / dirige / come / desenha / trabalha / fala / enfrenta os problemas?

Aluno(a): _____

UNIT 3 - UNIDADE 3   Lesson 4 - Lição 4

1- Complete as frases usando o <u>pretérito perfeito composto do indicativo</u>: (TER - presente do indicativo + PARTICÍPIO) (Present Perfect Indicative)

a- A Letícia está <u>engordando</u> (=gaining weight) porque _____ (comer) muito ultimamente. Ela precisa fazer uma dieta.

b- O professor está cansado porque _____ (dar) muitas aulas.

c- Nós não _____ (viajar) ultimamente porque estamos <u>economizando.</u> (=saving)

d- Eles _____ (dormir) até tarde porque estão de férias.

e- Beyoncé não _____ (fazer) muitos shows ultimamente.

f- O que você _____ (assistir) na Netflix recentemente?

g- As crianças _____ (trazer) lanche pra escola?

h- Ele não _____ (comer) quase nada ultimamente. Está muito <u>fraco.</u> (=weak)

i- Eles _____ (abrir) as cortinas todo dia para o sol entrar.

j- Ela _____ (vestir-se) com umas <u>roupas estranhas</u> ultimamente. (=weird clothes)

k- Meus dias _____ (ser) os mesmos ultimamente. Só trabalho e nada mais.

2- O Samuel vai deixar o emprego. Ele não aguenta mais. Nas últimas semanas, tem sido difícil trabalhar porque…

a- o chefe **tem reclamado** de tudo. (=to complain)

b- _____

c- _____

d- _____

3- A Melissa vai se casar em 8 meses. Ela tem estado muito ocupada. O que ela tem feito ultimamente?

a- Ela **tem feito** o <u>enxoval</u>. (=wedding registry)

b- _____

c- _____

d- _____

e- _____

4- Escreva os advérbios usando -mente:

a- especial _____

b- regular _____

c- exclusivo _____

d- natural _____

e- amoroso _____

f- pessoal _____

g- infeliz _____

h- possível _____

i- real _____

j- primeiro _____

k- livre _____

l- perfeito _____

m- rápido _____

n- intenso _____

o- extremo _____

p- leve _____

q- provável _____

r- imediato _____

s- difícil _____

t- diário _____

5- Complete o email usando o <u>pretérito perfeito simples ou composto</u>: (Simple Past or Present Perfect)

Oi Roberta! Tudo bem?
Eu não te _____ (escrever) antes porque _____
(estar) muito ocupada. As crianças _____ (ir) pra Búzios com o pai e _____
_____ (divertir-se) muito por lá. Elas só vão voltar no fim da semana
que vem.
Eu _____ (trabalhar) e _____
(estudar) demais ultimamente. Ontem _____ (ficar) no escritório até às 9h da
noite. Eu não _____ (fazer) outra coisa a não ser trabalhar e
estudar para a prova do concurso público.
A Dona Isabel _____ (ajudar-me) a cuidar da casa e _____
_____ (fazer) as compras de mercado ultimamente.
Ontem eu _____ (assistir) um filme ótimo na Netflix e _____
(lembrar) de você.
Espero que tudo esteja bem com você.
Vamos combinar alguma coisa pra esse fim de semana!
Beijo,
Angélica

6- Complete as frases com a forma correta dos advérbios:

mal - livremente - especialmente - totalmente - rapidamente - fluentemente - facilmente - baixo - friamente - claramente - alto - bem

a- Eu quase sempre resolvo os meus pequenos problemas _____.
b- Eles falam português _____.
c- Ela escreve muito _____; com muitos erros!
d- Ele sempre reage _____ quando ela liga pra ele.
e- Eu gosto de comida japonesa, _____ sashimi.
f- As crianças podem brincar _____ no parque.
g- Você precisa explicar a situação _____.
h- Eles estão _____ <u>abalados</u> (=shaken, shocked) com o que aconteceu.
i- Ela muda de humor _____. Que garota estranha!
j- Fala _____! O bebê está dormindo.
k- Minha mãe cozinha _____.
l- Fala _____! Não estou te escutando.

7- O que você tem feito ultimamente?

(trabalhar muito) - Eu **tenho trabalhado** muito.
a- (ficar em casa) _____
b- _____
c- _____
d- _____
e- _____

8- Complete as frases usando o _pretérito mais-que-perfeito composto do indicativo:_ (Past Perfect)
    (TINHA + PARTICÍPIO)

a- Eu já _____ quando ele telefonou. (jantar)

b- Ela já _____ a porta quando ele tocou a campainha. (abrir)

c- Quando a notícia chegou, nós já _____ (partir)

d- Quando eu nasci, meu avô já _____. (morrer)

e- Quando cheguei em casa, mamãe já _____ o almoço. (fazer)

f- Até a tarde, ela já _____ e _____ mais de 50 emails.
(escrever) (enviar)

g- O filme ainda não _____ (começar) quando chegamos ao cinema.

h- Nós ainda não _____ "tchau" quando ele fechou a porta. (dizer)

i- Quando assinaram o contrato, eles ainda não _____ o apartamento.
(ver)

j- Ela nunca _____ a um casamento indiano antes. (ir)

k- Eles nunca _____ de trem antes. (andar)

l- Ele nunca _____ um discurso antes. (fazer)

m- Marcelo já _____ a correspondência quando cheguei no escritório.
(entregar)

n- Nosso time nunca _____ um campeonato antes. (ganhar)

o- Eles nunca _____ nada sobre o assunto. (dizer)

9- Escreva frases usando as palavras abaixo:

a- ultimamente _____

b- pessoalmente_____

c- regularmente _____

d- tenho comprado _____

e- tem feito _____

f- temos tido _____

g- tinha visto _____

h- tinha comido _____

i- tinha viajado _____

10- Complete as frases com o _pretérito mais-que-perfeito composto do indicativo:_ (Past Perfect)
(QUANDO+PRETÉRITO PERFEITO+TINHA e PARTICÍPIO)

a- Quando eu _____ (chegar) em casa, eles já _____. (jantar)

b- Quando meu avô _____ (nascer), a escova de dentes de cerdas de náilon ainda
não _____ (ser) inventada.

c- Quando nós _____ (chegar) ao teatro, a peça já
_____(começar)

d- Eu já _____ (entrar) na sala de aula quando o professor _____
a porta. (fechar)

e- Quando ele _____ na estação (chegar), o trem já _____ embora.
(ir)

f- As crianças já _____ banho (tomar) quando eu _____ para a babá.
(ligar)

g- Eu já _____ (dormir) quando ele _____. (telefonar)

h- Eu já _____ a comida no forno (pôr) quando eles me _____
para jantar. (convidar)

103

a- Quais dessas coisas são as mais importantes pra você?

b- Por quais dessas mudanças você já passou?

c- O que tem acontecido de novo na sua vida recentemente?

d- Quais outras coisas nos trazem mudanças na vida?

e- Escolha 3 coisas da lista e fale um pouco sobre elas.

Expressões populares com as partes do corpo
Parte 3

BOCA:

***boca** de siri - don't tell anybody

- Vou me mudar para a Califórnia no ano que vem. **Boca de siri!** Ainda não falei pra ninguém.

*pegar com a **boca** na botija - catch the person doing something wrong (catch them red-handed)

- Entrei no restaurante e peguei meu namorado **com a boca na botija.** Ele estava jantando com outra mulher.

*quem tem **boca** vai a Roma - if you want something, you need to open your mouth and make it known; (a closed mouth doesn't get fed.)

- Ele precisava resolver o problema rápido. Ligou para alguns amigos e conseguiu pagar a dívida. **Quem tem boca vai a Roma.**

***boca** fechada não entra mosquito - it's better to keep quiet

- Não discuta com ele sobre religião. **Boca fechada não entra mosquito.**

*falar da **boca** pra fora - say things without meaning them; lip service

- Ele diz que te ama, mas é **da boca pra fora.**

***boca** suja - person who curses a lot; dirty mouth

- Eles têm a **boca suja** demais; xingam o tempo todo.

*bom/boa de **boca** - person who eats well or is not picky

- Eu sou **bom de boca.** Como de tudo.

PERNA:

*passar a **perna** - cheat, trick, deceive

- Ele **passa a perna** em todo mundo. Cuidado!

*abraçar o mundo com as **pernas** - try to do everything at the same time

- Faça as coisas devagar. Não queira **abraçar o mundo com as pernas.**

*de **pernas** pro ar - messy

- Meu quarto está **de pernas pro ar!**

***pernas** bambas - very scared, in shock

- Quando vi a altura da montanha, fiquei **de pernas bambas.**

LÍNGUA:

*na ponta da **língua** - at the tip of the tongue

- Tenho a resposta **na ponta da língua.**

*saber na ponta da **língua** - to know by heart

- Sei a letra da música **na ponta da língua.**

*dar com a língua nos dentes - tell somebody what was supposed to be a secret

- Ela **deu com a língua nos dentes** e contou pra todo mundo o que ele fez.

*linguarudo/a - gossip, big mouth, loose lips

- Deixa de ser **linguarudo**! Para de fazer fofoca!

*a língua não cabe na **boca** - gossip

- Você não pode falar nada para ela porque ela não guarda segredo. **A língua não cabe na boca.**

*língua afiada - one who gossips in a malicious way

- Ela fala mal da Vera o tempo todo. Tem a **língua afiada.**

*O gato comeu a sua língua? - Why are you so quiet? (cat got your tongue)

- O que aconteceu? **O gato comeu a sua língua?**

*dar a língua - sticking your tongue out

- As crianças gostam de **dar a língua.**

DEDO:

*cruzar os dedos - cross your fingers

- Vamos **cruzar os dedos** para que tudo dê certo!

*dedo-duro - snitch

- Ele é **dedo-duro**. Não confie nele.

*pôr o dedo na ferida - mention what hurts the person (put salt on the wound)

- Ele gosta de magoar as pessoas. Sempre **põe o dedo na ferida** e fala de coisas do passado.

*apontar o dedo - point fingers

- Quem é você para **apontar dedos**?

*ter dedo podre - make bad choices in relationships

- Ela tem **dedo podre** pra homem. Coitada!

*cheio de dedos - in a cautious way (walk on egg shells)

- Tenho que falar com ele **cheio/a de dedos**. Ele é uma pessoa difícil!

Let's practice! Vamos praticar!

a- Você já pegou alguém com a boca na botija falando mal de você?
b- Você tinha a mania de dar a língua quando era criança?
c- Alguém já te passou a perna?
d- Você fala muita coisa da boca pra fora e depois se arrepende?
e- Você sabe cantar a sua música favorita na ponta da língua?
f- Me diz uma situação que te deixa de pernas bambas.
g- Você tem algum amigo boca suja, linguarudo, dedo-duro ou que tem a língua afiada?
h- Você é bom/boa de boca?
i- A sua casa/O seu quarto fica de pernas pro ar de vez em quando?
j- Você tem alguma amiga que tem dedo podre pra homem?

PRESENT SUBJUNCTIVE
Presente do Subjuntivo

SOME / ANY / NO / NONE
Algum(a) / Nenhum(a) / Qualquer

SOMETHING / ANYTHING / NOTHING
Alguma coisa, Algo / Nada / Qualquer coisa

SOMEBODY / ANYBODY / NOBODY
Alguém / Ninguém

EVERY / EVERYTHING / EVERYBODY / ALL / ALL OF THEM / ALL THE
Todo / Tudo / Todos / Todos (os/as)

EXPRESSIONS WITH PARTS OF THE BODY 4
Expressões com as partes do corpo 4

VERBOS NO SUBJUNTIVO - SUBJUNCTIVE

O **modo subjuntivo** é usado para **transmitir um acontecimento irreal, hipotético ou desejado**, ou seja, **de possível realização, mas ainda incerto.**
Através dos tempos verbais do modo subjuntivo, expressam-se ações imprecisas, que ainda não foram realizadas e que dependem de outras para acontecer.
O modo subjuntivo é um dos modos verbais, juntamente com o modo indicativo e o modo imperativo.

Tempos verbais simples do modo subjuntivo
O modo subjuntivo apresenta <u>três tempos verbais simples:</u>

- **Presente do subjuntivo** (Present Subjunctive)
- **Pretérito imperfeito do subjuntivo** (Imperfect Subjunctive)
- **Futuro do subjuntivo** (Future Subjunctive)

<u>PRESENTE DO SUBJUNTIVO (PRESENT SUBJUNCTIVE)</u>
Podendo indicar uma **ação presente ou futura**, é usado para indicar desejos, hipóteses e suposições. É conjugado, geralmente, com a partícula **que**:

- Meu pai quer <u>que</u> eu **estude** mais. - My father wants me <u>to study</u> more.
- Eu quero <u>que</u> você **vá** embora agora. - I want you <u>to go</u> home now.
- Espero <u>que</u> eu **possa** ir à festa. - I hope I <u>can</u> go to the party.

QUE + SUJEITO	VIAJAR	TER	SAIR
Que eu	viaj**e**	ten**ha**	sai**a**
Que você / ele/ ela	viaj**e**	ten**ha**	sai**a**
Que nós	viaj**emos**	tenh**amos**	sai**amos**
Que vocês/ eles/ elas	viaj**em**	tenh**am**	sai**am**

- Eu quero <u>que</u> ele **viaje** mais para conhecer novas culturas. - I want him <u>to travel</u> more to get to know new cultures.
- Tomara <u>que</u> ela **passe** na prova. - Hopefully, she <u>will pass </u>the test.
- Eu não quero <u>que</u> você **saia** sozinha à noite. - I don't want you <u>to go out</u> alone at night.

a- Verbos e expressões de **desejo/vontade + que**   b- Verbos e expressões de **dúvida + que**

	quero que
	desejo que
Eu	peço que você **fale**.
	proíbo que
	permito que
	prefiro que
	espero que
Tomara que você **fale**!	

	duvida que
	não tem certeza que
Ele	não está certo que eu **possa** viajar.
	não acha que
Talvez eu **possa** viajar.	

c- Verbos e expressões de **sentimento + que**   d- Verbos e expressões com **pedido/sugestão/ordem + que**

	sinto muito que
	lamento que
	estou triste que
Eu	tenho medo que ele **seja** assim.
	estou contente que
	fico feliz que
	tenho esperança que

É triste que ele **seja** assim.
É uma pena que ele **seja** assim.
Que pena que ele **seja** assim.

Peço que
Sugiro que   você **não fume** aqui.
Exijo que
Proíbo que   você **fume** aqui.

a fim de que = para que (so that)
embora (although)
antes que (before)
caso (if)
até que (until)

- Planeje bem a viagem **a fim de que** tudo **dê** certo.
- Vamos sair agora **embora esteja** chovendo.
- Compre os ingressos do show **antes que acabem**.
- Vou ficar nesse hotel **caso** a diária **seja** barata.
- Ficarei aqui **até que** o problema **seja** resolvido.

Expressões Impessoais

É preciso
É necessário
É provável
É possível
É impossível   que eu **viaje**.
É ótimo
É pena
É importante
Convém (It is a good idea)
Basta (as long as)

Although + Present Subjunctive

- **Embora** ele **seja** um homem interessante e atraente, ela não quer um namorado agora. - Although he <u>is</u> an interesting and attractive man, she doesn't want a boyfriend now.
- **Embora** eles **tenham** muito dinheiro, eles levam uma vida simples. - Although they <u>have</u> a lot of money, they lead a simple life.

Alguns verbos irregulares ou com conjugação diferente no presente do subjuntivo:

VERBO	EU	VOCÊ/ELE/ELA	NÓS	VOCÊS/ELES/ELAS
DAR - GIVE	dê	dê	demos	deem
FICAR - STAY	fique	fique	fiquemos	fiquem
CHEGAR - ARRIVE	chegue	chegue	cheguemos	cheguem
QUERER - WANT	queira	queira	queiramos	queiram
FAZER - DO/MAKE	faça	faça	façamos	façam
IR - GO	vá	vá	vamos	vão
TRAZER - BRING	traga	traga	tragamos	tragam
SABER - KNOW	saiba	saiba	saibamos	saibam
DIZER - TELL/SAY	diga	diga	digamos	digam
SER / ESTAR - BE	seja/esteja	seja/esteja	sejamos/estejamos	sejam/estejam
VIR - COME	venha	venha	venhamos	venham
VER - SEE	veja	veja	vejamos	vejam
PÔR - PUT	ponha	ponha	ponhamos	ponham
PODER - CAN	possa	possa	possamos	possam
CONSEGUIR - CAN	consiga	consiga	consigamos	consigam
FUGIR - RUN AWAY	fuja	fuja	fujamos	fujam
OUVIR - LISTEN, HEAR	ouça	ouça	ouçamos	ouçam
PEDIR - ASK (FOR), ORDER	peça	peça	peçamos	peçam
PERDER - LOSE	perca	perca	percamos	percam
LER - READ	leia	leia	leiamos	leiam
TER - HAVE	tenha	tenha	tenhamos	tenham
DORMIR - SLEEP	durma	durma	durmamos	durmam

- Quero que você **saiba** o quanto te admiro. - I want you to know how much I admire you.
- Desejo que vocês **sejam** muito felizes juntos. - I hope you are very happy together.
- Ele não admite que eu **traga** o meu novo namorado à festa. - He won't allow me to bring my new boyfriend to the party.

111

Traduza: AR (e/emos/em) ER (a/amos/am) IR (a/amos/am)

a- My parents want me **to study** in the morning.
b- Do you want me **to make** you some coffee?
c- I need you **to trust** me.
d- Do you want her **to bring** the food now?
e- I hope you **know** what to do.
f- I want them **to tell** me the truth.
g- Hopefully, I **can** talk to you soon.
h- It's important that you really **want** the job.
i- He doesn't want you **to do** anything.
j- May your day **be** filled with love.
k- He insists that I **accept** the job.
l- He wants the kids **to stay** at home.
m- Do you want me **to eat** the steak or the fish?

Termine as frases:

a- Tomara que ele _____
b- Exijo que você _____
c- Talvez eu _____
d- Duvido que eles _____
e- Não estou certo/a que ela _____
f- Fico feliz que vocês _____
g- Lamento que ele _____
h- Sinto muito que nós _____
i- Quero que elas _____
j- Prefiro que você _____
k- Desejo que ela_____
l- Faço questão que vocês _____
m- Pode ser que eu_____
n- Peço que nós _____
o- É pena que você _____
p- Eu proíbo que eles _____

Tudo bem? Vamos aprender Português!

Aluno(a): _____

UNIT 4 - UNIDADE 4   Lesson 1 - Lição 1

1- Complete com o <u>presente do subjuntivo</u>:

Espero… - I hope

a- **ouvir** - que eu _____
b- **trazer** - que ele _____
c- **ser** - que você _____
d- **morar** - que elas _____
e- **poder** - que nós _____
f- **pedir** - que o senhor _____
g- **dizer** - que a senhora _____

h- **fazer** - que vocês _____
i- **pôr** - que ele _____
j- **vender** - que elas _____
k- **vir** - que eu _____
l- **ir** - que vocês _____
m- **ter** - que nós _____
n- **chover** - que _____

2- Complete as frases com o <u>presente do subjuntivo</u>:

a- Quero que os meus filhos _____ (assistir) o programa amanhã.
b- Duvido que ele _____ (permanecer) no cargo.
c- Não é provável que o gerente_____ (dividir) os <u>lucros</u> (= profits) com os funcionários.
d- Espero que vocês _____ (ouvir) bem o que tenho a dizer.
e- Esperamos que eles nos _____ (trazer) boas notícias.
f- Espero que eles _____ (vir) amanhã.
g- Eu duvido que ela me _____ (convidar) para o jantar.
h- Quero que você _____ (ser) a primeira pessoa a saber.
i- Tenho medo que a <u>tempestade</u> (= thunderstorm)_____ (durar) muito tempo.
j- Quero que ele _____ (andar) mais depressa.
k- Desejamos que vocês _____ (vender) muito no Natal.
l- Tomara que vocês _____ (poder) vir no sábado.
m- Prefiro que eles _____(fazer) o trabalho no domingo.
n- Peço que vocês _____ (chegar) em casa cedo.
o- O que o senhor quer que eu _____ (trazer)?
p- Duvido que você _____ (estar) pronta pra isso.
q- Talvez vocês _____ (ter) sorte.
r- Não acho que ele _____ (entender) português muito bem.
s- Tomara que ela_____ (esquecer) dele.
t- Eu exijo que você me _____ (dar) uma explicação.
u- Quero que eles _____ (conseguir) comprar a casa logo.
v- A mãe quer que o menino _____ tudo e _____ bem. (comer/dormir)
w- Prefiro que ele me _____ (pagar) em dinheiro.
x- Duvido que elas _____ (estar) em casa agora.
y- Talvez você _____ (descobrir) porque ele foi embora.
z- Espero que vocês me _____. (entender)

3- Termine as frases:

a- pagar a conta - Ele quer que eu **_pague_** a conta.

b- **ficar em casa** - Ele quer que ela _____.
c- **começar o trabalho agora** - Ele quer que eu _____.
d- **pegar o ônibus** - Ele não quer que eu _____.
e- **chegar às 8h da manhã** - Ele prefere que eu _____.
f- **ficar contente** - Ele espera que eu _____.
g- **dirigir devagar** - Ele pede que ela _____.
h- **alugar a casa** - Ele prefere que elas _____.
i- **esquecer o que aconteceu** - Ele duvida que ela _____.

4- Termine as frases usando o _presente do subjuntivo_:

a- **perder o ônibus** - Talvez ele **_perca_** o ônibus.
b- **não falar comigo** - Talvez ele _____.
c- **fazer barulho** - Talvez nós _____.
d- **ter sorte** - Talvez eles _____.
e- **desistir da viagem** - Tomara que ele _____.
f- **não chover hoje à noite** - Tomara que _____.
g- **servir** - Espero que eles _____ vinho na festa.

5- Siga o modelo usando o _presente do subjuntivo_:

- É fundamental estudar português. (vocês)
  É fundamental que vocês <u>estudem</u> português.

a- É necessário **chegar** lá ao meio-dia. (eles)

_____.

b- É preciso **conhecer** essa cidade. (você)

_____.

c- É aconselhável **escolher** outro caminho. (vocês)

_____.

d- É ótimo **ver** as amigas delas felizes. (elas)

_____.

e- Convém **lutar** pelos seus direitos. (vocês)

_____.

f- É importante **fazer** o dever de casa. (os alunos)

_____.

g- É uma pena você não **poder** ficar. (você)

_____.

h- É impossível **chegar** a tempo. (ele)

_____.

6- Complete com o presente do subjuntivo:

DÚVIDA

- Talvez eu _____ à noite. (sair)
- Duvido que ele _____ cedo. (voltar)
- Pode ser que nós não _____
a casa dele. (encontrar)
- Não estou certo que eles _____
para mim hoje. (telefonar)

PEDIDO/SUGESTÃO/ORDEM

- Peço que vocês não se _____
para a aula. (atrasar)
- Sugerimos que vocês _____
com o diretor. (conversar)
- Exijo que ele _____
imediatamente. (sair)
- Eles proíbem que eu _____ aqui.
(fumar)

VONTADE/DESEJO

- Ele quer que eu _____ inglês.
(aprender)
- Você prefere que ela _____?
(dirigir)
- Eu desejo que vocês _____ de
fumar. (parar)
- Tomara que eles _____ da gripe.
(melhorar)
- Faço questão que eles _____ à festa.
(vir)

SENTIMENTO

- Sinto muito que você _____
passar por isso. (precisar)
- Lamentamos que ele não _____
de trabalhar. (gostar)
- Fico feliz que vocês _____
comigo. (almoçar)
- É triste que nós não _____
por onde ele anda. (saber)

7- Complete o anúncio usando os verbos **dar**, **saber**, **poder**, **passar**, **estar** e **ser** no presente do subjuntivo:

Precisa-se de uma pessoa que _____
cozinhar bem, que _____ no trabalho às 8h em
ponto, que _____ cuidar das crianças, que
_____ comida ao cachorro, que
_____ as roupas e que não _____
fumante.
Salário a combinar.
Favor ligar para (21) 99982-0978.

N

(Nando Reis e AnaVitória)

E agora, o que eu vou fazer
Se os seus lábios
Ainda estão molhando os lábios meus
E as lágrimas não secaram com o sol que fez?
E agora, como eu posso te esquecer
Se o teu cheiro ainda está no travesseiro
E o teu cabelo está enrolado no meu peito?
Espero que o tempo _____
Espero que a semana _____
Pra que eu _____ te ver de novo
Espero que o tempo _____
Para que você _____
Pra que eu _____ te abraçar
E te beijar de novo
E agora, como eu faço sem você
Se o seu nome
Está gravado no meu braço como um selo?
Nossos nomes que tem o N como elo
E agora, como posso te perder
Se o teu corpo ainda guarda o meu prazer
E o meu corpo está moldado com o teu?
Espero que o tempo _____
Espero que a semana _____
Pra que eu _____ te ver de novo
Espero que o tempo _____
Para que você _____
Pra que eu possa te abraçar
Espero que o tempo _____
Espero que a semana _____
Pra que eu _____ te ver de novo
Espero que o tempo _____
Para que você _____
Pra que eu _____ te abraçar
E te beijar de novo
De novo
De novo
De novo

PRONOMES INDEFINIDOS - INDEFINITE PRONOUNS

ALGUM/A, NENHUM/A, QUALQUER - SOME, ANY/NO

ALGUM/A (ANY) - usado em perguntas, com ideia afirmativa.

- Você tem **alguma** ideia de onde ele possa estar? - Do you have <u>any</u> idea where he might be?
- Tem **algum** seriado brasileiro bom pra assistir na TV? - Is there <u>any</u> good Brazilian series to watch on TV?
- Você tem **algum** amigo pra te ajudar? - Do you have <u>any</u> friends to help you?

ALGUNS/ALGUMAS (SOME) - usados em frases afirmativas.

- **Algumas** pessoas preferem hotéis mais baratos. - <u>Some</u> people prefer cheaper hotels.
- Eu tenho **alguns/uns** ingressos para o show. Vocês querem ir comigo? - I have <u>some</u> tickets for the show. Do you want to go with me?

UM/UMA (SOME) - usados quando oferecemos ou pedimos algo.

* <u>When you offer someone something to drink, use **'um/uma'** as SOME:</u>

- Você gostaria de **uma** cerveja / **um** café? - Would you like <u>some</u> beer / <u>some</u> coffee?

* In affirmative sentences, SOME is sometimes translated as **'um/uma'** when using uncountable nouns.

- Eu vou querer **uma** água/**um** vinho, por favor. - I'll have <u>some</u> water/<u>some</u> wine, please.
- Eu preciso de **um** conselho. - I need <u>some</u> advice.
- Eu preciso de **um** tempo pra pensar sobre isso. - I need <u>some</u> time to think about it.

NENHUM/A (ANY, NO, NONE) - indica inexistência de alguma coisa. *(DUPLA NEGAÇÃO)

- Eu <u>não</u> conheço **nenhum** eletricista bom por aqui. - I don't know <u>any</u> good electricians around here.
- <u>Não</u> há problema **nenhum**. Eu vou resolver isso. - There is <u>no</u> problem. I'll deal with it.
- Eu <u>não</u> sei **nenhuma** palavra em chinês. - I don't know <u>any</u> words in Chinese.
- Você <u>não</u> tem **nenhum** amigo pra te ajudar? - Don't you have <u>any</u> friends to help you?

- **Nenhum** aluno fez o dever de casa. - <u>No</u> student did the homework.
- <u>Não</u> tenho dinheiro **nenhum** pra viajar. - I have <u>no</u> money to travel.
- Quantas cervejas você comprou? - How many beers did you buy?
  Nenhuma. Eu não bebo. - <u>None</u>. I don't drink.
- **Nenhum dos** alunos estudou para o teste. - <u>None of </u>the students studied for the exam.

Os pronomes indefinidos **nenhum, algum** e **qualquer** são também usados com <u>sentido</u> <u>negativo</u>.

<u>Exemplos:</u>

Não vejo **nenhum** problema.
Não vejo problema **algum**. = *I don't see **any** problem.*
Não vejo **qualquer** problema.

QUALQUER (ANY) - usado para generalizar uma situação.

- **Qualquer** contribuição nos ajudará muito. - <u>Any</u> contribution will help us a lot.
- Qual suco você prefere? **Qualquer um** está bom. - Which juice do you prefer? <u>Either one</u> is fine.

*QUALQUER - também usado com sentido negativo (coloquialmente)

- Eles não me deram **qualquer** informação sobre o caso. - They didn't give me <u>any</u> information about the case.
= Eles não me deram **nenhuma** informação sobre o caso. (mais usado)

*UM/A QUALQUER - usado com o artigo 'um/uma' para depreciar (belittle) alguém.

- Ele é **um qualquer**. Não me preocupo com o que ele fala. - He is <u>a nobody</u>. I don't worry about what he says.

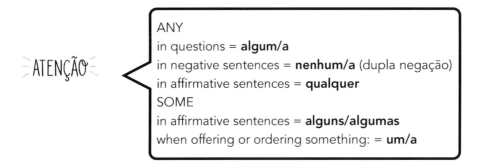

ATENÇÃO

ANY
in questions = **algum/a**
in negative sentences = **nenhum/a** (dupla negação)
in affirmative sentences = **qualquer**
SOME
in affirmative sentences = **alguns/algumas**
when offering or ordering something: = **um/a**

<u>Let's practice! - Vamos praticar!</u>

- Translate:

a- Do you have **any** Brazilian friends?
b- Is there **any** food in the fridge?
c- I don't have **any** money with me now.
d- **None of** the kids liked the pasta.
e- Don't you have **any** time to talk to me?
f- **Any** information will help the police at the moment.
g- Don't worry about him. He is a **nobody**.
h- Do you know **any** good Italian restaurants here?
i- I don't have **any** idea where he lives.
j- I don't see **any** reason to cry.
k- They didn't buy **any** beers for the party.
l- Is there **any** reason to cancel the event?
m- You can give the jacket to **any** person who needs it.
n- Doesn't she need **any** help? / Does she need **any** help?
o- I have **no** time to cook today.
p- I'll have **some** white wine, please.
q- Can you bring me **some** water?

ALGUMA COISA/ALGO, QUALQUER COISA, NADA - SOMETHING, ANYTHING, NOTHING

ALGUMA COISA / ALGO - translated as SOMETHING in affirmative sentences and ANYTHING in questions.

- Tem **alguma coisa** errada com ele. - There is <u>something</u> wrong with him.
- Tem **alguma coisa** pra comer? - Is there <u>anything</u> to eat?
- Você gostaria de **algo/alguma coisa** pra beber? - Would you like <u>something</u> to drink?
*Eu tenho **uma coisa** pra te contar. - I have <u>something</u> to tell you.

NADA - NOTHING - usado com frases negativas. *(DUPLA NEGAÇÃO)

⁻ <u>Não</u> há **nada** que eu possa fazer. - There is <u>nothing</u> I can do.
⁻ <u>Não</u> tem **nada** pra fazer no fim de semana. - There is <u>nothing</u> to do on the weekend.
⁻ O que você quer comer? **Nada**. Tô sem fome. - What do you want to eat? <u>Nothing</u>. I'm not hungry.
⁻ **Nada que** você falar vai me convencer. - <u>Nothing</u> you say will convince me.

QUALQUER COISA (ANYTHING) - usado em frases afirmativas.

⁻ Faço **qualquer coisa** pelo bem do meu filho. - I'll do anything for my son's well-being.
⁻ **Qualquer coisa** que você precisar, fala/fale comigo, por favor. - Anything you need, talk to me, please.

ATENÇÃO

SOMETHING
in questions and when offering something = **alguma coisa**
ANYTHING
in questions = **alguma coisa**
in affirmative sentences = **qualquer coisa**
NOTHING
in negative sentences = **nada** (dupla negação)
in sentences with a negative idea = **nada**

<u>Let's practice! - Vamos praticar!</u>

- Translate:

a- Did you hear **anything**?

b- Do you have **anything** to say?

c- He has **nothing** <u>to hide.</u> (a esconder).

d- I have **something** important to say.

e- **Nothing (**that) he says is <u>true.</u> (verdade).

f- If you need **anything**, <u>let me know.</u> (me fala)

g- There is **nothing** more important than family and friends.

h- I need **something** to eat. I'm starving!

i- **Something** <u>weird</u> (estranho/a) happened here last night.

j- I want to do **something** special on my birthday.

k- Would you do **something** crazy for love?

l- There was **nothing** good to eat at the party.

m- Did they do **anything** special on their anniversary?

n- I don't like **anything** on my steak; just salt.

o- I'm tired of his <u>complaints</u> (reclamações). **Nothing** (that) I do is good enough.

p- **Something** big is going to happen at the company next month.

q- He doesn't know **anything** about it.

r- Is there **anything** good to do tonight?

s- Do you want **anything** to read <u>while you wait</u>? (enquanto você espera)

t- Do you <u>expect</u> **anything** from her? (esperar)

ESPERAR (verbo) - WAIT, EXPECT
ESPERAR (verbo) - HOPE

- Estou **esperando** por ele há 20 minutos. - I've been <u>waiting</u> for him for 20 minutes.
- O que você **espera** dele como profissional? - What do you <u>expect</u> from him as a professional?
- **Espero que** você consiga o emprego. - I <u>hope</u> you'll get the job.

ESPERA, EXPECTATIVA (substantivo) - WAIT, EXPECTATION
ESPERANÇA (substantivo) - HOPE

- Eu não aguento essa **espera**. Fico ansiosa/o. - I can't stand this <u>wait</u>. I get anxious.
- Você tem alguma boa **expectativa** para este ano? - Do you have any good <u>expectations</u> for this year?
- Precisamos ter fé e **esperança** de que a vacina seja eficaz. - We need to have faith and <u>hope</u> that the vaccine is effective.

Tudo bem? Vamos aprender Português!

Aluno(a): _____

UNIT 4 - UNIDADE 4   Lesson 2 - Lição 2

REVIEW - REVISÃO

1- Complete com o Pretérito Perfeito ou Imperfeito dos verbos abaixo: (Simple Past) (Preterite Indicative and Imperfect Indicative)

a- Naquela época, nós sempre _____ à casa dele. (ir)

b- Antes de ir ao trabalho, eu sempre _____ na praia. (correr)

c- Ele não _____ tudo o que _____. (compreender) (ver)

d- Os alunos _____ a aula ontem. (interromper)

e- _____ muito quente ontem. (estar)

f- Perguntei se ele _____ português. (saber)

g- Eles sempre _____ me visitar nas férias. (vir)

h- Eu _____ café todo dia. Agora não bebo mais. (beber)

i- Você _____ os ingredientes que eu te _____? (trazer) (pedir)

j- Nós _____ sempre que nos _____. (conversar) (encontrar)

k- Ainda não _____ no mercado essa semana. Devo ir amanhã. (estar)

l- Como _____ a festa ontem? (estar)

m- Você já _____ no Colorado? (estar)

n- Onde eles _____ quando _____ crianças? (morar) (ser)

o- Antigamente, ele _____ aula de Geografia e História. (dar)

p- Lia _____ em casa quando a mudança _____. (estar) (chegar)

q- Nós não _____ tempo de arrumar a casa porque _____ muito ocupados. (ter) (estar)

r- Vocês já _____ no novo restaurante japonês? (estar)

s- Eu _____ alemão quando eu _____ 15 anos. (aprender) (ter)

t- Quando eu _____ 10 anos, eu _____ pra escola no ônibus escolar. (ter) (ir)

2- Escreva sobre a sua cidade, os lugares mais legais para visitar, a economia e o que mudou nos últimos anos.

_____
_____
_____
_____
_____
_____
_____
_____
_____
_____
_____
_____

3- Complete usando o Presente do Subjuntivo: (Present Subjunctive)

a- É importante que você _____ cedo e não _____ o voo para o Brasil. (chegar) (perder)

b- É preciso que eles _____ todos os relatórios essa semana. (fazer)

c- Descansa! É bom que você _____ bem essa noite. (dormir) Amanhã será um dia longo.

d- Compre as passagens antes que _____. (acabar)

e- É provável que ela _____ dúvidas. (ter)

f- É importante que nós _____ calma agora. (ter)

g- A sala de reunião é pequena. É possível que não _____ lugar para todos. (haver)

h- Planeje bem as férias para que tudo _____ certo. (dar)

i- Vamos sair de casa agora, embora _____ chovendo muito. (estar)

j- Quero que você _____ o que está acontecendo. (saber)

k- Vou comprar as passagens de avião caso não _____ muito caras. (ser)

l- Embora eu _____ viajar, não poderei. (querer)

m- Posso chamar alguém para te ajudar caso você _____ muitas malas. (ter)

n- Preciso que você _____ alguma coisa antes que _____ tarde demais. (fazer) (ser)

4- Use o Presente do Subjuntivo para completar a frase: (Present Subjunctive)

a- É necessário que nós _____ (estar)

b- Eu vou sair antes que ele _____ (vir)

c- É importante que as crianças _____ (dormir)

d- Ela vai ficar com as crianças para que eu _____ (trabalhar)

e- Quero que vocês _____ (trazer)

f- Tenho esperança que ele _____ (conseguir)

g- Eu proíbo que você _____ (sair)

h- Ele duvida que eu _____ (saber)

i- Eles acham que nós _____ (poder)

j- Talvez eu _____ (falar)

5- Complete com ALGUM/A, NENHUM/A, QUALQUER, ALGUMA COISA, NADA, QUALQUER COISA:

a- Você encontra pão de queijo em _____ padaria no Brasil.

b- Tem _____ motivo para você estar tão chateado comigo? (=upset)

c- Você quer _____ pra beber? Não, obrigado. Não quero _____.

d- Você tem que comer coisas mais saudáveis. Não pode comer _____.

e- Eu não tenho _____ parente (=relative) nos Estados Unidos. Todos moram no Brasil.

f- Tem _____ errada com ele. Ele nunca foi assim.

g- Você tem _____ dia disponível para mim na semana que vem? (=available)

h- Ele é sempre gentil com _____ pessoa.

i- Tem _____ pra comer na geladeira?

j- Você tem _____ amiga no Brasil?

k- _____ que você fale mudará minha opinião.

l- Você pode escolher _____ da loja. Não se preocupe com o preço.

m- Ofereça um café a _____ pessoa que chegar.

6- Siga o exemplo abaixo usando o pretérito mais que perfeito composto do indicativo: (Past Perfect)

a- Por que ela estava tão feliz ontem? (receber um aumento = get a raise)
   Porque ela **tinha recebido** um aumento.

b- Por que vocês não quiseram ir ao cinema? (já - ver o filme)
   _____.

c- Por que ela não foi pro trabalho de carro hoje? (dar defeito= stop working)
   Porque o carro _____.

d- Por que eles estavam tão cansados? (andar o dia inteiro)
   _____.

e- Por que ele estava nervoso? (gastar o dinheiro todo)
   _____ e ficou endividado.

f- Por que você não aceitou o convite para almoçar? (já - almoçar)
   _____.

g- Por que você não comprou o bolo de chocolate pra festa? (já - fazer)
   Porque a minha mãe _____ um.

7- Escreva frases usando o pretérito mais que perfeito composto do indicativo: (Past Perfect)

a- decidir comprar o vestido / acabar
   Quando eu **decidi** comprar o vestido, ele já **tinha acabado**.

b- me ligar / sair de casa
   Quando ele _____, eu já _____.

c- chegar na festa/ cantar parabéns
   Quando eu _____, eles já _____.

d- entrar na sala do cinema / começar
   Quando eles _____, o filme já _____.

e- trazer a pizza / fazer um lanche.
   Quando ele _____, eu já _____.

8- Use o pronome reflexivo corretamente:

a- (vestir-se) Eu _____ bem rápido de manhã.

b- (preocupar-se) Nós _____ com o bem-estar (=well-being) das crianças.

c- (cumprimentar-se) Eles _____ cordialmente ontem.

d- (maquiar-se / arrumar-se) Elas _____ e _____ na casa da Fernanda amanhã.

e- (lembrar-se) Nós não _____ do dia que começamos a estudar juntos.

f- (divertir-se) Nós _____ muito quando éramos crianças.

9- Complete o texto com as palavras abaixo:

Ainda não decidi. / Estou pensando / Depende da época do ano. / Acho que sim. / Tomara! (que sim) / Com certeza!

João: Estou precisando de férias. _____ em ir para o Grand Canyon passar uns dias.

Miguel: Você vai acampar ou ficar em hotel?

João: _____. Para acampar lá, preciso de uma <u>licença</u>. (=backcountry permit) Talvez ficar num hotel seja mais fácil. Vou ver o que fica mais <u>em conta.</u> (=cheaper)

Miguel: Você precisa levar uma mochila com água e lanche?

João: _____! Vou passar o dia andando e preciso hidratar.

Miguel: Você vai com alguém?

João: _____. O Lucas me disse que quer ir também.

Miguel: Que tipo de roupa as pessoas usam?

João: _____. Se você for no verão, tem que usar short, camiseta, uma jaqueta leve e tênis confortável. Já no inverno, usa-se calça confortável, tipo moletom, blusa de manga comprida, um casaco por cima e tênis ou botas específicas pra trilha.

Miguel: Você acha que realmente vai ser uma boa ideia ir pra lá?

João: _____! Estou planejando essa viagem há meses.

10- Relembrando e respondendo:

1- Quais são as cores do <u>arco-íris</u>? (=rainbow)

2- Você vai a um casamento no sábado. O que vai vestir?

3- Sua amiga está muito gripada. Me diz 3 coisas que ela deve fazer.

4- O que você faria nas suas férias no Brasil?

5- Conte de 1 a 10 usando os números ordinais.

6- Quem nasce no Rio de Janeiro é ...

7- Me diz 3 coisas que você fazia quando era criança.

8- Me diz o nome de 6 profissões.

9- Descreva o seu melhor amigo.

10- O que você tem feito ultimamente?

11- Dê o nome de 6 partes do corpo.

12- Fale o alfabeto em português.

13- Como se diz 100, 140, 200, 380, 420, 510, 1.600 e 1.000.000 em português?

14- Qual é o plural de: cidadão, irmão, condição, difícil, azul, pão?

15- Quem nasce no Japão é ....., na Alemanha, no Panamá, no Canadá, na Austrália, em Porto Rico.

16- Pai + mãe = _____, filho + filha = _____, avô + avó = _____, irmão + irmã = _____, tio + tia = _____

17- Como se conjuga o verbo TRAZER, FAZER, TER, SABER e PODER no presente, passado e particípio.

18- Me diz 5 advérbios de frequência.

19- Me diz o nome de 6 frutas e 6 legumes/verduras.

20- Me diz o nome de 5 partes da casa.

PRONOMES INDEFINIDOS - INDEFINITE PRONOUNS

ALGUÉM, NINGUÉM - SOMEBODY, ANYBODY, NOBODY

ALGUÉM (ANYBODY) - usado em perguntas.

- Tem **alguém** em casa? - Is there <u>anybody</u> home?
- **Alguém** ligou pra você hoje? - Did <u>anyone</u> call you today?
- **Alguém** pode explicar a situação? - Can <u>anybody</u> explain the situation?

ALGUÉM (SOMEBODY) - usado em frases afirmativas.

- Eu sei de/conheço **alguém** que pode te ajudar. - I know <u>somebody</u> who can help you.
- **Alguém** deixou a janela aberta. - <u>Someone</u> left the window open.
- Eu preciso de **alguém** pra me ajudar a limpar a casa. - I need <u>someone</u> to help me clean the house.

NINGUÉM (ANYBODY) - usado em perguntas negativas e frases negativas. (DUPLA NEGAÇÃO)

- <u>Não</u> tem **ninguém** em casa? - Isn't <u>anybody</u> home?
- Eu <u>não</u> conheço **ninguém** que dá aula de espanhol. - I don't know <u>anybody</u> who teaches Spanish.

NINGUÉM (NOBODY) - usado em frases que expressam uma ideia negativa.

- **Ninguém** foi trabalhar hoje por causa do furacão. - <u>Nobody</u> went to work today because of the hurricane.
- Quem comprou as passagens de avião? **Ninguém**. Decidimos não viajar mais. - Who bought the plane tickets? <u>Nobody</u>. We decided not to travel anymore.

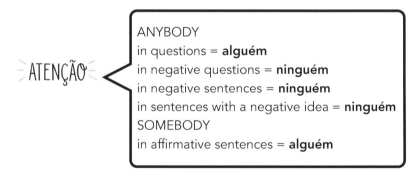

ATENÇÃO

ANYBODY
in questions = **alguém**
in negative questions = **ninguém**
in negative sentences = **ninguém**
in sentences with a negative idea = **ninguém**
SOMEBODY
in affirmative sentences = **alguém**

<u>Let's practice! - Vamos praticar!</u>

Translate:

1- **Nobody** wants <u>to go fishing</u> tomorrow. (=pescar, ir pescar)
2- He met **somebody** at the party but he didn't tell me anything about it.
3- **Somebody** needs to finish the project.
4- I didn't invite **anybody** for my <u>graduation</u>. (=formatura)
5- Does **anybody** here know how to speak Portuguese?
6- He doesn't talk to **anybody** at work.
7- Do you know **anybody** in the <u>building</u>? (=prédio)
8- He always helps **somebody** at work.
9- She knows **somebody** who can cook Indian food very well.
10- Who traveled with you? **Nobody**. I went by myself.

TUDO - EVERYTHING

TODO/A - EVERY + NOUN

TODO/A(S) - ALL THE + NOUN

TODOS/TODAS (OS/AS) / TODAS AS PESSOAS, TODO MUNDO- ALL, ALL OF THEM, EVERYBODY

- Eu gosto de **tudo** que leva chocolate. - I like <u>everything</u> that has chocolate.
- Você comprou **tudo** o que eu te pedi? - Did you buy <u>everything</u> I asked you?

- Eu vou à academia **todo** dia. - I go to the gym <u>every</u> day.
- **Toda** semana, ela vai ao supermercado. - <u>Every</u> week, she goes to the supermarket.

* **Todo dia** = every day
* **O dia todo / todo o dia, o dia inteiro** = all day long, the whole day

- Ele trabalha **o dia todo, todo dia**. - He works <u>all day long</u>, <u>every day</u>.
- Eles comeram **toda a** comida/a comida **toda**. - They ate <u>all the</u> food.
- **Todas as pessoas/Todos** da família foram no casamento. / **Todo mundo** da família foi no casamento. <u>All the people</u>/<u>Everybody</u> in the family went to the wedding.

- **Todos** chegaram tarde em casa ontem. / **Todo mundo** chegou tarde em casa ontem. - <u>Everybody</u> got home late last night.
- Quase **todo mundo** gosta de chocolate. - Almost <u>everybody</u> likes chocolate.
- **Todos eles** foram pro Brasil nas férias. - <u>All of them</u> went to Brazil on their vacation.

<u>Let's practice! - Vamos praticar!</u>

Translate:

1- They drank **all** the wine. **Everybody** was <u>drunk</u>. (=bêbado)
2- **All of them** decided <u>to quit their jobs</u>. (=sair do trabalho)
3- **Every** Saturday, he rides the bike.
4- **Everything** is perfect. Let's wait for **everybody**!
5- **All the children** are at school now.
6- I like **everything** clean in the kitchen.
7- **Every time** he calls me, he <u>complains about</u> something. (=reclamar de)
8- I work in front of the computer **all day long**.
9- **Everybody** watched <u>the season finale</u> of the series. (=o último capítulo)
10- **Everything** <u>seemed unreal.</u> The world stopped because of COVID-19. (=parecia irreal)

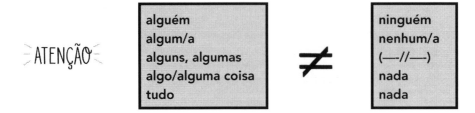

126

ADVÉRBIOS DE LUGAR - ADVERBS OF PLACE

EM ALGUM LUGAR, EM NENHUM LUGAR/EM LUGAR NENHUM, EM TODO LUGAR - SOMEWHERE, ANYWHERE, NOWHERE, EVERYWHERE

EM ALGUM LUGAR (SOMEWHERE) - usado em frases afirmativas ou interrogativas.

- Eu te conheço de **algum lugar**. - I know you from <u>somewhere</u>.
- Ele colocou as chaves **em algum lugar** da casa, mas não sabe onde foi. - He put the keys <u>somewhere</u> in the house, but he doesn't know where.
- Você foi a **algum lugar** legal nas suas férias? - Did you go <u>somewhere</u> nice on your vacation?

EM ALGUM LUGAR/ EM NENHUM LUGAR/ EM LUGAR NENHUM (ANYWHERE/NOWHERE) - usado em frases negativas ou com sentido negativo, e interrogativas. (DUPLA NEGAÇÃO)

- Você já esteve **em algum lugar** da América do Sul? - Have you ever been <u>anywhere</u> in South America?
- Ele <u>não</u> gosta de ir **a lugar nenhum**. Só quer ficar em casa. - He doesn't like to go <u>anywhere</u>. He only wants to stay home.
- Eu <u>não</u> tenho ido **a lugar nenhum** ultimamente. - I haven't been <u>anywhere</u> lately.
- <u>Não</u> consigo achar meu relógio **em lugar nenhum** da casa. - I can't find my watch <u>anywhere</u> in the house.
- Para onde você foi nas férias do ano passado? **Para lugar nenhum.** Estava economizando pra comprar um carro novo. - Where did you go on your vacation last year? <u>Nowhere</u>. I was saving money to buy a new car.
- Ele <u>não</u> está **em lugar nenhum**. - He is <u>nowhere</u> to be found.
- Você não foi **a/para lugar nenhum** nas suas férias? - Didn't you go anyhwere on your vacation?

EM QUALQUER LUGAR (ANYWHERE) - usado em frases afirmativas e interrogativas.

- Você pode encontrar Mc Donald's **em qualquer lugar** nos Estados Unidos. - You can find Mc Donald's anywhere in the US.
- **Em qualquer lugar** que você for, você sempre encontrará alguém para ajudá-lo. <u>Anywhere</u> you go, you'll always find someone to help you.
- É fácil viajar de trem para **qualquer lugar** da Europa? - Is it easy to travel <u>anywhere</u> in Europe by train?

* **Em qualquer lugar** que você **for** = **Onde quer que** você **vá** - Anywhere you go

ATENÇÃO

SOMEWHERE
in questions = **em algum lugar**
in affirmative sentences = **em algum lugar**
ANYWHERE
in negative sentences = **em nenhum lugar/em lugar nenhum**
in negative questions = **em lugar nenhum**
in affirmative sentences and some questions = **em qualquer lugar**
in questions = **em algum lugar**
NOWHERE
in sentences with a negative idea = **em lugar nenhum**

Let's practice! - Vamos praticar!

a- Did you go **anywhere** nice last Summer?

b- You can find steakhouses **anywhere** in Brazil.

c- Is it possible to go **anywhere** in NY by subway?

d- He doesn't <u>let</u> her go **anywhere** with her friends. (=deixar)

e- Where did he go last night? **Nowhere**. He stayed home.

f- **Anywhere** you go in Rio, you <u>have to be careful</u>. (=tem que ter cuidado)

g- I haven't been **anywhere** lately.

h- I wanna go **somewhere** special on my birthday.

i- I can't <u>find</u> my cat **anywhere**. (=encontrar)

j- There is a great Mexican restaurant **somewhere** near here.

k- Where can I sit? **Anywhere**.

Tudo bem? Vamos aprender Português!

Aluno(a): _____

UNIT 4 - UNIDADE 4   Lesson 3 - Lição 3

Texto:

<u>Vocabulário:</u>

solo- soil
abençoado - blessed
aquífero - aquifer, geological formation containing ground water
Alter do Chão - distrito da cidade de Santarém no estado do Pará, Brasil.
prova - proof
abastecer - to supply
comprovar - to prove
vastidão - hugeness, vastness
procurar - to look for
vestígios - trace elements
reservas hídricas - water reserves
conhecimento - knowledge
bacias - basins
equivale - equals

Oceano subterrâneo encontrado na Amazônia tem capacidade para abastecer a Terra por 250 anos

Todos sabemos como o <u>solo</u> brasileiro é <u>abençoado</u>. O <u>Aquífero</u> de <u>Alter do Chão</u> é uma <u>prova</u> desta afirmação. Imagine uma quantidade de água subterrânea capaz de <u>abastecer</u> todo o planeta por 250 anos. Esta reserva, além de existir, fica no Brasil.

Cerca de 80% da água da Amazônia encontra-se debaixo da terra. Recentemente, foi descoberto por pesquisadores da Universidade Federal do Pará (UFPA) um oceano subterrâneo, que <u>comprovou</u> a <u>vastidão</u> ainda inexplorada do lugar.

Em 1950, técnicos da Petrobrás, enquanto <u>procuravam</u> petróleo, começaram a encontrar <u>vestígios</u> de que poderia haver um reservatório de água no lugar, mas nunca imaginaram que seria o maior do mundo.

Segundo a pesquisa da UFPA, este <u>aquífero</u> possui <u>reservas hídricas</u> estimadas em 162.520 km³ (cúbicos), sendo a maior que se tem <u>conhecimento</u> no planeta.

O "oceano" fica nas <u>bacias</u> do Marajó, Amazonas, Solimões e Acre. Para se ter ideia, a reserva de água <u>equivale</u> a mais de 150 quatrilhões de litros. O número expressivo é equivalente a 250 anos de abastecimento para toda a população mundial.

Toda esta água faz da Amazônia um lugar único.

<u>Compreensão de texto:</u>

1- Onde fica o aquífero encontrado no Brasil?

_____

2- O que os técnicos da Petrobrás estavam fazendo quando encontraram a reserva hídrica?

_____

3- Por quantos anos essa reserva de água pode abastecer o planeta?

_____

4- Você usa água conscientemente ou não pensa nisso?

_____

5- Como podemos economizar água conscientemente?

_____

6- Você bebe água da torneira? (tap water)

_____

7- Vários países, incluindo o Brasil, sofrem com a falta de água.(lack of water) Você já ficou sem água em casa?

_____

EXERCÍCIOS

1- Complete as frases com os pronomes indefinidos **alguém, ninguém, nada, algo/alguma coisa, algum/a, nenhum, qualquer**:

a- _____ quer falar com ele a respeito do seu problema de saúde. Ele pode ter uma reação negativa.

b- Não tem _____ pra comer nessa casa! Tô com fome!

c- Quer que eu prepare _____ para você comer? Uma sopa, talvez?

d- Tem _____ em casa?

e- Você tem _____ problema com ele?

f- _____ sabe onde está a aspirina? Não estou encontrando.

g- _____ viu o Dr. Monteiro hoje. Ele estava na sala de cirurgia o dia todo.

h- _____ está errada. Não tem _____ na festa. O que aconteceu?

i- _____ informação será considerada importante.

j- _____ da casa será vendido. Ele quer ficar com todos os móveis.

k- Você convidou _____ pro seu aniversário? Não, esse ano não convidei

_____.

l- _____ aconteceu com ele. Ele está chorando.

m- Vocês têm _____ foto dela?

n- _____ comeu o bolo. Estava horrível.

2- Complete as frases com **todo/a, tudo, todos/as, todo mundo**:

a- Ele aprendeu a tocar a música _____ no piano.

b- Já fizemos _____. Agora podemos descansar.

c- Dói _____: a cabeça, a garganta e as costas.

d- _____ aluno que chega atrasado na aula recebe uma advertência (=warning); sem exceção. Essa é a regra da escola.

e- Está _____ certo! Vamos começar os preparativos amanhã.

f- _____ vocês podem escolher um presente. Comprei vários!

g- _____ o que você souber a respeito do problema será importante para a investigação.

h- _____ as pessoas que vieram ao casamento ganharam uma lembrança. (=souvenir)

i- _____ gosta de viajar nas férias.

j- _____ vez que eu o encontro, meu coração bate forte.

k- O cachorro comeu a comida _____. Ele estava morrendo de fome.

l- _____ sexta-feira, eu tenho aula de português.

m- Onde estão _____?

n- Onde está _____?

3- Complete as frases com **(em) algum lugar, em lugar nenhum, em qualquer lugar**:

a- Você encontra boas churrascarias _____ no Brasil.

b- Você sempre vai a _____ especial no Dia dos Namorados?

c- No começo da pandemia em 2020, eu não via pessoas _____ na rua à noite. Todos ficaram em casa.

d- Você sabe de _____ bom e barato pra comer comida caseira? (=homemade food)

e- No começo da pandemia, não encontrávamos papel toalha e papel higiênico _____ da cidade. (=paper towel, toilet paper)

f- Onde posso me sentar? _____. Pode escolher.

4- Pergunte para mim:

a- Do you know anybody who speaks Italian fluently?
_____

b- Is there anybody with you now?
_____

c- Do you have something to say about your last vacation?
_____

d- Would you like to eat something now?
_____

e- Did you watch all the episodes of 'The Crown'? ('A Coroa')
_____

f- Don't you have anything to say about the latest happenings (=últimos acontecimentos) in the US?
_____

g- Do you have anything valuable (valioso/a) at home?
_____

h- Does everybody in your family speak English?
_____

i- Do you go to the supermarket every week?
_____

j- Don't you have any relative (parente) living in the US?
_____

k- Did you have any health problem in your childhood?
_____

l- Do all Brazilians like soccer?
_____

m- Do all of your students live in the US? Are all of them Americans?
_____

5- Complete as frases com o **pretérito perfeito composto do indicativo**: (Present Perfect)

a- Ele _____ (emagrecer =lose weight) muito nos últimos meses.

b- Você _____ (ver) o Elias ultimamente?

c- Ele _____ (fazer) muitos projetos importantes para a empresa.

d- Por que ela _____ (trazer) o filho pro trabalho ultimamente?

e- Ele _____ (dizer) muita coisa pro terapeuta. Está fazendo bem a ele.

f- Ela não _____ (abrir) as janelas nem _____ (sair) do quarto.
Coitada! Está muito triste.

g- Não _____ (encontrar) meus amigos ultimamente. _____
_____ demais. (trabalhar)

6- Complete as frases com o **pretérito perfeito simples** ou o **pretérito perfeito composto do indicativo**: (Simple Past =Preterite Indicative or Present Perfect)

a- Ele está muito chateado porque _____ um problema no trabalho ontem. (ter)

b- A gente não _____ (falar-se). Ele _____ (viajar) bastante.

c- Nada _____ certo pra ele ultimamente. (dar) Ele _____ (ter)
muitos problemas na empresa e os negócios financeiros não _____ (ser) rentáveis.
(=profitable)

d- Eles estão decepcionados (=disappointed) porque _____ (perder) uma grande
chance ontem.

e- Eles _____ na China no ano passado.(estar) Depois disso, não
_____ mais. (viajar) Recentemente, eles _____ muito
em casa. (ficar)

7- Faça frases usando ALGUM/A, ALGUÉM, ALGO/ALGUMA COISA:

a- _____?
   Não, não conheço ninguém aqui.

b- _____?
   Não, não sei nada sobre ele.

c- _____?
   Sim, faltou o Marcos na aula ontem.

d- _____?
   Sim, você deixou sua jaqueta aqui.

e- _____?
   Sim, tenho muitos problemas pra resolver.

f- _____?/.
   Não, não tenho nenhuma foto dela.

g- _____?
   Sim, eles trouxeram vinho e presentes para a família na mala.

Texto:

A Importância da atividade física para a saúde
(texto de Lana Magalhães)

Vocabulário:

melhorar - to improve
melhoria - improvement
prevenção - prevention
adotada - adopted
de todas as idades - of all ages
benefícios - benefits
reduzir - to reduce
redução - reduction
doenças - diseases
infartos - heart attacks
AVC - stroke
fortalecer - to strengthen
fortalecimento - fortification, the act of strengthening
sistema imunológico - immune system
sono - sleep (noun)
gordura corporal - body fat
aumentar - to increase
aumento - increase
massa muscular - muscle mass
promover - to promote
bem-estar - well being
autoestima - self esteem
contribuir - to contribute
manter - to keep
peso ideal - ideal weight
disposição - energy, mood, liveliness
regulação - regulation
pressão arterial - blood pressure
nível - level

sangue - blood
diminuir - to diminish
tônus muscular - muscle tone
força - strength
equilíbrio - balance
ossos - bones
articulações - joints
sedentário - sedentary
sedentarismo - laziness
comprometida - compromised
possuir - to have
alta incidência - high incidence
estimar - to estimate
falta - lack
apneia do sono - sleep apnea
morte - death
com base em estudos - based on studies
evitar - to avoid
devido ao - due to

A prática de atividades físicas é fundamental para a <u>melhoria</u> da qualidade de vida.

A combinação de dieta balanceada e rotina de exercícios físicos resultam em um organismo saudável e na <u>prevenção</u> de doenças.

Uma rotina de exercícios deve ser <u>adotada</u> por pessoas <u>de todas as idades.</u>

Quais os benefícios da atividade física para a saúde?

A lista de <u>benefícios</u> da atividade física para a saúde é grande:

- <u>Reduz</u> o risco de <u>doenças</u> cardíacas, <u>infartos</u> e Acidente Vascular Cerebral (<u>AVC</u>);
- <u>Fortalecimento</u> do <u>sistema imunológico;</u>
- Melhoria da qualidade do <u>sono;</u>
- <u>Redução</u> da <u>gordura corporal</u> e <u>aumento</u> da <u>massa muscular;</u>
- <u>Promove</u> o <u>bem-estar</u> e melhoria da <u>autoestima;</u>
- <u>Contribui</u> para <u>manter</u> o <u>peso ideal;</u>
- <u>Aumento</u> da <u>disposição</u> e resistência física;
- <u>Regulação</u> da <u>pressão arterial</u> e do <u>nível</u> de glicose no <u>sangue;</u>
- <u>Diminui</u> o estresse;
- Melhoria do <u>tônus muscular, força, equilíbrio</u> e flexibilidade;
- Fortalecimento dos <u>ossos</u> e <u>articulações.</u>

Pessoas que não praticam nenhum tipo de atividade física são consideradas <u>sedentárias</u> e podem ter a sua saúde <u>comprometida.</u>

O <u>sedentarismo</u> <u>possui</u> <u>alta incidência</u> na população, sendo considerado um problema de saúde pública. <u>Estima-se</u> que no Brasil 46% da população seja sedentária.

A <u>falta</u> de atividade física também contribui para a obesidade.

A obesidade aumenta o risco de doenças cardiovasculares como hipertensão e aterosclerose, diabetes, <u>apneia do sono</u> e risco de <u>morte</u> por doenças cardiovasculares.

Curiosidade

<u>Com base em estudos,</u> o Ministério da Saúde do Brasil indica que poderiam ser <u>evitadas</u> 260 mil mortes ao ano <u>devido ao</u> câncer e doenças cardíacas, caso a população brasileira adotasse o hábito de praticar 30 minutos de atividades físicas por cinco dias na semana e através da alimentação saudável.

1- Você faz alguma atividade física?

2- Você tem estado sedentário/a ultimamente?

3- Quais são os benefícios do exercício físico?

4- Fale sobre alguma atividade física que você admira ou gostaria de fazer.

5- Que esportista você admira e por quê?

6- Você sabe quais são os países mais saudáveis do mundo?

DOER (verbo) - TO HURT (when you feel the pain on yourself)
DOR (substantivo) - PAIN, ACHE, GRIEF (noun)

- Meu joelho **está doendo**. - My knee <u>hurts</u>.
- **Dói** ver tantas crianças com fome no mundo. - It <u>hurts</u> to see so many kids starving in the world.
- <u>Estou com</u> **dor** de dente. Preciso ir ao dentista urgentemente. - I have a tooth<u>ache</u>. I need to go to the dentist asap.

MACHUCAR, FERIR (verbo) - TO HURT (the act of hurting someone)
MACHUCAR-SE, FERIR-SE (verbo reflexivo) - TO GET HURT
MACHUCADO, FERIDA, FERIMENTO (substantivo) - WOUND (noun)
CONTUSÃO, HEMATOMA (substantivo) - BRUISE (noun)

- Ele **machucou** o joelho quando estava na academia. - He <u>hurt</u> his knee when he was at the gym.
- Ele é muito violento e sempre **machuca** os amigos quando estão jogando futebol americano.
- He is violent and always <u>hurts</u> his friends when they are playing American football.
- Ela **se machucou/se feriu** quando estava cortando/descascando as batatas. - <u>She got hurt/ She hurt herself</u> when she was cutting/peeling the potatoes.
- "Precisamos limpar o **machucado/a ferida/o ferimento** para não infeccionar", disse o enfermeiro. - "We need to clean the <u>wound</u> so it won't get infected", said the nurse.
- Caí no banheiro e estou com um **hematoma** feio no braço. - I fell in the bathroom and I have a bad/an ugly <u>bruise</u> on my arm.

MAGOAR - TO HURT (to hurt the feelings)
MAGOAR-SE - TO GET/FEEL HURT (feelings)
MAGOADO - HURT (sad)
MÁGOA - HURT, SORROW, HEARTACHE

- Você não deveria **magoar** as pessoas assim. - You shouldn't <u>hurt</u> people like this.
- Eu **me magoei** com o que ele me falou ontem. - I <u>was hurt</u> because of what he said to me last night.
- Estamos **magoados** com ele. Ele nos ofendeu muito. - We are <u>hurt</u>. He offended us very much.
- Ele guarda muita **mágoa** no coração. - He holds a lot of heartache.
* Não guarde **rancor** de ninguém. O tempo apaga os sofrimentos. - Don't hold a <u>grudge</u> against anybody. Time makes our sufferings fade away.

Let's practice! Vamos praticar!

Ao telefone

Marcando uma consulta no médico

A: Consultório do Dr Alberto Fontes, bom dia!

B: Bom dia! Gostaria de marcar uma consulta com o Dr Alberto, por favor.

A: Primeira vez?

B: Não, já sou paciente.

A: Tem convênio?

B: Sim, Unimed.

A: Tenho vaga para o dia 19 de abril, às 15h. (3h da tarde)

B: Não tem nada antes disso?

A: Infelizmente não. Posso te ligar se houver alguma desistência.

B: Tá bom. Vou deixar marcado para o dia 19, mas por favor me avise se puder me encaixar antes.

A: Sim. Qual é o seu nome e data de nascimento, por favor?

B: Andréa Martins. 07 de Julho de 1988.

A: Seu telefone, por favor.

B: 99927-8476

A: Ok! Confirmando a sua consulta para o dia 19 de abril às 15h.

B: Obrigada!

A: De nada. Bom dia!

Vocabulário:

make an appointment - **marcar uma consulta**
health insurance - **plano de saúde, convênio**
prescribe - **prescrever**
prescription - **receita, prescrição**
get a prescription - **pegar uma receita**
give a prescription - **passar/dar uma receita**
drugstore - **farmácia**
hospital - **hospital**
ER - **emergência**
Intensive Care - **UTI /CTI (unidade de terapia intensiva)**
outpatient clinic - **clínica médica**
doctor - **médico/a (doutor, doutora)**
nurse - **enfermeiro/a**
pharmacist - **farmacêutico/a**
wheelchair - **cadeira de rodas**
ambulance - **ambulância**
take medicine - **tomar remédio**
pills, tablets, capsules - **remédio (pílulas, tabletes, cápsulas)**
birth control- **pílula anticoncepcional**
condom - **camisinha, preservativo**
shot - **injeção**
vaccine - **vacina**
symptoms - **sintomas**
I'm sick. - **Estou doente.**
I'm feeling sick, under the weather. - **Estou passando mal. / Não estou me sentindo bem.**

I have a fever. - **Estou com febre.**
throw up - **vomitar**
dizzy - **tonto**
hangover - **ressaca**
weak - **fraco/a**
I feel weak. - **Estou com fraqueza.**
cough (v) - **tossir**
cough (n) - **tosse**
runny nose - **nariz escorrendo, coriza**
menstrual cramps - **cólica menstrual**
cramps - **cãibra**
sore throat - **dor de garganta**
strep throat - **garganta inflamada**

136

Aluno(a): _____

UNIT 4 - UNIDADE 4   Lesson 4 - Lição 4

<u>EXERCÍCIOS</u>

1- Use o Imperativo no texto abaixo: (Imperative)

Na aula de ginástica, a professora de Educação Física diz:

"Crianças, _____ a forma física! (manter =keep)
(Abrir/fechar) _____ e _____ as mãos com
movimentos firmes.
Ótimo! Agora, (abaixar =lower) _____ os braços.
(Levantar =raise) _____ os braços acima da cabeça.
(Fazer) _____ novamente o movimento com as mãos.
(Mexer =move) _____ os braços pra frente e pra trás, pra cima
e pra baixo.
Mais depressa! Vamos!
Agora (dobrar =bend) _____ o joelho esquerdo.
(Levantar) _____ os braços até a altura dos ombros.
(Esticar =stretch) _____ a perna.
(Dobrar/esticar) Agora, rápido, _____ e _____ a perna.
Muito bem!

2- Use DEVERIA/DEVIA, DEVER, TER QUE para dar a sua opinião:

a- O dólar está subindo cada vez mais no Brasil.
_____.

b- Estou pensando em investir minhas economias na <u>bolsa de valores</u>. (=stock market)
_____.

c- Desconfio que a faxineira esteja roubando coisas na minha casa.
_____.

d- Ontem senti muita dor nos <u>rins</u>. (=kidneys)
_____.

e- O preço dos imóveis estão baixando.
_____.

f- Meu melhor amigo está dando sinais de depressão profunda.
_____.

g- Eu não penso muito no futuro.
_____.

h- Meu tio milionário está muito doente e ainda não decidiu a <u>partilha dos bens.</u> (=asset sharing agreement)
_____.

i- Eu vi o marido da minha melhor amiga com outra mulher.
_____.

3- Planeje suas próximas férias. Para onde pretende viajar? Com quem? Em qual época do ano? O que você vai fazer e por quanto tempo vai ficar lá?

_____
_____
_____
_____
_____
_____
_____
_____
_____
_____
_____
_____
_____
_____

4- Olhe as figuras abaixo e crie uma conversa:

_____
_____
_____
_____
_____
_____
_____
_____

_____
_____
_____
_____
_____
_____
_____

5- Complete as frases com PARA, POR, PELO/A:

a- Obrigado _____ dica!

b- Esses doces são _____ sua tia.

c- Comprei esse casaco _____ apenas R$50,00.

d- Preciso de uma ajuda _____ consertar o armário.

e- O ônibus 210 passa _____ aqui?

f- Ele é louco _____ ela.

g- Ele é apaixonado _____ namorada dele.

h- Você falou _____ ela sobre a viagem?

i- Eles não ligaram _____ o chefe de manhã.

j- Agradeço a vocês _____ informação.

k- _____ ser menor de idade, ela não pode viajar sozinha.

l- Devemos ser gratos _____ saúde, família e amigos.

m- Esse livro foi escrito _____ mim.

n- Parabéns _____ ótimo trabalho!

o- _____ causa da chuva forte, cancelamos o passeio.

p- Troquei meu laptop _____ um desktop.

q- Parei no posto de gasolina _____ abastecer. (=put some gas)

r- Você tem que passar _____ túnel para chegar a Copacabana.

s- Estudo português uma vez _____ semana.

t- Ele adora andar _____ ruas de Ipanema.

6- Complete as frases e escreva as respostas usando os pronomes indefinidos: algum/a, nenhum/a, nada, alguém, ninguém, tudo, todos/as, todo mundo

Você tem **alguma** dúvida?
Não, **nenhuma**.

a- Ele deixou _____ coisa na mala?
    Não, não deixou _____.

b- Você conhece _____ que mora na Filadélfia?

Não, não conheço _____.

c- Eles trouxeram _____ bebida?

Não, não trouxeram _____ bebida.

d- Vocês sabem _____ coisa sobre a cultura africana?

Sim, sabemos _____. (everything)

e- Ela deixou _____ em casa esperando pelo eletricista?

Não, não deixou _____.

f- Faltou _____ na reunião ontem?

Não, _____ veio. (everybody)

g- Ele tem _____ problema de saúde?

Não, _____.

h- Você deixou _____ recado pra ela?

Não, não deixei _____ recado pra ela.

i- Ele tem _____ motivo pra sair cedo do trabalho hoje?

Não, _____ motivo.

j- Você tem _____ foto da viagem?

Sim, tenho _____! (all of them)

7- Reescreva as frases usando o pronomes indefinidos **todo/a, tudo**:

No domingo, não saí de casa.
No domingo, fiquei em casa o dia todo.

a- Li o livro do começo ao fim. = _____.

b- O bebê dormiu das 19h às 6h = _____.

c- Eles trabalham de segunda a sexta. =_____.

d- Trabalhamos no projeto no sábado e domingo inteiro.

=_____

e- Eles venderam todas as coisas que tinham e voltaram para o Brasil.

= _____.

f- Nós comemos todas as comidas que estavam na geladeira.

= _____.

g- Eles ficaram consertando o encanamento das 7h às 11h.

= _____.

8- Complete as frases com os advérbios abaixo:

---

demais pouco muito baixo alto depressa/rápido devagar bem mal

---

a- Não estou te escutando. Fala mais _____, por favor.

b- Um bom professor ensina _____.

c- Ele trabalha _____, por isso vive cansado.

d- Ele tem muita dificuldade para aprender francês, por isso fala muito _____.

e- Vamos andar mais _____. Tenho que chegar lá em 10 minutos.

f- Não precisamos ter pressa. Podemos andar mais _____.

g- Você come _____ ou _____?

h- Coloque o quadro mais _____ na parede. Está desproporcional.

140

9- Você gosta muito da natureza? Olhe a figura 1 e responda:

Olhe a figura 2 e dê sua opinião respondendo as mesmas perguntas:

1- O que mais te chama atenção na figura?

a- ( ) a praia

b- ( ) os prédios

c- ( ) os coqueiros

2- Um lugar assim é para:

a- ( ) férias e diversão

b- ( ) viver

c- ( ) relaxar

3- O que mais te incomoda (bother) na praia:

a- ( ) o calor ou a areia

b- ( ) tudo

c- ( ) nada

4- Morar em uma cidade praiana seria:

a- ( ) meu sonho de vida

b- ( ) algo que não quero na minha vida

c- ( ) mais divertido

5- Para curtir as férias, você prefere:

a- ( ) ir à praia ou para algum lugar quente

b- ( ) ir esquiar ou para algum lugar frio

c- ( ) ir para um hotel-fazenda

6- Olhando a figura você fica:

a- ( ) animado

b- ( ) desanimado

c- ( ) tanto faz

7- O que mais te acalma na natureza é:

a- ( ) o ar puro

b- ( ) o azul do mar

c- ( ) o verde das matas

1- O que mais te chama atenção na figura?

_____

2- Um lugar assim é para:

_____

3- O que mais te incomoda no campo:

_____

4- Morar no campo seria:

_____

5- O que tem pra fazer de bom nas férias no campo?

_____

6- Olhando a figura você fica:

_____

7- O que mais te chama atenção na vida do campo?

_____

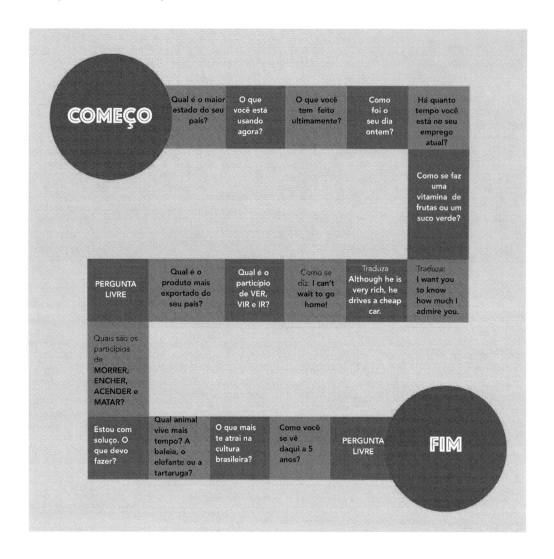

NARIZ:

*meter o **nariz** (onde não é chamado) - stick your nose in somebody else's business

- Não **meta o nariz** onde não é chamado.

*embaixo do **nariz** - right under your nose

- Todos viram o tipo de pessoa que ele é, menos você. Estava tudo **embaixo do seu nariz**.

*torcer o **nariz** - dislike something, turn up your nose

- Ele **torce o nariz** para tudo que cozinho pra ele.

COTOVELO:

*falar pelos **cotovelos** - talk nonstop

- Nossa Senhora! Ela fala pelos cotovelos!

*estar com dor de **cotovelo** - being sad for losing a love

- Ela está com **dor de cotovelo**. Eles terminaram o namoro no fim de semana passado.

GARGANTA:

*nó na **garganta** - lump in my throat

- Me dá **um nó na garganta** toda vez que me despeço de meu filho.

PESCOÇO:

*carne de **pescoço** - one who is difficult to deal with

- Ele é **carne de pescoço**. Ninguém gosta dele na empresa.

*com a corda no **pescoço** - in a very difficult situation (in dire straits), with the rope around my neck

- Eu estou **com a corda no pescoço**. Preciso resolver meus problemas com o banco.

ESTÔMAGO:

*revirar/revoltar o **estômago** - make you sick

- Eu odeio jaca. O cheiro **me revira/revolta o estômago**.

*não ter **estômago** para algo - cannot stomach something

- Eu **não tenho estômago** para ver isso tudo calada.

*borboletas no **estômago** - having butterflies in your stomach

- Toda vez que me apaixono por alguém, sinto **borboletas no estômago**.

Troco todos os grilos da minha cabeça por borboletas no estômago

UNHA:

*com **unhas** e **dentes** - fiercely, tooth and nail

- Defendo minha família **com unhas e dentes**.

*unha de fome - stingy, miser

Não suporto gente **unha de fome**.

a- Você conhece alguém que mete o nariz onde não é chamado?

b- Você defende alguém com unhas e dentes?

c- O que te faz revirar o estômago?

d- Me diz um momento que você sentiu borboletas no estômago.

e- O que te dá nó na garganta?

f- Tem alguém na sua família que fala pelos cotovelos?

g- Você já se viu com a corda no pescoço alguma vez?

h- Você tem estômago pra assistir cenas de violência contra animais?

i- Você já teve um chefe carne de pescoço?

j- Você torce o nariz para algum tipo de comida?

CONDITIONAL
Futuro do pretérito do Indicativo

IMPERFECT SUBJUNCTIVE
Pretérito Imperfeito do Subjuntivo

SECOND CONDITIONAL
Se + Pretérito Imperfeito do Subjuntivo + Futuro do Pretérito do Indicativo

BIG / LITTLE / SMALL
Aumentativo e Diminutivo

GEOMETRIC SHAPES
Formas Geométricas

FUTURE SUBJUNCTIVE
Futuro do Subjuntivo

FIRST CONDITIONAL
Se + Futuro do Subjuntivo + Futuro do indicativo

IMPERSONAL AND PERSONAL INFINITIVE
Infinitivo Impessoal e Pessoal

EXPRESSIONS WITH PARTS OF THE BODY 5
Expressões com as partes do corpo 5

FUTURO DO PRETÉRITO DO INDICATIVO - CONDITIONAL

- Usa-se o **IA** no final do verbo.

COMPRAR - BUY	WOULD BUY
Eu	compraria
Você/ Ele/ Ela	compraria
Nós	compraríamos
Vocês/ Eles/ Elas	comprariam

GOSTAR - **GOSTARIA** (would like)
COMER - **COMERIA** (would eat)
ABRIR- **ABRIRIA** - (would open)

Irregular verbs:

* FAZER - **FARIA** (would do/make)
* DIZER - **DIRIA** (would tell/say)
* TRAZER - **TRARIA** (would bring)

- Eu **gostaria** de uma cerveja bem gelada, por favor. - I'd like a very cold beer, please.
- Você **comeria** uma pizza inteira sozinho? - Would you eat an entire pizza by yourself?
- Você **abriria** um negócio em outro país? - Would you open a new business in another country?

Let's practice! Vamos praticar!

1- Ganhando 5 milhões de dólares na loteria, você faria o quê?
a-
b-
c-
d-
e-

2- Perdido, no meio da selva, você faria o quê para sobreviver?
a-
b-
c-
d-
e-

3- Como seria a escola perfeita pra você? / o trabalho perfeito
a-
b-
c-
d-
e-

147

PRETÉRITO IMPERFEITO DO SUBJUNTIVO - IMPERFECT SUBJUNCTIVE

- Usamos a frase com um verbo no Pretérito Perfeito ou Imperfeito e um verbo no Pretérito Perfeito do Subjuntivo.

- Ela **queria** que ele **chegasse** em casa com segurança. - She wanted him to get home safe.
- Eu não **quis** que ele **viajasse**. - I didn't want him to travel.
- **Pedi** a ela que **fechasse** a porta. I asked her to close the door.

Ele quis/queria...

QUE + SUJEITO	ESTUDAR	COMER	ABRIR
que eu	estud**asse**	com**esse**	abr**isse**
que você/ele/ela	estud**asse**	com**esse**	abr**isse**
que nós	estud**ássemos**	com**êssemos**	abr**íssemos**
que vocês/eles/elas	estud**assem**	com**essem**	abr**issem**

- Usado com verbos e expressões de **desejo, ordem, dúvida e sentimento:**

DESEJO + QUE

Desejei/Desejava
Quis/Queria
Esperei/Esperava   **que** ela **viesse** à festa.
Preferi/Preferia
Pedi/Pedia

SENTIMENTO + QUE

Tive/Tinha medo   **que** eles **mudassem** de ideia.
Tive/Tinha esperança

ORDEM + QUE

Mandei/Mandava
Exiji/Exijia que   **que** ele **voltasse** cedo.
Proibí/Proibia
Permiti/Permitia

DÚVIDA + QUE

Duvidei/Duvidava
Pensei/Pensava   **que** você **fosse** viajar.
Achei/Achava
Não achei /Não achava
Talvez   você **fosse** viajar.

- Eu **esperava** que ele **vencesse** o jogo. - I expected him to win the game.
- Ela **queria** que eu **fosse** à praia com ela. - She wanted me to go to the beach with her.

SE + PRETÉRITO IMPERFEITO DO SUBJUNTIVO **(ASSE, ESSE, ISSE)** + FUTURO DO PRETÉRITO DO INDICATIVO **(IA)**

IF + IMPERFECT SUBJUNCTIVE + CONDITIONAL **(SECOND CONDITIONAL) = hypothetical situation**

You can use the **imperfect subjunctive** when you're talking about something you consider remote, unlikely or even impossible, or something that you're talking about in a purely speculative way.

Podendo indicar uma ação presente, passada ou futura, é usado para expressar **desejos, probabilidades e acontecimentos que estão condicionados por outros.** É conjugado, geralmente, com a partícula **se**:

- **Seria** mais fácil se eu **estudasse** mais. - It would be easier if I studied more.
- Se ele **tivesse** mais respeito, **teria** pedido desculpa. - If he had more respect, he would have apologized.
- **Seria** bom se ele **pudesse** vir conosco. - It would be good if he could come with us.

SE + SUJEITO	VIAJAR	TER	SAIR
Se eu	via**jasse**	tiv**esse**	sa**ísse**
Se você / ele/ ela	via**jasse**	tiv**esse**	sa**ísse**
Se nós	viaj**ássemos**	tiv**éssemos**	sa**íssemos**
Se vocês/ eles/ elas	via**jassem**	tiv**essem**	sa**íssem**

Exemplos:

a- Se ele **viajasse** mais, **conheceria** novas culturas. - If he traveled more, he'd know more about new cultures.

b- Se eu **tivesse** dinheiro, **compraria** uma casa para minha mãe. - If I had money, I'd buy a house for my mom.

c- Ele **seria** mais feliz se **saísse** mais de casa. - He would be happier if he went out more often.

d- Se eu **comprasse** uma casa, ela **não seria** muito grande. - If I bought a house, it wouldn't be big.

e- Se eu **tivesse** muito dinheiro, **viveria** de investimentos. - If I had a lot of money, I'd live on investment income.

f- Se todos **contribuíssem** e **cuidassem** mais do meio-ambiente, **não teríamos** tantos problemas. - If everyone contributed and took more care of the environment, we wouldn't have so many problems.

Would rather + Imperfect Subjunctive
Expressa o desejo que alguém faça ou não alguma coisa.

- Eu **preferia** que você **não fumasse** aqui. - I'd rather you didn't smoke in here.
- Eu **preferiria** que você **não fumasse** aqui. I would prefer it if you didn't smoke in here.
- Onde você **preferia/preferiria** que eu **dormisse**? - Where would you rather I slept? (Where would you prefer me to sleep?)

As if/ as though + Imperfect Subjunctive

- Ele me trata como se eu **fosse** criança. - He treats me as if I were a child.

Alguns verbos irregulares no pretérito imperfeito do subjuntivo:

	EU	VOCÊ/ELE/ELA	NÓS	VOCÊS/ELES/ELAS
DAR - GIVE	desse	desse	déssemos	dessem
QUERER - WANT	quisesse	quisesse	quiséssemos	quisessem
FAZER - DO/MAKE	fizesse	fizesse	fizéssemos	fizessem
IR - GO	fosse	fosse	fôssemos	fossem
TRAZER - BRING	trouxesse	trouxesse	trouxéssemos	trouxessem
SABER - KNOW	soubesse	soubesse	soubéssemos	soubessem
DIZER - TELL/SAY	dissesse	dissesse	disséssemos	dissessem
SER / ESTAR - BE	fosse/estivesse	fosse/estivesse	fôssemos/ estivéssemos	fossem/ estivessem
VIR - COME	viesse	viesse	viéssemos	viessem
VER - SEE	visse	visse	víssemos	vissem
PÔR - PUT	pusesse	pusesse	puséssemos	pusessem
PODER - CAN	pudesse	pudesse	pudéssemos	pudessem

- Se eles **fossem** mais honestos, **não teriam** tantos inimigos. - If they <u>were</u> more honest, they <u>wouldn't have</u> so many enemies.
- Se você **soubesse** o quanto gosto de você, **não** me **trataria** assim. - If you <u>knew</u> how much I like you, you <u>wouldn't treat</u> me this way.
- Se eu **fosse** você, **ligaria** pra ele agora. - If I <u>were</u> you, I'<u>d call</u> him now.

* Another situation when you might use the Imperfect Subjunctive is when you're making a suggestion to someone.
   E se você [verb in the subjunctive]...? which roughly translates to "What if you did such and such?"

- E se você **procurasse** outro emprego? - What if you <u>looked</u> for a new job? (hypothetically speaking)

150

1- If you had more patience, you'd learn fast.
2- If she lived here, she'd have a lot of fun.
3- If I were you, I wouldn't do that.
4- If they came to class early, they wouldn't <u>get in trouble</u>. (= ter problemas)
5- If she ate less, she wouldn't be so fat.
6- What if I bought a new car for him?
7- If she really wanted, she would come to the birthday party.
8- He wouldn't be crying if he weren't so sad now.
9- He would kiss her if <u>she let him</u>. (= ela deixasse)
10- My dad would buy me a car if he had the money.
11- If you drank more water, you would feel better.
12- If you loved her, would you marry her?
13- If you saw him with another woman, what would you do?
14- If we <u>thanked</u> (=agradecer) more and <u>complained</u> (=reclamar) less, our life would be much better.

Termine as frases:

a- Se eu **tivesse** mais tempo, _____
b- Se eu **tivesse** um milhão de dólares, _____
c- Se ela **fosse** rica, _____
d- Se eu **pudesse**, _____
e- Se ela **lesse** mais, _____
f- Se eles **quisessem**, _____
g- Se eu **gostasse** dela, _____
h- Se eu **morasse** no Brasil, _____

a- Ele **se mudaria** para o Brasil se ele _____
b- Eles **se casariam** se _____
c- Nós **moraríamos** na Flórida se _____
d- Eles **comprariam** uma casa bem grande se _____
e- Eu **seria** muito feliz se _____
f- Ela **ficaria** muito triste se _____
g- Eu **venderia** o meu carro se _____
h- Eu **estudaria** mais se_____

Imperativo
Presente do Subjuntivo / Pretérito Imperfeito do Subjuntivo

AR	ER	IR
e/emos /em	a/amos /am	a/amos/am
asse/ássemos/assem	esse/êssemos/essem	isse/íssemos/issem

- <u>Find</u> the key to open the door. (encontrar)
- He wants me to find the key to open the door.
- He wanted me to find the key to open the door.

- <u>Cover</u> the cake because of the flies. (cobrir)
- She wants me to cover the cake because of the flies.
- She wanted me to cover the cake because of the flies.

- <u>Give up</u>! (desistir)
- They want me to give up.
- They wanted me to give up.

- <u>Be patient</u>. (ser paciente)
- She wants me to be patient.
- She wanted me to be patient.

- <u>Know your worth</u>. (saber o seu valor)
- He wants me to know my worth.
- He wanted me to know my worth.

- <u>Surrender</u> before you get hurt. (desistir)
- He wants me to surrender before I get hurt.
- He wanted me to surrender before I got hurt.

- Don't <u>let</u> him do that to you. (deixar)
- She doesn't want me to accept that from him.
- She didn't want me to accept that from him.

- <u>Go</u> get my jacket, please. (ir)
- She wants me to go get her jacket.
- She wanted me to go get her jacket.

- <u>Put</u> the groceries in the kitchen. (pôr, colocar)
- She wants me to put the groceries in the kitchen.
- She wanted me to put the groceries in the kitchen.

- <u>Fill up the tank</u>! (encher o tanque)
- He wants me to fill up the tank.
- He wanted me to fill up the tank.

- <u>Print</u> the documents in the morning. (imprimir)
- The boss wants me to print the documents in the morning.
- The boss wanted me to print the documents in the morning.

Tudo bem? Vamos aprender Português!

Aluno(a): _____

UNIT 5 - UNIDADE 5   Lesson 1 - Lição 1

1- Faça frases usando o <u>pretérito imperfeito do subjuntivo</u> começando com SE: (Second Conditional)

a- (eu/trabalhar mais/ganhar mais dinheiro)
 Se eu _____

b- (nós/comer mais legumes e verduras/ter menos problemas de saúde)
_____

c- (ela/ter mais tempo/fazer um curso de culinária)
_____

d- (eles/estar de férias/viajar para as Bahamas)
_____

e- (eu/ poder/jantar na churrascaria hoje)
_____

f- (estar fazendo sol/ela/ir à praia)
_____

g- (eles/estar feliz no casamento/não ter se separado)
_____

h- (vocês/gostar de estudar línguas/estudar alemão?)
_____

2- Complete as frases com o <u>pretérito imperfeito do subjuntivo</u>: (Imperfect Subjunctive)

a- Eu não quis que ele me _____ com outra pessoa. (ver)

b- Preferi que ele _____ pra casa de Uber. (ir)

c- Desejei muito que vocês _____ sorte na prova. (ter)

d- Coloquei o rádio bem alto para que vocês _____ a música e _____ bastante. (ouvir) (dançar)

e- Fiz o que pude para que ele me _____. (perdoar =forgive)

f- Foi preciso que nós _____ as caixas por navio. (enviar =send)

g- Foi necessário que eu _____ todos os documentos ontem. (queimar =burn)

h- Não imaginei que eles _____ fazer isso. (poder)

3- Passe as frases para o <u>pretérito imperfeito do subjuntivo</u>: (Imperfect Subjunctive)

<u>Peço</u> que ele <u>fale</u> comigo.
Pedi que ele **falasse** comigo.

a- Eu <u>insisto</u> que ela <u>venha</u> à festa.
_____

b- <u>Tenho</u> medo que a entrevista <u>seja</u> <u>adiada</u>. (=postponed)
_____

c- <u>Peço</u> que todos nós <u>estejamos</u> aqui às 7h em ponto.
_____

d- <u>Que pena que</u> eles <u>estejam</u> viajando! (usar na negativa)
 Eu queria que eles _____

e- Solicito que os funcionários terminem o serviço ao meio-dia.

_____

f- Queremos que todos façam uma boa viagem.

_____

g- Duvido que os preços das mercadorias diminuam.

Eu queria que os preços _____

h- Eu não estou certo que ele seja fluente em português.

Eu queria que ele_____

i- Espero que você jante comigo hoje.

Queria que você _____

j- Temos medo que eles fiquem perdidos na cidade e sejam assaltados.(=to mug, to rob)

_____

k- Que pena que ela esteja doente! (usar na negativa)

Eu queria que ela _____

l- Talvez você possa nos ajudar.

Achei que você _____

m- Eles pedem que eu os ajude.

_____

4- Termine as frases usando o pretérito imperfeito do subjuntivo:

a- Queria que ele _____.

b- Preferi que ela _____.

c- Por causa do vento, foi necessário que eu _____.

d- Insisti que _____.

e- Fiz o que pude para que eles _____.

f- Você chegaria em casa cedo se _____?

g- Se eu _____.

5- Complete a ideia usando o pretérito imperfeito do subjuntivo:

a- Eu não tenho muito dinheiro.

Se eu _____,_____.

b- Ele não vem muito aqui.

Se ele _____,_____.

c- Eles não sabem o que está acontecendo.

Se eles _____,_____.

d- Nunca faz calor na Antártica.

Se _____,_____.

e- Ele não gosta de estudar.

Se ele _____,_____.

f- Nós não vamos à igreja nos domingos.

Se nós _____,_____.

g- Eles não põem o dinheiro na poupança. (=savings account)

Se eles _____,_____.

154

6- Complete as frases com o <u>pretérito imperfeito do indicativo</u> ou do <u>subjuntivo</u>: (comprava/comprasse)
   (Imperfect Indicative or Imperfect Subjunctive)

Ontem eu tive problemas com meu carro. Eu _____ (estar) na estrada quando, de repente, o motor parou de funcionar. Tive medo que ninguém _____ (aparecer) para me ajudar. Então, vi uma pequena oficina mecânica que ainda _____ (estar) aberta e fui andando até lá. Talvez eles _____ (poder) me ajudar.

O mecânico _____ (estar) lá e foi muito legal comigo, embora já _____ (ser) tarde.

Tive muita sorte! Ele resolveu meu problema. Já _____ (ser) tarde quando finalmente cheguei em casa.

7- Complete as frases com o <u>presente do subjuntivo</u> ou com o <u>pretérito imperfeito do subjuntivo</u>: (que você compre/que você comprasse - (Present Subjunctive or Imperfect Subjunctive)

a- Não quis que ele _____ (vir) hoje. Duvido que ele _____ (querer) vir amanhã.

b- Preferi que ele _____ (dizer) tudo o que sentia. Espero que ele _____ (dizer) a você também.

c- Desejei muito que vocês _____ (ter) sorte na entrevista.

d- Coloquei o som da televisão bem alto para que vocês _____ (ouvir) o noticiário.Tomara que vocês _____! (ouvir)

e- Fiz tudo para que ele me _____ (pedir) desculpas. Espero que ele _____. (pedir)

f- Foi preciso que nós _____ (trazer) nossas roupas e coisas de navio.

g- Seria bom se eles _____ (poder) ir ao cinema juntos amanhã. Talvez eles _____. (poder)

h- Foi necessário que eu _____ (vestir) o casaco por causa do frio. Espero que ela _____ (vestir) também.

8- Complete com o pretérito imperfeito do subjuntivo: (Second Conditional)

a- Se eu _____ (estar) de férias, _____ (dormir) até as 10h.

b- Se você _____ (falar) mais alto, nós o _____. (ouvir)

c- Se ela _____ (estar) aqui conosco, ela nos _____. (ajudar)

d- Você com certeza _____ (gostar) dele se o _____. (conhecer)

e- Se eu _____ (receber) um email dele, _____ (ficar) muito feliz.

f- Se eles _____ (gastar) menos, _____ (ter) mais dinheiro no banco.

g- Se ele _____ (dormir) mais, _____ melhor. (trabalhar)

h- Eu _____ (viajar) mais esse ano se o meu trabalho _____. (permitir)

i- Eu _____ (gostar) de dançar com você se você _____. (permitir)

j- Nós _____ (ficar) mais tranquilos se _____ (receber) notícias dos nossos filhos.

k- Minha vida _____ (ser) mais fácil se eu _____ (ter) um salário melhor.

ORAL REVIEW - REVISÃO ORAL

<u>Verbos no particípio / Verbos abundantes / Presente e Pretérito Imperfeito do Subjuntivo</u>

1- Verbos no particípio: **AR = ADO, ER/IR = IDO (regulares)**

fazer =	poder =	abrir =	ter =
estar =	trazer =	preferir =	ver =
dar =	escrever =	pôr =	cobrir =
querer =	dizer =	ir =	ouvir =
ser =	saber =	vir =	comer =

2- Verbos abundantes: **TER + ADO/IDO** — **SER + irregular form**

aceitar	eleger	gastar	limpar
entregar	confundir	acender	matar
pagar	encher	suspender	prender
morrer	imprimir	expulsar	ganhar

3- Termine as frases:

a- Ele não tem (fazer) _____

b- Eu tenho (estar) _____

c- Ela tem (dar) _____

d- Você tem (ser) _____

e- Eles têm (escrever) _____

f- Eu não tenho (ver) _____

g- Você tem (abrir) _____?

h- Nós temos (ir) _____

i- Eles têm (vir) _____

j- Você tem (ouvir) _____?

k- O corpo dele estava (cobrir) de _____

4- Presente e Pretérito Imperfeito do Subjuntivo

Quero que você,ele,ela / nós / vocês, eles,elas
Queria que você,ele,ela / nós / vocês, eles,elas

fazer	entregar	querer
pôr	saber	vir
esquecer	falar	conseguir
poder	abrir	ouvir
estar	cobrir	perder
procurar	ler	fugir
ficar	ver	ter

AUMENTATIVO E DIMINUTIVO

Usamos os **aumentativos** para tudo que é <u>muito grande</u> e os **diminutivos** para o que é <u>muito pequeno</u>.

ADJETIVOS AUMENTATIVOS	ADJETIVOS DIMINUTIVOS
grande	pequeno/a
enorme	pequenino/a
imenso/a	mínimo/a
gigantesco/a	minúsculo/a
grandíssimo/a	miúdo/a
vasto/a	insignificante
colossal	reduzido/a

Podemos expressar como as coisas são grandes ou pequenas usando expressões específicas, tais como: alegria **enorme**, dor **imensa**, peça **minúscula**, brinquedo **pequenino**.

O que é aumentativo? (big, enormous, large, great + noun)
Grau aumentativo é aquele que, além de indicar <u>tamanho aumentado</u>, também expressa <u>exagero</u>.
Por exemplo:

- Ela ganhou um **anelzão** de diamante. (indica tamanho)
- Ele é solteiro e mora num **apartamentão** de 4 quartos sozinho. (expressa exagero)

Usamos alguns sufixos para indicar o grau aumentativo, tais como **-ão/ona, -aço, -zão/-zona, -lhão/lhona, -eira.**

a- Estou com um **problemão** para resolver. (=big problem)

b- Marcelo é meu **amigão**. Posso sempre contar com ele. (=close, special friend)

c- Ela tem um **corpão/ corpaço**. (=great body)

d- Ela é **mãezona**. Faz tudo pelos filhos. (=dedicated mother)

e- Ele é **paizão**. Sempre presente na vida dos filhos. (=dedicated father)

f- Ela faz muito drama. Quase sempre um **dramalhão** por causa de nada importante. (=big drama)

g- A rua onde moro é barulhenta demais. Uma **barulheira** de carros e construção o dia inteiro. (=loud noise)

h- Ele fala muito **palavrão**. (=swearword)

i- Tem muitos **ricaços** em Palm Beach, FL. (=rich people)

j- Ele ganhou um **presentão** de Natal. (=very nice gift)

k- Como foi o show ontem? Foi ótimo! **Showzão**! (=great show)

Algumas formas diferentes do aumentativo:

- nariz - **narigão** (big nose)
- casa - **casarão** (big house)
- fogo - **fogaréu** (a lot of fire)
- gol - **golaço** (an awesome goal)
- rico - **ricaço** (very rich)
- voz - **vozeirão** (strong voice)
- rapaz - **rapagão** (grown boy)
- palácio - **palacete** (enormous palace)
- escada - **escadaria** (long staircase)
- monte (hill) - **montanha** (mountain)
- festa - **festão, festança** (big party)
- vidro - **vidraça** (large window)
- muro - **muralha** (big wall) (The Great Wall of China)

O que é diminutivo? (little, tiny, small+ noun, -y)
Grau diminutivo é aquele que, além de indicar tamanho diminuído, também suaviza, (soften, tone down) expressa valor afetivo ou depreciativo. (affective or derogatory value)
 Por exemplo:

- O meu filho ganhou um **cachorrinho** lindo. (indica tamanho)
- Minha mãe sempre prepara um **lanchinho** pra mim. (expressa valor afetivo)
- Ela é escandalosa e mentirosa. **Mulherzinha** insuportável. (expressa valor depreciativo)

Usamos alguns sufixos, tais como **-inho/inha, -zinho/zinha.**

- Ele brinca de **carrinho** e as irmãs, de **casinha.**
- Eu adoro as **mãozinhas** e **pezinhos** dos **bebezinhos.**

Outros exemplos usando o diminutivo:

- Limpei a casa **todinha** hoje. Ficou **limpinha.** (very clean)
- Ele comeu um **pouquinho** de salada. (a little bit)
- Fizemos o serviço **direitinho.** (very well)
- Achei um carro **baratinho** para comprar. (very cheap)

Algumas formas diferentes do diminutivo:

- cão - **cãozinho**
- boca - **boquinha**
- amigo - **amiguinho**
- chapéu - **chapeuzinho**
- coração - **coraçãozinho**
- homem - **homenzinho**
- gota - **gotinha, gotícula**
- jornal - **jornaleco**
- lugar - **lugarzinho, lugarejo**
- vila - **vilinha, vilarejo**
- livro - **livrinho, livreto**
- gordo - **gordinho, gorduchinho**

FORMAS GEOMÉTRICAS

1- círculo, esfera
2- quadrado

3- triângulo / pirâmide
4- retângulo

5- losango
6- estrela

7- coração
8- cruz

9- seta
10- trapézio

11- cilindro
12- hexágono

13- octágono
14- pentágono

15- cone
16- oval

17- cubo

159

Let's Practice! - Vamos praticar!

1- Qual é o aumentativo de:

nariz	fogo	barriga
corpo	escada	monte
anel	festa	pai
mãe	vidro	carro
palácio	gol	presente
drama	casa	emprego
rico	show	cachorro
barulho	amigo	janela

2- Qual é o diminutivo de:

mulher	flor	urso
chapéu	bebê	garrafa
cachorro	festa	hotel
pássaro	pote	bolsa
lugar	mesa	bar
gordo	casa	boneca
gota	boca	bola
pouco	lanche	coração

Tudo bem? Vamos aprender Português!
Aluno(a): _____

UNIT 5 - UNIDADE 5   Lesson 2 - Lição 2

TEXTO:

Quanto é preciso para ser rico?

Uma pesquisa anual da Companhia de Serviços Financeiros Charles Schwab com mil entrevistados mostra que a maioria dos americanos considera que, para ser rico, é preciso ter um patrimônio líquido (=net worth) de US$1,9 milhão (incluindo imóveis).
O valor é US$700,000 menos que na pesquisa anterior, respondida antes da pandemia e publicada em 2020 - quando o americano médio definia "riqueza' como um patrimônio de US$2,6 milhões.
Será que, com a pandemia, o americano aprendeu a ser feliz com menos?

Descobriu-se que, quanto mais jovem o público, menores são as expectativas. Para os 'millennials', o patrimônio necessário para ser rico é de US$1,4 milhão; para a geração X, US$1,9 milhão; e para os *baby boomers*, US$2,5 milhões.
Mais da metade dos entrevistados disseram que foram impactados financeiramente pelo Covid: 20% disseram que perderam o emprego e 26% tiveram redução no salário.
Mesmo antes da pandemia, os americanos estavam longe da riqueza. Um estudo do Banco Central (Federal Reserve) mostra que, em 2019, o patrimônio médio de uma família americana de classe média alta era de US$748,800, enquanto o de uma família de classe média era de US$121,700.

2020 foi um grande ano para os ricos dos Estados Unidos. Os lares que estão entre o 1% mais rico aumentaram seu patrimônio em mais de quatro trilhões de dólares (mais que o dobro do PIB brasileiro), o que significa que dominaram 35% de toda a nova riqueza gerada.

A Desigualdade Social no Brasil

A desigualdade social no Brasil é um problema que afeta grande parte da população brasileira.
As regiões mais afetadas pelos problemas sociais são o Norte e o Nordeste do país, onde apresentam os piores Índices de Desenvolvimento Humano.
Embora o Brasil esteja entre os dez países com o PIB mais alto, é o oitavo país com o maior índice de desigualdade social e econômica do mundo.
No Brasil, as classes sociais são divididas em: **classe alta**, **classe média** e **classe baixa**. (de acordo com a renda familiar)
Cada grupo é caracterizado por letras: classe **A, B , C, D e E.**
A classificação do Instituto Brasileiro de Geografia e Estatística (IBGE) divide as classes sociais em 5 categorias básicas, segundo a renda familiar mensal:

- Classe A (acima de 20 salários mínimos),
- Classe B (de 10 a 20 salários mínimos),
- Classe C (de 4 a 10 salários mínimos),
- Classe D (de 2 a 4 salários mínimos),
- Classe E (recebe até 2 salários mínimos).

A pandemia derrubou a economia global em 2020 – e o Brasil não ficou imune ao abalo provocado pelas restrições impostas à atividade econômica, pela queda na renda das famílias e pelos adiamentos de investimentos e projetos empresariais e pessoais.
Com as medidas de distanciamento social, o Brasil enfrentou uma grande crise. As empresas tiveram de paralisar parte ou toda a produção, e a renda de boa parte da população foi interrompida.

Responda:

1- O que é ser rico pra você?
_____

2- A pandemia afetou a sua vida financeira?
_____

3- Você ficou mais consciente em relação ao dinheiro?
_____

4- Qual era o patrimônio médio de uma família americana de classe média em 2019?
_____

5- O Brasil está em que posição mundial em desigualdade social e econômica?
_____

6- Como a pandemia afetou diretamente as pessoas em todo o mundo?
_____

EXERCÍCIOS

1- Para ter uma vida mais saudável, o que você faria?

a- _____
b- _____
c- _____
d- _____
e- _____
f- _____

2- Responda:

a- Quem você gostaria de conhecer entre todas as pessoas no mundo?
_____

b- O que você faria com dois milhões de dólares?
_____

c- O que ou quem você levaria para uma ilha deserta?
_____

d- Que países você conheceria numa viagem de dois meses com todas as despesas pagas?
_____

e- Você foi eleito/a prefeito/a da sua cidade. Qual a primeira medida que você tomaria?
_____

3- Escreva duas coisas que você faria nestas situações, usando o futuro do pretérito:

a- Você está jantando em um restaurante e percebe que esqueceu a carteira em casa.
_____
_____

b- Você se esqueceu do aniversário da sua mãe.
_____
_____

c- Você ganhou $200,000 dólares na loteria.
_____
_____

d- Você acordou tarde e perdeu um teste importante na faculdade.

_____

_____

e- Você está perdido/a nas ruas de Shanghai e não sabe falar chinês.

_____

_____

f- Você está dirigindo numa autoestrada à noite e o pneu do carro fura.

_____

_____

4- Complete as frases com o superlativo absoluto sintético, o aumentativo ou diminutivo:

a- Um apartamento **muito confortável** é _____.
b- Uma **mãe muito dedicada** é uma _____.
c- Um **problema grande** é um _____.
d- Um **grande amigo** é um _____.
e- Um **carro muito caro** é _____.
f- Uma **palavra vulgar ou grosseira** é um _____.
g- Um **barulho forte** é um _____.
h- Uma **pessoa muito magra** é _____.
i- Um livro **muito bom** é um livro _____.
j- Uma **calçada larga na beira da praia** é um _____.
k- Uma língua **muito difícil** de se falar é uma língua _____.
l- Um filme **muito ruim** é um filme _____.
m- Uma **flor pequena** é uma _____.
n- Um **bar pequeno** é um _____.
o- Um homem **muito pobre** é _____.
p- Um **hotel pequeno e barato** é um _____.
q- Alguém que mora **bem perto** de você, mora _____.
r- Quando a casa está **muito limpa**, ela está _____.

5- Faça frases seguindo o exemplo. (Second Conditional)

- (eu) ficar feliz / poder viajar para a Europa
  Eu **ficaria** feliz se **pudesse** viajar para a Europa.

a- (nós) comprar a casa / (você) nos dar um bom desconto

_____

b- (ele) ir à festa / ser convidado

_____

c- (eles) visitar o Cristo Redentor / ir para o Rio nas férias.

_____

d- (você) trabalhar mais / poder?

_____

e- (ela) não perder o ônibus / acordar mais cedo

_____

f- (eu) aceitar o emprego / (eles) pagar bem

_____

g- (vocês) jamais fazer isso / saber das consequências

_____

h- (nós) poder almoçar com vocês / ter tempo

_____

6- Escreva nomes de objetos e comidas com as seguintes formas geométricas:

círculo: _____

quadrado: _____

retângulo: _____

cone:_____

triângulo: _____

7- Como seria a sua vida se você ganhasse três vezes mais? O que mudaria no seu dia a dia? Como usaria o dinheiro em seu benefício? Você ajudaria alguém da família?

_____
_____
_____
_____
_____
_____
_____
_____
_____
_____
_____
_____
_____
_____
_____
_____

VOCÊ SABIA?

Países que falam português

A Comunidade dos Países de Língua Portuguesa (CPLP) foi criada em 17 de julho de 1996, em Lisboa, e é constituída por nove Estados-Membros **(Angola, Brasil, Cabo Verde, Guiné-Bissau, Guiné Equatorial, Moçambique, Portugal, São Tomé e Príncipe e Timor-Leste)**.

Na América do Sul, o **Brasil** é o único país cuja língua oficial é o português. Nossos vizinhos, por causa da colonização espanhola, adotaram o espanhol como idioma, o que faz de nós, brasileiros, os únicos no continente a falar o idioma de Portugal. Somos linguisticamente solitários por aqui, mas o português é o oitavo idioma mais falado no mundo! Somos hoje o país com maior número de falantes da língua portuguesa.

FUTURO DO SUBJUNTIVO (FUTURE SUBJUNCTIVE)

You can use the Future Subjunctive when you're talking about something that is more of a tangible possibility.

Expressa eventualidade e possibilidade, indicando uma ação que ainda não aconteceu no futuro, mas que poderá acontecer. O verbo principal da oração deve estar no **imperativo** ou no **futuro** do indicativo. É conjugado, geralmente, com a partícula **quando** ou **se**:

QUANDO/SE + SUJEITO	VIAJAR	CONHECER	SAIR
Quando/Se eu	viaj**ar**	conhec**er**	sa**ir**
Quando/Se você / ele/ ela	viaj**ar**	conhec**er**	sa**ir**
Quando/Se nós	viaj**armos**	conhec**ermos**	sa**irmos**
Quando/Se vocês/ eles/ elas	viaj**arem**	conhec**erem**	sa**írem**

Exemplos:

a- Quando/Se eu **estudar** mais, **serei** melhor aluno. - When/If I study more, I'll be a better student.
b- Quando/Se você **viajar** para o Brasil, **não se esqueça** de experimentar a coxinha e o brigadeiro.
    When/If you travel to Brazil, don't forget to try 'coxinha' and 'brigadeiro'.
c- Quando ele **sair** de casa, ele **vai** direto pra casa dela. - When he leaves home, he'll go straight to her house.
d- Se o governo **oferecer** vantagens à novas empresas, a economia **melhorará**. - If the government offers advantages to new companies, the economy will get better.

* In certain informal situations, many speakers use the regular present tense, as in:

- Se você **se mudar** para o Brasil, **tem** que me visitar!

SE + SUJEITO	COMPRAR	TER	CONTRIBUIR
Se eu	compr**ar**	tiv**er**	contribu**ir**
Se você/ ele/ ela	compr**ar**	tiv**er**	contribu**ir**
Se nós	compr**armos**	tiv**ermos**	contribu**irmos**
Se vocês / eles/ elas	compr**arem**	tiv**erem**	contribu**irem**

- Alguns verbos irregulares no futuro do subjuntivo:

VERBO	EU	VOCÊ/ELE/ELA	NÓS	VOCÊS/ELES/ELAS
QUERER - WANT	quiser	quiser	quisermos	quiserem
FAZER - DO/MAKE	fizer	fizer	fizermos	fizerem
DAR - GIVE	der	der	dermos	derem
TER - HAVE	tiver	tiver	tivermos	tiverem
IR - GO	for	for	formos	forem
TRAZER - BRING	trouxer	trouxer	trouxermos	trouxerem
SABER - KNOW	souber	souber	soubermos	souberem
DIZER - TELL/SAY	disser	disser	dissermos	disserem
SER / ESTAR - BE	for/estiver	for/estiver	formos/estivermos	forem/estiverem
VIR - COME	vier	vier	viermos	vierem
VER - SEE	vir	vir	virmos	virem
PÔR - PUT	puser	puser	pusermos	puserem
PODER - CAN	puder	puder	pudermos	puderem

Orações condicionais com SE/QUANDO: exprimem possibilidade ou impossibilidade.
IF + FUTURE SUBJUNCTIVE + FUTURE INDICATIVE (FIRST CONDITIONAL)

Exemplos:

a- Tudo **ficará** mais fácil quando/se ele **vier** morar aqui. - Everything will get easier when/if he comes to live here.

b- Quando nós **quisermos, entraremos** em contato com você. - We'll get in touch at our own convenience.

c- Se você **quiser** emagrecer, **terá** que fazer um esforço. - If you want to lose weight, you'll have to make an effort.

d- Quando/Se você **tiver** tempo, me **liga**! - Call me when you have time!

e- Se você **estiver** em casa mais tarde, **irei** visitá-lo/a. - If you are home later, I'll go visit you.

- MAKING A STRAIGHTFORWARD SUGGESTION:
- **E se + subject + verb in the future subjunctive...?**
- **E se** você **falar** com ele? - What if you talk to him?
- **E se** nós **falarmos** com ele? - What if we talk to him?

Oração principal (futuro do indicativo)	Conjunções + futuro do subjuntivo
Ligarei para ele	**quando** eu **chegar** em casa. (when)
	logo que/assim que eu **chegar** em casa. (as soon as)
	depois que eu **chegar** em casa. (after)
	antes de eu **ir** pra casa. (before)
	enquanto estiver em casa. (while)

Outras conjunções

como (conforme) - Faça **como** <u>quiser</u>. - Do as you wish.

sempre que - Irei te visitar **sempre que** eu <u>puder</u>. - I'll visit you whenever I can.

à medida que - Atenderei os pacientes **à medida que** <u>chegarem</u>. - I'll see the clients as they arrive.

Pronomes relativos

Vou atender	<u>quem</u> **chegar** primeiro. - I'll assist whoever gets here first.
	<u>aquele que</u> **vier** antes. - I'll assist the one who gets here first.
	<u>todos os que</u> me **procurarem**. - I'll assist all the ones who look for me.
	<u>onde</u> **houver** necessidade. - I'll assist wherever it is necessary.
	as pessoas <u>cujos</u> nomes **estiverem** na lista. - I'll assist the people whose names are on the list.

Expressões como:

Viajaremos nas férias	**aconteça** o que **acontecer**. (whatever happens)
	haja o que **houver**. (whatever happens)
	dê no que **der**. (whatever happens)
	digam o que **disserem**. (no matter what they say)
	pensem o que **pensarem**. (no matter what they think)

a- When I **go** home, I**'ll buy** a pizza.
b- They **can** travel whenever they **want**.
c- We**'ll take** the documents when we **go** to the office.
d- When we **have** money, we**'ll** <u>remodel</u> (=reformar/renovar) the house.
e- They**'ll love** the movie when they **watch** it.
f- We**'ll buy** many <u>souvenirs</u> (=lembrancinhas) when we **visit** France.
g- Please, **close** the door when you **leave** the room.
h- **Don't forget** to finish the lesson when you **get** home.
i- **Bring** the jacket when you **leave** home. It's cold!
j- When you **see** the red light, **stop** right away.
k- **Buy** me some orange juice when you **come** home, please.
l- If you **study** hard, you**'ll pass** the test.
m- She **will cook** for you if she **has** time.
n- If I **make** the special spaghetti, I**'ll invite** you over.
o- As soon as I **get** home, I**'ll take** a shower.
p- After I **finish** work, I**'ll have** a beer with my friends.
q- I**'ll do** it for you <u>as long as</u> (=enquanto) I **can**.

Termine as frases:

a- **Falarei** com ele quando _____
b- **Tomaremos** o vinho se _____
c- **Comerei** a feijoada assim que _____
d- Por favor, **feche** a janela quando _____
e- Se você **quiser**, _____
f- Se Deus **quiser**, _____
g- **Compraremos** a casa se _____
h- Te **ajudarei** sempre que eu _____
i- **Vou terminar** a lição antes de _____

Compare:

Orações condicionais com SE

Orações que exprimem um fato. (First Conditional)

Futuro do Indicativo (Simple Future) + Futuro do Subjuntivo (Future Subjunctive)
- O bolo <u>vai crescer</u> **se** você **usar** fermento. - The cake <u>will grow</u> if you <u>use</u> baking powder.

Orações que exprimem probabilidade. (Second Conditional)
Futuro do Pretérito (Conditional) + Pretérito Imperfeito do Subjuntivo (Imperfect Subjunctive)
- O bolo <u>cresceria</u> **se** você **usasse** fermento. - The cake <u>would grow</u> if you <u>used</u> baking powder.

Tudo bem? Vamos aprender Português!

Aluno(a): _____

UNIT 5 - UNIDADE 5   Lesson 3 - Lição 3

EXERCÍCIOS

1- Complete com os verbos abaixo no futuro do subjuntivo: (Future Subjunctive)

chegar enviar receber estar ouvir sair terminar ficar

a- Assim que eles _____ o trabalho, receberão o dinheiro.

b- Todos ficarão surpresos depois que _____ o que tenho a dizer.

c- Estaremos no aeroporto quando ela _____.

d- Pagaremos o aluguel quando _____ o salário esse mês.

e- Avisarei a vocês quando eu _____ o email.

f- Enquanto vocês _____ no Brasil, terão que falar português.

g- Se nós _____ no Brasil, compraremos um apartamento lá.

h- Se nós _____ cedo do trabalho, passaremos na sua casa pra te ver.

2- Escreva frases usando o futuro do subjuntivo e a conjunção:

Exemplo: assim que / acabar

Assim que eu **acabar** o dever de casa, vou tomar banho.

a- assim que / saber

_____

b- se / dar

_____

c- quando / estar

_____

d- sempre que / querer

_____

e- logo que / ter

_____

f- depois que / escolher

_____

g- se / poder

_____

h- quando / trazer

_____

i- assim que / pôr

_____

3- Complete as frases com o verbo no futuro do subjuntivo: (Future Subjunctive)

a- Quem _____ (poder) viajar pro Rio no Reveillón, vai adorar ver os fogos na praia.

b- Aquele que _____ (saber) o telefone da Ana Paula, por favor me diga.

c- Todos os que _____ (trazer) o material escolar todo, ganharão 10 pontos na prova.

d- Todo o esforço (=effort) que vocês _____ (fazer), será recompensado. (=rewarded) e- Todos os funcionários que _____ (trabalhar) com fantasias (=costumes) no Halloween, ganharão doces e chocolate.

f- Se você me _____ (ver) na rua, vem falar comigo.

g- Quando todos _____ (ir) embora, limparemos a casa.

h- Se nós _____ (ir) ao cinema, vamos assistir um filme de terror.

i- Aquele que _____ (dar) informações sobre o meu cachorro será bem recompensado.

j- Todos os que _____ (querer) fazer o teste deverão chegar às 7h em ponto.

k- Quem _____ (chegar) primeiro, poderá escolher o lugar para sentar.

l- Levante a mão quem _____ (estar) contra.

m- Tudo o que vocês _____ (dizer) será gravado.

n- Todas as pessoas que _____ (pagar) em dia terão um desconto de 10%.

o- O alarme de incêndio (=fire alarm) disparou (=went off). Salve-se quem _____! (poder)

p- Enquanto o sinal (=traffic light)_____ (estar) verde, o pedestre não pode atravessar. (=to cross)

r- Prometo que faremos tudo o que vocês _____. (pedir)

s- Receberemos muito bem todas a pessoas que eles _____ (trazer) para o hotel.

4- Complete as frases com as expressões seguindo o modelo abaixo:

Aconteça o que acontecer, estarei sempre aqui para você.

a- _____ a quem _____, diremos sempre a verdade. (doer)

b- _____ quem _____, diga que não estou. (ser)

c- _____ o que _____, continuaremos bons amigos. (haver)

d- _____ no que _____, seremos sempre amigos. (dar)

e- _____ o que _____, sempre acreditarei em você. (dizer)

5- Complete com o futuro do subjuntivo:

Enviarei o dinheiro	quando eu _____. (querer)
	enquanto eu _____. (poder)
	logo que eu _____ em casa. (chegar)
	assim que eu _____ do trabalho. (sair)
	se eu _____ tempo. (ter)
	conforme eu _____. (poder)
	sempre que _____ possível. (ser)
	à medida que eu _____ recebendo. (ser)

6- Complete as frases usando o futuro do subjuntivo:

a- Ajudaremos os funcionários com o dinheiro que _____. (ter)

b- Vou fazer tudo o que eu _____. (querer)

c- Levem o que vocês _____. (poder)

d- Aceite tudo o que eles _____. (trazer)

e- Fale com todos os que _____ lá. (estar)

f- Ajudarei a todos os que _____ (precisar)

g- Seja educado com quem _____ na recepção do hotel. (estar)

7- Complete o quadro com a forma correta dos verbos no futuro do subjuntivo:

	SE EU/VOCÊ/ELE/ELA	SE NÓS	SE VOCÊS/ELES/ELAS
QUERER			
TER			
DAR			
VER			
VIR			
FICAR			
DIZER			
TRAZER			
SABER			
ABRIR			
SER			
ESTAR			
INSISTIR			
FAZER			
VENDER			
ESTUDAR			
PÔR			

8- Complete as frases usando o futuro do subjuntivo: (Future Subjunctive)

a- Se _____, _____ em casa. - If it **rains**, I**'ll stay** home.

b- Ele _____ na prova se (ele) não _____. - He **won't pass** the test if he **doesn't study.**

c- Se você _____ o carro, _____ que fazer o seguro. - If you **buy** the car, you**'ll have** to get the insurance.

d- Se eu _____ tempo, te _____. - If I **have** time, I**'ll call** you.

e- Se Deus _____, _____ minha casa no ano que vem. - God **willing,** I**'ll buy** my house next year.

f- Se você _____ os biscoitos, _____ do extrato de baunilha. - If you **make** the cookies, **don't forget** the vanilla extract.

g- Se eu _____ um carro, _____ viajar sempre. - If I **buy** a car, I**'ll be able** to travel all the time.

h- Se você _____ em casa amanhã, me _____, tá? - If you **are** home tomorrow, **call** me, ok?

i- Se ele _____$500, _____ os brinquedos para as crianças. - If he **donates** $500, we**'ll buy** the toys for the kids.

j- Quando você _____ ao mercado, _____ umas maçãs pra mim, tá? - When you **go** to the store, **buy** me some apples, ok?

k- Assim que _____ prontos, te _____. - As soon as we **are** ready, I**'ll call** you.

l- Me _____ quando _____. - **Call** me whenever you guys **want**.

m- Te _____ quando eu _____ livre. - I**'ll call** you when I**'m** free.

n- _____ o relatório assim que você _____. - **Do** the report as soon as you **can**.

o- O desemprego no Brasil _____ quando o governo _____ as leis trabalhistas. - Unemployment **will decrease** in Brazil when the government **changes** labor laws.

p- _____ em casa cedo se você _____ jantar conosco. - **Get** home early if you **want** to have dinner with us.

9- Responda:

a- Se você soubesse que o mundo acabaria amanhã, o que faria nestas últimas horas?

_____

b- Se você fosse um grande influenciador no seu país, você entraria para a política?

_____

c- Quem você convidaria para passar uma semana de férias no Rio com você?

_____

d- Se você pudesse mudar alguma coisa em você, o que mudaria?

_____

e- Se você não precisasse trabalhar, o que faria nas horas livres?

_____

10- Faça perguntas usando o pretérito imperfeito do subjuntivo: (Second Conditional)

a- Você está sozinho em casa à noite.
    O que você **faria** se um ladrão **entrasse** na sua casa?

b- Você está tendo uma festa na sua casa e o vizinho reclama do barulho. (=complains about the noise)
    O que você _____ (dizer) para o vizinho se ele _____
(reclamar) do barulho?

c- Você está fazendo um passeio de helicóptero quando o piloto, de repente, desmaia.(=suddenly faints)
    O que você _____(fazer) se o piloto _____? (desmaiar)

d- Você está viajando numa estrada deserta à noite e a gasolina acaba. (=you run out of gas)
    O que você _____ (fazer) se a gasolina _____? (acabar)

e- Você está viajando e precisa descansar, mas os hotéis da cidadezinha estão fechados.
    Onde você _____ (dormir) se os hotéis _____ (estar)
fechados?

f- Você está acampando (=camping) numa noite fria e precisa acender uma fogueira (=fire), mas não tem fósforos (=matches).
    Como você _____ (acender) a fogueira se não _____ (ter)
fósforos?

INFINITVO IMPESSOAL E PESSOAL - IMPERSONAL AND PERSONAL INFINITIVE

The decision to use the **impersonal** or **personal** infinitive can be confusing, but the simplest way to start thinking about it is this: in general, if the focus is more on a <u>particular subject doing the action</u>, use the PERSONAL INFINITIVE, and if the focus is more on the <u>general action itself</u>, use the IMPERSONAL INFINITIVE.

INFINITIVO IMPESSOAL:

- Usado quando <u>não há sujeito</u> e exprime um fato de modo geral:

Exemplos:

- **Lavar** as mãos é obrigatório./ É obrigatório **lavar** as mãos. - Washing hands is mandatory.
- É bom **ouvir** música no carro. - It's good to listen to music in the car.
- Para **falar** português bem, tenho que estudar um pouco todo dia. - To speak Portuguese well, I have to study a little bit every single day.
- **Comer** frutas e legumes todo dia é ótimo pra saúde. - Eating fruits and veggies every day is great for your health.
- Fico feliz em **ajudar** vocês. - I'm happy to help you.

INFINITIVO PESSOAL:

- O Infinitivo Pessoal é o infinitivo que <u>tem o sujeito definido, dois sujeitos diferentes na oração ou quando o sujeito não está definido.</u>

Minha mãe pediu para ...

	ESTUDAR - STUDY	**COMER** - EAT	**IR** - GO
eu/você/ele/ela	estud**ar**	com**er**	**ir**
nós	estud**armos**	com**ermos**	**irmos**
vocês/eles/elas	estud**arem**	com**erem**	**irem**

- É melhor <u>vocês</u> **ficarem** aqui hoje. - It's better for you <u>to stay</u> here today.
- <u>Ela</u> pediu para (<u>nós</u>) **chegarmos** em casa cedo. - She asked us <u>to get</u> home early.
- É preciso **ter/termos** paciência. - You/We need to be patient.

* quando é precedido da preposição DE e serve de complemento de alguns adjetivos como **difícil, fácil, possível, impossível, bom,** etc.

- Aquele documento é <u>difícil de</u> **entender**. - That document is hard to understand.
- O exercício é <u>fácil de</u> **fazer**. - The exercise is easy to do.
- Esse livro é <u>impossível de</u> **ler**. Não entendo chinês. - It's impossible to read this book. I can't understand Chinese.

* O uso do Infinitivo Pessoal é <u>facultativo</u> quando o sujeito do infinitivo pessoal nao é expresso e é o mesmo da oração principal.
- Por não **termos/ter** dinheiro, não compramos o computador. - Due to not having money, we didn't buy the computer.
- Nós viemos ao cinema para **vermos/ver** o novo filme da Disney. - We came to the movie theater to see the new Disney movie.

Exemplos:

- Ele pediu para <u>eu</u> **viajar** com ele. - He asked me <u>to travel</u> with him.
- Eu pedi para <u>os alunos</u> **estudarem** mais. - I asked the students <u>to study</u> more.
- O gerente pediu para (<u>nós</u>) **cancelarmos** o contrato. - The manager asked us <u>to cancel</u> the contract.
- É bom <u>eles</u> **dançarem** e **se divertirem**. - It's good for them <u>to dance</u> and <u>have fun.</u>
- É melhor <u>vocês</u> **irem** pra casa. - It's better for you <u>to go</u> home.

Let's practice! - Vamos praticar!
(Infinitivo Pessoal e Impessoal)

1- Complete as frases:

a- O professor deu um prazo de cinco dias para <u>os alunos</u> _____

b- O hotel preparou tudo para <u>os turistas</u> _____

c- O guarda fez sinal para <u>os motoristas</u> _____

d- É importante _____

e- Ele me implorou para _____

f- Eles pediram para <u>eu</u> _____

g- Para <u>os alunos</u> _____, é preciso que tenham um bom dicionário.

h- Por não _____, (eles) não puderam comprar o computador.

i- É obrigatório _____ na faixa de pedestres.

j- Vim aqui para te _____ que a reunião foi cancelada.

k- _____ de avião é a forma mais rápida que tem.

l- _____ água morna com limão é uma ótima dica para _____ o dia.

m- É bom vocês _____

n- Por não _____ tempo, não pudemos terminar o projeto.

o- Esse filme é difícil de _____

p- É melhor nós _____

Compare:

- (Nós) Precisamos **mudar** a data da viagem. - We need <u>to change</u> the day of the trip.
- É preciso **mudarmos** a data da viagem. - We need to change the day of the trip. (Infinitivo Pessoal)
- É necessário <u>que</u> **mudemos** a data da viagem. - It's necessary that we change the day of the trip. (Presente do Subjuntivo)

Let's practice! - Vamos praticar!

a- We need to cancel the trip.
Nós precisamos _____
É preciso _____
É preciso que nós _____

b- I need to find the key.
Eu preciso _____
É preciso _____
É preciso que eu _____

c- He has to finish the project.

Ele tem que _____

É necessário _____

É necessário que ele _____

d- They have to clean the house.

Eles têm que _____

É melhor eles _____

É melhor que eles _____

e- My mom always asks us to get home early.

Minha mãe sempre nos pede para _____

Minha mãe sempre pede que _____

f- Maybe it's better for us to <u>accept the deal</u>. (=aceitar o acordo)

Talvez seja melhor _____

Talvez seja melhor que _____

g- It's important for us to read the document.

É importante _____

É importante que _____

SUBJUNCTIVE PRACTICE - PRÁTICA DOS SUBJUNTIVOS

1- Termine as frases:

(comprar) Ela <u>quer</u> que eu **compre** os ingressos do show. (Present Subjunctive)

        Ela <u>quis/queria</u> que eu **comprasse** os ingressos do show. (Past Subjunctive)

        Se eu **comprar** os ingressos do show, vou convidar o Marcos para ir comigo. (Future Subj.)

a- (dar) Desejo que ele _____

      Desejei que ele _____

      Se ele _____

b- (fazer) Tenho medo que eles _____

      Tive medo que eles _____

      Se eles _____

c- (saber) Duvido que você _____

      Duvidei que você _____

      Se você _____

d- (pôr) Talvez eu _____

      Se eu _____

e- (poder) Espero que nós _____

      Esperava que nós _____

      Se nós _____

f- (estar) Peço a vocês que _____

      Pedi a vocês que_____

      Se vocês _____

g- (vir) É imporante que você _____

      Era importante que você _____

      Se você _____

h- (fumar) Eu não permito que eles _____

          Eu não permiti que eles _____

          Se eles _____

i- (querer) É uma pena que vocês não _____

          Seria mais fácil se vocês _____

          Se vocês não _____

j- (ser) Sugiro que ela _____

          Sugeri que ela _____

          Se ela _____

2- Use o Presente do Subjuntivo:

a- Tome cuidado <u>a fim de que</u> _____

b- <u>Embora</u> eu _____

c- Venha pra casa <u>antes que</u> ele _____

d- Ligue pra ela <u>antes que</u> _____

e- Ficarei aqui <u>até que</u> _____

f- Vou viajar para o Brasil <u>caso</u> _____

g- <u>Que pena que</u> ele _____

h- <u>Tomara que</u> _____

3- Termine a frase usando o Futuro do Subjuntivo:

(ir) Se ele _____

(trazer) Se você _____

(saber) Se eles _____

(dizer) Se nós _____

(estar) Se elas _____

(vir) Se nós _____

(ver) Se eles _____

(pôr) Se você _____

(poder) Se eu _____

(ter) Se nós _____

4- Traduza:

a- If I had a lot of money, I would buy a nice beach house.

_____

b- If she were ambitious, she would accept the offer.

_____

c- If they invited me to the game, I would go.

_____

d- We wouldn't get upset if she couldn't come over.

_____

e- What would you do if you lost your job?

_____

f- If you knew your best friend is a liar, would you say something to him/her?

_____

UNIT 5 - UNIDADE 5   Lesson 4 - Lição 4

<u>EXERCÍCIOS</u>

1- Complete com o infinitivo pessoal: (Personal Infinitive):

a- Para nós _____ (entender) melhor a matéria, precisamos estudar mais.

b- Ele pediu para eles _____ (ficar) em casa.

c- É necessário nós _____ (ter) muita paciência com ela.

d- Por elas não _____ (ter) a senha de acesso, não puderam entrar no site.

e- Para vocês _____ (ver) melhor, tem que sentar mais na frente.

f- Por _____ (ser) educados, não <u>reclamaram</u>. (=to complain)

g- Ouvi as crianças _____ (gritar) alto.

h- Sem nós _____ (assinar) o documento, o imóvel não poderá ser vendido.

i- Se nós não _____ (receber) nosso salário, não conseguiremos pagar o aluguel esse mês.

j- É preciso _____ (aceitar) as nossas <u>derrotas</u> (defeats) como aprendizado.

k- Eu fiz de tudo para eles _____ (trazer) os pais para o churrasco.

l- O jeito é nós _____ (fazer) o que a mamãe pediu.

m- É muito bom _____quando acordamos. (espreguiçar =to stretch)

n- Se não _____, não saberemos o que há lá dentro. (entrar)

o- Se eles não _____ o convite, é melhor não irem à festa. (receber)

p- Talvez seja melhor eu _____ os artigos. (ler)

q- Por você _____ assim não quer dizer que eu também seja. (ser)

r- Ouvi eles_____ que ela é boa pessoa. (dizer)

s- _____ as coisas espalhadas não vai ajudar. (deixar - nós)

2- Complete as frases seguindo o modelo:

a- Então, vocês **fizeram** um acordo?
   Fizemos. Ele pediu para nós **fazermos** um acordo justo.

b- Então eles te **deram** outra chance?
   Deram. Eu pedi para eles me _____ outra chance.

c- Então você **concordou** com o contrato?
   _____. Eles pediram para eu _____ e assinar.

d-Então, vocês **viram** o filme todo?
   _____. Ele disse para nós _____ até o final.

e- Então vocês **desistiram** da viagem?
   _____. Ele pediu para nós _____ (viajar) somente daqui a 3 meses.

f- Então, você **entregou** o relatório a tempo?
Não _____, mas ele deixou eu _____ todo o projeto na semana que vem.

3- Siga o exemplo:

- <u>É melhor</u> você **sair** cedo. (Infinitivo pessoal)
  <u>É melhor que</u> você **saia** cedo. (Presente do Subjuntivo)
  Seria melhor se você **saísse** cedo. (Pretérito Imperfeito do Subjuntivo)

a- É melhor (nós) _____ (ser) otimistas e não _____ (desanimar).
   É melhor que _____ otimistas e não _____ (desanimar).
   Seria melhor se _____

b- É preciso _____ (pagar) as contas em dia.
   É preciso que <u>você</u> _____ (pagar) as contas em dia.
   Seria bom se você_____.

c- É importante _____ (conhecer) novas culturas.
   É importante que eles _____ (conhecer) novas culturas.
   Seria bom se eles _____

d- É aconselhável _____ (ligar) o alarme.
   É aconselhável que todos _____ (ligar) o alarme.
   Seria aconselhável que todos _____

e- O ideal é (nós) _____ (jantar) cedo.
   O ideal é que _____ (jantar) cedo. (nós)
   Seria ideal se nós _____

f- Temos que _____ (sair) antes da chuva.
   Será melhor _____ (sair) antes da chuva.
   Será melhor que _____ (sair) antes da chuva.
   Seria melhor se _____ antes da chuva.

g- Temos que _____ (almoçar) cedo hoje.
   O ideal é que _____ cedo hoje.
   O ideal é (nós) _____ cedo hoje.
   Seria bom se _____ cedo hoje.

4- Complete as frases usando o futuro do subjuntivo: (Future Subjunctive)

a- Não gosto deles. Vou sair de casa quando eles _____. (chegar)
b- Ele vai te telefonar quando _____. (poder)
c- A situação é difícil, mas aguentaremos enquanto _____.(poder)
d- Eles não poderão falar enquanto o professor _____ (estar) explicando a matéria.
e- Ela me disse que estudará Antropologia quando _____ (ir) pra faculdade.
f- Ligarei pra você se _____ (saber) de alguma novidade.
g- Trocarei de roupa assim que eu _____ (chegar) em casa.
h- Teremos mais clientes à medida que _____ (fazer) mais propaganda.
i- Venham me visitar sempre que _____ (estar) livres.
j- Levarei as malas se elas _____ no carro. (caber = to fit)
k- Se Deus _____, tudo dará certo e conseguirei o emprego. (querer)
l- Farei o relatório logo assim que o gerente me _____ (dar) as instruções.
m- Avisaremos quando _____ (ter) notícias.
n- Faça como _____. (querer)
o- Se _____ sol (fazer), iremos pra praia. Se _____ (chover), ficaremos em casa.

5- Use o presente do subjuntivo: (Present Subjunctive)

Você precisa de uma nova secretária. Descreva o perfil da secretária que está procurando.
É importante que / É necessário que / Convém que

É importante que ela _____
_____
_____
_____
_____

6- Complete as frases com o pretérito imperfeito do subjuntivo: (Second Conditional)

a- Nós _____ (aproveitar =to enjoy) melhor o dia se
_____ (chegar) mais cedo.
b- Eu _____ (viajar) mais se _____ mais tempo e dinheiro.
(ter)
c- Ela _____ (poder) trabalhar na empresa se _____ (saber) o serviço.
d- Se você _____ (vir) aqui em casa hoje, nós _____
(poder) jantar juntos.
e- Se o carro _____ (ser) mais <u>econômico</u> (=fuel efficient), eu o _____.
(comprar)
f- Se ele _____ (cortar) o cabelo e _____ (fazer) a barba,
_____ (ficar) mais bonito.
g- Se você me _____ (escutar) mais, não _____ (ter) tantos
problemas.

7- Escreva sobre como a vida era antigamente usando o pretérito imperfeito do indicativo. O que as pessoas faziam, como eram os carros, quais profissões existiam que não existem mais e o que você fazia que não faz mais.

Antigamente, a vida **era** _____
_____
_____
_____
_____
_____
_____
_____
_____
_____
_____
_____
_____
_____
_____
_____
_____
_____
_____

8- Complete as frases com **todos/as, tudo, toda/o, nenhum, algum/a (s), nada, ninguém, alguém** :

a- Comprei presentes para _____ as crianças.

b- _____ merecem respeito.

c- Não tenho _____ problema com ela.

d- Você precisa de _____ coisa?

e- Não tem _____ aqui. _____ já foram pra casa.

f- Espero aprender _____ os verbos em português.

g- Ela entrou na loja e comprou _____ .

h- Ela entrou na loja e comprou _____ as sandálias.

i-Tem _____ batendo na porta. (=knocking on the door)

j- _____ as pessoas querem ser felizes.

k- Não quero _____ para beber agora. Não estou com sede.

l- Ele gastou _____ o dinheiro na viagem.

m- Ele gastou _____ que tinha.

n- Elas conhecem _____ os lugares turísticos no Rio.

o- É _____ verdade!

p- _____ vez que venho aqui, fico muito bem.

q- João e Karen já visitaram _____ as praias aqui.

r- Eles comeram _____ o bolo .

s- Paula tem _____ as bolsas da nova coleção.

t- Ela trabalha _____ dia.

u- Joana fez _____ a comida do jantar. Ela cozinha muito bem.

v- Tem _____ filme bom pra gente assistir hoje?

w- Não quero fazer _____ hoje. Estou com preguiça.

9- Complete as frases com o pretértio mais-que-perfeito composto do indicativo: (Past Perfect)

Eu nunca **tinha comprado** um vestido tão caro antes. (comprar)

a- As contas (=bills) estavam atrasadas. Ele ainda não _____ nenhuma. (pagar)

b- Eles nunca _____ dinheiro na Bolsa (=stock market). (aplicar)

c- Ela já _____ o dinheiro nesta agência (=branch) antes. (depositar)

d- Eu nunca _____ um caminhão. (dirigir)

e- O cachorro não _____ água há mais de 24h. Estava morrendo de sede! (beber)

f- Ninguém _____ nada sobre o roubo. (descobrir)

g- Eu nunca _____ uma mesa para tantas pessoas! (pôr)

h- Ele já _____ as janelas quando cheguei no trabalho. (abrir)

i- Você já _____ e _____ a carta quando te dei o novo endereço (=address)? (escrever / enviar)

j- Eles nunca _____ um caminhão. (dirigir)

k- Ela não _____ nada que ia viajar. (dizer)

l- Quando liguei pro escritório, a Jaqueline já _____ o documento e _____ embora pra casa. (fazer / ir)

OUVIDO:

*As paredes têm **ouvidos.** - be careful with what you say because people can hear you; walls have ears
- Não fala nada da sua vida pessoal aqui porque **as paredes tem ouvidos**.

*dar **ouvidos** - listen, pay attention
- Ele não **dá ouvidos** às pessoas que falam mal dele.

*Entra por um **ouvido** e sai pelo outro. - in one ear, out the other
- Eu falo e falo pra ele não fumar, mas **entra por um ouvido e sai pelo outro**.

*tapar os **ouvidos** - avoid listening to things
- Não **tape os ouvidos** pra situação. Você precisa resolver isso.

*falar no pé do ouvido - to whisper
- Ele gosta de **falar no pé do ouvido** pra ninguém escutar a conversa.

MÃO:

*mão-de-vaca - stingy, tightfisted
- Ele é muito **mão-de-vaca**! Não paga nem um refrigerante pra namorada!

*ter alguém na palma da **mão** - have complete control over someone
- Ela é muito submissa. Ele a domina **na palma da mão**.

*conhecer alguém na palma da **mão** - know someone very well
- Eu **conheço você na palma da minha mão**. Sei quando está chateado.

*de **mão** beijada - freely
- Ninguém dá nada **de mão beijada**. Sempre tem um preço a pagar.

*mão de ferro - strict, iron hand
- O general controla os soldados com **mão de ferro**.

*ter **mãos** de fada - having great ability doing things
- A Esther tem **mãos de fada** para artesanato.

*estender a **mão** - help someone
- Tem sempre alguém para nos **estender a mão** quando precisamos.

*dar uma **mão** - help
- Me **dá uma mão** aqui com essa mesa! Tá muito pesada.

*pôr a **mão** no fogo - totally trust someone
- Ele **põe a mão no fogo** por ela!

QUEIXO:

*de cair o **queixo** - jaw-dropping
- O hotel Palazzo Versace Dubai é **de cair o queixo.** Um luxo!

*ficar de **queixo** caído - to be/to get shocked
- **Fiquei de queixo caído** com a reação dele. Começou a gritar comigo.

COSTAS:

*ter **costas** quentes - to be well connected

- Eles têm **costas quentes** e sempre conseguem os melhores empregos.

*falar pelas **costas** - talk behind your back

- Que menina falsa! Vive **falando pelas costas** de todo mundo.

Let's practice! - Vamos praticar!

a- Você já pegou alguém falando pelas suas costas?

b- Me diz um presidente que controla o povo com mão de ferro.

c- Qual o lugar que você já foi que te deixou de queixo caído de tão bonito?

d- Você dá/dava ouvidos para os mais velhos (quando era adolescente)?

e- A sua mãe tem/tinha mãos de fada para fazer bolo ou trabalhos manuais?

f- As paredes tem ouvidos no seu trabalho ou na sua casa?

g- Você põe a mão no fogo por alguém?

h- Tem alguém costas quentes no seu trabalho?

i- Você sempre dá uma mão quando alguém precisa?

j- Que cidade que você conhece que tem paisagens de cair o queixo?

k- Você já ganhou alguma coisa de mão beijada?

l- Por que poucas pessoas estendem as mãos quando precisamos?

m- Você conhece alguém na palma da sua mão?

n- O seu pai é/era mão-de-vaca?

PASSIVE VOICE
Voz passiva

PRESENT PERFECT SUBJUNCTIVE
Pretérito Perfeito Composto do Subjuntivo

PAST PERFECT SUBJUNCTIVE
Pretérito Mais-Que-Perfeito Composto do Subjuntivo

THIRD CONDITIONAL
Se + Pretérito Mais-Que-Perfeito Composto do Subjuntivo + Futuro do Pretérito Composto do Indicativo

FUTURE PERFECT SUBJUNCTIVE
Futuro Composto do Subjuntivo

EXPRESSIONS WITH PARTS OF THE BODY 6
Expressões com as partes do corpo 6

UNIT 6 - UNIDADE 6   Lesson 1 - Lição 1

VOZ PASSIVA - PASSIVE VOICE

Voz passiva é uma construção sintática em que um objeto direto passa a ocupar a posição de sujeito, ou seja, é a maneira de como o verbo se expressa em relação ao sujeito, que no caso da passiva, ele sofre a ação.

```
*Voz ativa:
Pedro Ávares Cabral descobriu o Brasil.
   (sujeito)              (verbo).    (objeto)
*Voz passiva:
O Brasil foi descoberto por Pedro Álvares Cabral.
                              (agente da passiva)
```

A voz passiva pode ser formada por dois processos: **analítico e sintético.**

1- Voz Passiva Analítica
Verbo SER + particípio do verbo principal.

- A escola **será pintada**. - The school will be painted.
- O trabalho **é feito** por ele. - The job is done by him.

* O agente da passiva geralmente é acompanhado da preposição **por**, mas pode ocorrer a construção com a preposição **de**.

- ‾ A casa **ficou cercada** de soldados. - The house was surrounded by soldiers.
- ‾ O bolo **foi feito** por mim. / pela minha mãe - The cake was made by me/by my mother.
- ‾ Esse livro **foi escrito** pela minha professora - This book was written by my teacher.

- ‾ A variação temporal é indicada pelo verbo auxiliar (SER), pois o **particípio não muda**.
Exemplos:

- Ele **faz** o trabalho. (presente do indicativo)
  O trabalho **é feito** por ele. (presente do indicativo)

- Ele **fez** o trabalho. (pretérito perfeito do indicativo)
  O trabalho **foi feito** por ele. (pretérito perfeito do indicativo)

- Ele **fará** o trabalho. (futuro do presente)
- O trabalho **será feito** por ele. (futuro do presente)

Nas frases com locuções verbais, o verbo SER assume o mesmo tempo e modo do verbo principal da voz ativa.
- O vento **ia levando** as folhas. (gerúndio)
- As folhas **iam sendo levadas** pelo vento. (gerúndio)

Além do verbo SER, existem outros verbos auxiliares que podem aparecer na voz passiva analítica. Por exemplo:
- ‾ A casa **ficou destruída** com o tempo.
- ‾ Marcelo **estava protegido** pelo capacete, por isso não machucou a cabeça.

2- Voz Passiva Sintética
Verbo na 3ª pessoa, seguido de SE.

- **Abriram-se** as inscrições para o concurso. = As inscrições para o concurso **foram abertas.**
- **Destruiu-se** o velho prédio da escola. = O velho prédio da escola **foi destruído.**

*o agente não costuma vir expresso na voz passiva sintética.

SER + PARTICÍPIO
Os verbos irregulares são usados na voz passiva.

Exemplos:

aceitar - **aceito**	gastar - **gasto**
acender - **aceso**	imprimir - **impresso**
abrir - **aberto**	limpar - **limpo**
cobrir - **coberto**	matar - **morto**
confundir - **confuso**	morrer - **morto**
dizer - **dito**	pagar - **pago**
eleger - **eleito**	pegar - **pego**
encher - **cheio**	pôr - **posto**
entregar - **entregue**	prender - **preso**
escrever - **escrito**	secar - **seco**
expressar - **expresso**	soltar - **solto**
extinguir - **extinto**	suspender - **suspenso**
fazer - **feito**	ver - **visto**
ganhar - **ganho**	vir - **vindo**
expulsar - **expulso**	

UNIT 6 - UNIDADE 6   Lesson 1 - Lição 1

EXERCÍCIOS

Texto:

A população brasileira é formada pelos <u>povos</u> indígenas, africanos, imigrantes europeus e asiáticos.

Os Povos Indígenas:

Antes do <u>descobrimento</u> do Brasil, o território já era habitado por quase 2 milhões de índios. Os indígenas ocupavam todo o território, especialmente o <u>litoral</u>. Havia várias tribos indígenas, <u>cada uma</u> com sua língua e costumes.

A <u>etnia</u> mais numerosa era a dos tupis-guaranis, e foram com eles que os portugueses tiveram mais contato. Os tupis conheciam a natureza, tinham nomeado os <u>montes</u>, praias e rios, sabiam quais <u>ervas</u> eram <u>nocivas</u> ou não. Tudo isso foi ensinado aos portugueses.

Na culinária, a mandioca era muito usada, e ainda continua sendo até hoje.

Os Povos Africanos:

Os africanos sofreram muito porque foram capturados e trazidos para o Brasil, especialmente entre os séculos XVI e XIX. Nesse período, <u>desembarcaram</u> no Brasil milhões de negros africanos, que vieram para o trabalho escravo. Os escravos trabalharam especialmente no cultivo da <u>cana-de-açúcar</u> e do café.

No entanto, cada indivíduo trouxe seu idioma, sua <u>fé</u> e suas habilidades. Eles introduziram alimentos, como o feijão e o <u>quiabo</u>. Também tiveram grande influência na música e na dança.

Os africanos trouxeram a religião e seus <u>orixás</u>, que foram misturados com a <u>crença cristã</u>, dando origem aos <u>terreiros</u> de **Candomblé** e, posteriormente, à **Umbanda** no Brasil.

Os Imigrantes europeus e asiáticos:

Os primeiros europeus a chegarem ao Brasil foram os portugueses. Mais tarde, por volta do século XIX, um grande número de imigrantes europeus e asiáticos também chegaram. Na primeira metade do século XX, pelo menos quatro milhões de imigrantes desembarcaram no Brasil: portugueses, espanhóis, italianos e alemães. Dos povos asiáticos, muitos japoneses, sírios e libaneses foram recebidos pelo Brasil.

Por causa dessa diversidade de raças, culturas e etnias, há uma grande <u>riqueza</u> cultural com várias manifestações culturais, costumes e <u>pratos típicos</u>.

No começo do século XX, a imigração japonesa foi estimulada pelos governos de <u>ambos</u> os países. Como consequência, o Brasil tem a maior população de descendentes de japoneses no mundo. São mais de dois milhões de japoneses. O <u>bairro</u> da Liberdade, em São Paulo, tem a maior colônia japonesa fora do Japão.

Os Portugueses

O primeiro grupo europeu a chegar ao Brasil foram os portugueses, no século XV. Eles queriam <u>metais preciosos</u>, <u>terras</u>, expandir o cristianismo e glória nas <u>batalhas</u>.

Os portugueses introduziram novos <u>conceitos</u> de sociedade, economia e religião, muito diferentes dos costumes indígenas. Na economia, começaram a cultivar produtos em grande escala que pudessem ser vendidos no mercado europeu.

Também trouxeram sua religião e a <u>impuseram</u> aos indígenas. Através da crença, vieram as festas, o idioma (latim e o português) e uma nova filosofia de vida. Ao invés de vários <u>deuses</u>, agora, adorava-se somente uma <u>divindade</u>, havia um livro para seguir e uma hierarquia de <u>sacerdotes</u>.

<u>Além da</u> religião, o português passou a ser o idioma do novo território, assim como a organização política e a economia capitalista.

Com a <u>miscigenação</u> dos diferentes povos, o povo brasileiro tornou-se uma grande <u>mistura</u>, tanto cultural e religiosa, como genética.

Vocabulário:

*Os povos indígenas:
povos - people
descobrimento - discovery
litoral - coast
cada um - each one
etnia - ethnicity
montes - hills
ervas - herbs
nocivas - harmful

*Os povos africanos:
desembarcar - to land, disembark
cana-de-açúcar - sugar cane
fé - faith
quiabo - okra
orixás - gods and goddesses of the Africans
crença cristã - Christian belief
terreiros - area where Umbanda and Candomblé are practiced

*Os imigrantes europeus e asiáticos:
riqueza - wealth, richness
pratos típicos - typical dishes
ambos - both
bairro - neighborhood

*Os Portugueses:
metais preciosos - precious metals (gold, silver, etc)
terras - lands
batalhas - battles
conceitos - concepts
impor - to impose
deuses - gods
divindade - divinity
sacerdotes - priests
além da - besides
miscigenação - mixed race
mistura - mix

1- Responda:

a- Quem habitava o Brasil antes do seu descobrimento?
_____

b- Em qual parte do território os índios mais ficavam?
_____

c- O que os índios ensinaram aos portugueses?
_____

d- Onde os negros escravos trabalhavam?
_____

e- Qual é a influência dos africanos na cultura brasileira?
_____

f- Quantos europeus e asiáticos chegaram ao Brasil entre os séculos XIX e XX?
_____

g- Qual o nome do bairro onde tem a maior colônia japonesa no Brasil? Onde fica?
_____

h- O que mudou no Brasil com a chegada dos portugueses?
_____

i- Na religião, o que os portugueses impuseram aos indígenas?
_____

j- Como é formada a população brasileira?
_____

2- Reescreva as frases usando a Voz Passiva:

> Paulo Coelho **escreveu** 'O Alquimista'.
>   sujeito   verbo   objeto
> **'O Alquimista'** foi escrito **por** Paulo Coelho.

a- Quem inventou o avião?

_____

b- Os policiais prenderam os ladrões.

_____

c- Carina preparou os documentos ontem.

_____

d- Milhões de pessoas falam o português.

_____

e- Olga fez a lasanha para o almoço.

_____

f- Eles não aceitarão essas condições de pagamento.

_____

g- Paulo e João acenderam a fogueira.

_____

h- Quem escreveu o livro?

_____

i- Eles soltaram os animais na floresta.

_____

j- Eu vou limpar a casa amanhã.

_____

k- Susana pegou o buquê no casamento.

_____

l- As pessoas constroem casas flutuantes na Amazônia.

_____

m- O rapaz entregou a pizza dentro do horário.

_____

n- Caçadores matam milhares de elefantes todos os anos na África.

_____

o- Pessoas dizem coisas que não são verdade. As famosas fake news!

_____

3- Reescreva as frases usando SE. Siga o exemplo:

Muitas casas de praia **são alugadas** em Búzios o ano todo.
Alugam-se muitas casas de praia em Búzios o ano todo.

a- O inglês **é falado** em mais de 50 países.

_____.

b- Muitos professores de inglês **são procurados** para ensinarem crianças chinesas.

_____.

c- Muitos apartamentos com vista pro mar **são vendidos** em Miami.

_____.

d- Várias pessoas **são contratadas** nos hotéis do Rio de Janeiro.

_____.

4- Escreva os verbos com a partícula SE nos anúncios abaixo:

vender   procurar   alugar   precisar   consertar

_____

Professor de alemão para estrangeiros com experiência.
Ligar para: (21) 97032-9778. Falar com Jonas.

_____

Apartamento duplex em Ipanema com vista para o mar. 3 quartos, duas salas, 4 banheiros, cozinha ampla. 3 vagas de garagem.
Contato: Elias (21) 96634-7865

_____

Secretária com experiência para consultório médico.
Horário de segunda à sexta, de 9 às 17:30.
Enviar currículo para:
clinicasolar.com.br

_____

Dois chalés em Campos do Jordão para o Festival de Inverno. Dois quartos grandes e dois banheiros. 15 minutos do centro da cidade.
Ligar para (12) 3667-8976
Falar com Antônio.

_____

BOLSAS E SAPATOS

Consertamos todos os tipos de sapatos e bolsas. O melhor preço da cidade!
Av. Costa e Silva, 300 - Centro - RJ

5- Leitura e redação:

 Na China, o Ano Novo é geralmente comemorado em Janeiro ou Fevereiro. Alguns dias antes do Ano Novo, as casas são limpas e as portas e janelas são decoradas com enfeites vermelhos, que simbolizam boa sorte. O vermelho é a cor mais popular na cultura chinesa. Ela é relacionada ao fogo e representa felicidade e prosperidade. O vermelho é muito utilizado na celebração do Ano Novo Chinês e em outras comemorações, como casamentos.

Na noite de Ano Novo chinês, as famílias têm uma grande ceia com comidas especiais para ter boa sorte. As pessoas usam roupas vermelhas, mas branco e preto não são usados porque simbolizam morte e má sorte.

No dia de Ano Novo, os casais dão dinheiro aos filhos em envelopes vermelhos. Duas semanas depois acontece o Festival das Lanternas com muita música, danças e shows de lanterna. À meia-noite, há um grande show de fogos de artifício.

- Escreva sobre algum festival ou comemoração no seu país. Quando e onde acontece? Por que é comemorado? Alguma comida especial é servida? Come-se o quê?

_____
_____
_____
_____
_____
_____
_____
_____
_____
_____
_____

6- Complete as frases usando a voz passiva analítica ou sintética:

a- A soja brasileira _____ para vários países do mundo. (exportar)

b- O vinho Cabernet Sauvignon _____ em muitos países, incluindo o Chile. (produzir)

c- As massas _____ em todo o mundo, mas principalmente na Itália. (consumir)

d- O Fusca (Beetle) _____ no México. (fabricar)

e- _____ carne em grandes quantidades no Brasil. (comer)

f- Presunto de Parma (=prosciutto di Parma) _____ na Itália. (fazer)

g- _____ pão de queijo em todos os supermercados do Brasil. (encontrar)

h- Mc Donald's _____ fácil de ser _____ em vários países. (encontrar)

7- Escreva frases falando sobre coisas do seu país ou cidade, usando a voz passiva analítica ou sintética:

O meu país **foi descoberto** em...
Come-se muito churrasco no sul do país.

a- _____
b- _____
c- _____
d- _____
e- _____
f- _____
g- _____
h- _____

8- Passe as orações para a voz passiva:

a- Os membros do júri **deram** a sentença. _____.
b- Todos **reconheceram** o culpado. _____.
c- Os policiais **identificaram** os ladrões. _____.
d- Quem se sentiu lesado **fez** a denúncia. _____.
e- O barulho **acordou** todos os vizinhos. _____.
f- A professora **ajudou** os alunos. _____.
g- **A correnteza** levou tudo. _____.

9- Escreva os verbos regulares, irregulares e abundantes no particípio:

regulares: AR = -**ADO** ER = -**IDO** IR = -**IDO**

Verbos	Regulares	Irregulares/abundantes
estar	**estado**	xxxx
dar		xxxx
*gastar	**gastado**	**gasto**
*entregar		
*pagar		
ser	xxxx	
querer		xxxx
fazer	xxxx	
ter	xxxx	
poder		xxxx
trazer		xxxx
escrever	xxxx	
dizer	xxxx	
saber		xxxx
ver	xxxx	
abrir	xxxx	
preferir		xxxx
pôr	xxxx	
ir		xxxx
vir	xxxx	
ouvir		xxxx
cobrir	xxxx	
*acender		
*prender		
*matar		
*morrer		

192

10- Escreva o presente, pretérito imperfeito e futuro do subjuntivo abaixo:

	Quero que você	Queria que você	Se você
fazer			
ter			
querer			
ir			
saber			
trazer			
ser			
perder			
estar			
vir			
ver			
pôr			
poder			
dar			
escrever			
abrir			
comprar			
cobrir			
entender			
entregar			
limpar			
pagar			
vender			
assistir			

Conserte as frases:

a- Se você ir no mercado, compra um litro de leite pra mim.

b- Se eles tivessem comprado os ingressos antes, pagariam menos.

c- Farei os exercícios quando eu tenho tempo.

d- É preciso que eles chegam cedo amanhã.

e- Se nós chegamos cedo, poderemos sentar nas primeiras cadeiras.

f- Assim que eu poder, te ligo.

g- Ele tem um narizão.

h- Ele queria que as coisas sejam diferentes.

i- Meu apartamento é mais grande que o seu.

j- Todo mundo ficaram na festa até tarde.

k- Tenho trabalhado aqui desde 2 anos.

l- Ele tem pouco paciência.

m- Você vai ver ela amanhã?

n- Ele gosta de assistir TV muito.

o- Ele tinha trabalhado muito ultimamente.

p- O céu tá escuro. Deveria chover mais tarde.

q- Parabéns por o novo emprego.

r- Eu sempre divirto muito quando vou ao parque de diversão.

s- Ele preocupa muito com os filhos.

t- Seje feliz!

u- Pôr os ovos na geladeira, por favor.

v- Obrigado por o presente.

w- Se eu posso, viajaria sempre pra Europa.

x- O ladrão foi prendido por os policiais.

y- A proposta foi aceitada rapidamente.

z- Quando decidi comprar os ingressos, eles já acabaram.

TEMPOS VERBAIS COMPOSTOS DO MODO SUBJUNTIVO

O modo subjuntivo apresenta três tempos verbais compostos:

- **Pretérito perfeito composto do subjuntivo** (Present Perfect Subjunctive)
- **Pretérito mais-que-perfeito composto do subjuntivo** (Past Perfect Subjunctive)
- **Futuro composto do subjuntivo** (Future Perfect Subjunctive)

PRETÉRITO PERFEITO COMPOSTO DO SUBJUNTIVO (Present Perfect Subjunctive)

Podendo se referir a um fato passado ou futuro, indica uma ação anterior já concluída. É conjugado, geralmente, com a partícula **que**:

- Minha mãe não acredita <u>que</u> eu **tenha estudado** direto por cinco dias. - My mom can't believe that I've <u>studied</u> nonstop for five days.
- Tomara <u>que</u> / Eu espero <u>que</u> eles **tenham passado** na prova! - I hope they <u>passed</u> the test.
- Espero <u>que</u> você **tenha aprendido** a lição. - I hope you <u>learned</u> the lesson.

QUE + SUJEITO	VIAJAR	TER	SAIR
Que eu	tenha viajado	tenha tido	tenha saído
Que você / ele/ ela	tenha viajado	tenha tido	tenha saído
Que nós	tenhamos viajado	tenhamos tido	tenhamos saído
Que vocês/ eles/ elas	tenham viajado	tenham tido	tenham saído

Although + present perfect subjunctive:

- **Embora** ela **tenha comprado** um vestido novo, ela não o usou na festa. - Although she <u>bought</u> a new dress, she didn't wear it to the party.
- **Embora** ele **tenha estudado** muito, não passou na prova. - Although he <u>studied</u> a lot, he didn't pass the test.

Let's practice! - Vamos praticar!

Traduza:
I hope… / Hopefully - **Espero que…/ Tomara que…**

she <u>got</u> the job. (conseguir)
the dog <u>found</u> a new home. (encontrar)
the exam <u>wasn't</u> so hard. (ser)
the game <u>was</u> good. (ser)
they sold the house for a good price. (vender)
he <u>bought</u> the right ingredients for the cake.(comprar)
she <u>accepted</u> the offer. (aceitar)
they <u>closed</u> the windows. (fechar)
he <u>went</u> to class today. (ir)
they <u>did</u> the homework. (fazer)
she <u>hasn't forgotten</u> to close the windows. (esquecer)
he <u>hasn't left</u> the lights on. (deixar)

Termine as frases:

a- Espero que vocês _____
b- Acredito que eles _____
c- É uma pena que eu _____
d- Não creio que ela _____
e- É possível que nós _____
f- É impossível que você _____
g- Talvez eles _____
h- Duvido que ele _____
i- Tomara que nós _____
j- É provável que eu _____
k- Talvez ela _____
l- Eu imagino que vocês _____
m- Embora ele _____
n- Embora nós _____

UNIT 6 - UNIDADE 6   Lesson 2 - Lição 2

<u>EXERCÍCIOS</u>

1- Complete as frases usando a forma correta do pretérito perfeito composto do subjuntivo: (Present Perfect Subjunctive)

Quem <u>disse</u> isso?
Eu <u>não disse</u>. Talvez ele **tenha dito.** (ele)

a- Quem <u>trouxe</u> esse bolo?
    Eu não _____. Talvez _____. (Marcos - trazer)
b- Quem <u>escreveu</u> aquele email?
    Eu não _____. Talvez _____.
(Lorena - escrever)
 c- Quem <u>levou</u> os brinquedos para a sala?
    Não sei. Pode ser que _____. (as crianças - levar)
d- Quem <u>pagou</u> a conta do restaurante?
    Eu não _____. Quem sabe, _____
    e nem percebemos. (Tio Joaquim - pagar)
e- Quem <u>viu</u> o ladrão correndo?
    Eu não _____. Talvez _____. (o vizinho - ver)
f- Por que ela está chorando tanto?
    Não sei. Talvez _____. (alguém muito querido - morrer)
g- O Samuel <u>perdeu</u> o passaporte na viagem à Turquia.
    Caramba! Não acredito que ele _____ (perder) o passaporte lá!
h- Eles pegaram trânsito no caminho. Não sei se <u>chegaram</u> ao aeroporto na hora.
    Tomara que eles _____ a tempo de pegar o voo. (chegar)
i- Gente! O Marcelo comprou todas as garrafas de vodka da loja de bebidas!
    Todas? Não é possível que ele _____isso (fazer). É muita vodka!
j- Ele <u>teve</u> um problemão pra resolver, mas não perdeu a calma.
    Eu sei. Embora ele _____ (ter) todos os motivos para se desesperar, ele manteve a calma.
k- Ana me disse que Bárbara <u>desistiu</u> do projeto. (desistir =to give up)
    Não acredito! Duvido que a Bárbara _____ <u>mão</u> daquela ideia genial. (abrir /abrir mão =to give in)
 l- Eles venderam a fazenda por um preço de banana. Você acha que foi burrice deles?
    Acho. Receio que eles _____. (arrepender-se)

2- Termine as frases usando o Pretérito Perfeito Composto do Subjuntivo:

a- Por que ele não veio à festa?
    Não sei. Talvez ele _____. (esquecer)
b- Por que o carro parou?
    Talvez a gasolina _____. (acabar)
c- Por que ela está <u>gritando com ele</u>? (=yelling at him)
    Pode ser que ela _____ as traições dele. (descobrir)

197

d- Por que eles estão juntos de novo?

Acredito que eles _____ as pazes. (fazer)

e- Por que o parque está fechado hoje?

Pode ser que algum problema _____. (ocorrer)

f- Por que a viagem foi cancelada?

Talvez o avião _____ problemas. (ter)

g- Por que ele está chateado?

É provável que o chefe dele _____ algo que ele não gostou. (dizer)

h- Não consigo achar meu passaporte. Você sabe onde está?

Não sei. Talvez você o _____ em outra gaveta. (pôr)

3- Complete as frases usando o infinitivo pessoal:

a- Ele pediu para nós _____ em casa hoje. (ficar)

b- É necessário (nós) _____ paciência. (ter)

c- Para eu _____ pro trabalho amanhã, pegarei um táxi. (ir)

d- Eles nos criticaram por _____ atrasados. (estar)

e- Basta vocês _____ fé que tudo dará certo. (ter)

f- Para (nós) _____ (descobrir) o problema, temos que conversar com os funcionários.

g- Por _____ sem dinheiro, eles ficaram em casa no fim de semana. (estar)

h- Para _____ a pizza, precisamos do queijo. (fazer)

4- Siga o exemplo, usando o plural: (Infinitivo Pessoal)

Ele pediu pra eu comprar o bolo. **Eles pediram para nós comprarmos o bolo.**

a- Ele disse pra você **ligar** pro Zé. _____.

b- É bom você **falar** com ele. _____.

c- O ônibus **parou** para o passageiro **descer**. _____
_____.

d- Ela gritou ao **ver** a barata. _____.

e- Vi toda a discussão sem **poder** argumentar. _____
_____.

f- Ela sempre pede pra eu **cantar** pra ela. _____
_____.

g- Antes de sair de casa, **feche** as janelas. _____.

5- Reescreva as frases usando o subjuntivo. Siga o exemplo:

a- Ele deu o livro para eu ler. Ele deu o livro **para que eu lesse.**

b- Eles insistiram para eu vir. Eles insistiram **que eu** _____.

c- A professora explicou tudo de novo para nós entendermos. A professora explicou tudo de novo **para que nós** _____.

d- É importante saber das notícias. É importante **que você** _____ das notícias.

e- Espero passar na prova amanhã. Espero **que eu** _____ na prova amanhã.

f- É preciso mudarmos de apartamento. É necessário **que** _____ de apartamento.

g- O ônibus parou para o passageiro descer. O ônibus parou **para que o passageiro** _____.

6- Reescreva a frase seguindo o exemplo: (Pretérito Perfeito Composto do Subjuntivo)

a- Ele **foi** mesmo pra Itália? Duvido que **tenha ido.**
b- Eles **terminaram** o namoro? Duvido que _____.
c- Você **pediu** demissão? Duvido que _____.
d- Vocês **fizeram** um novo acordo? Duvido que _____.
e- Ela **esqueceu** as chaves em casa? Duvido que _____.
f- Ele **morreu** de tristeza? Duvido que _____.
g- Eles **quiseram** viajar de ônibus? Duvido que _____.
h- Ele **disse** que te amava? Duvido que _____.
i- Você **pôs** todo o dinheiro no banco? Duvido que _____.
j- Ela **descobriu** tudo sobre o acidente? Duvido que _____.

7- Siga o exemplo: (Pretérito Perfeito Composto do Subjuntivo)

- Você <u>disse</u> coisas horríveis pra ele.
- **<u>Lamento</u> que você <u>tenha dito</u> coisas horríveis pra ele.**

a- Você teve coragem de <u>enfrentar</u> (=to face) o chefe, mas ninguém acredita.
   Todo mundo duvida que você _____.
b- Você <u>trabalhou</u> mesmo no domingo?
   Eu não acredito que você _____.
 c- Eles <u>jogaram</u> na MegaSena?
   Espero que _____ os números certos.
d- Ele <u>fez</u> o trabalho em 3 horas, mas eu não acredito.
   Eu duvido que ele _____.
e- Ele correu muito pra <u>chegar</u> a tempo na faculdade hoje.
   Tomara que ele _____.
f- Ele não sabia nada na prova de matemática. Acho que não <u>passou</u>.
   É quase impossível que ele _____na prova de matemática.

8- Complete as frases usando o futuro do pretérito. Depois, marque as que você acha mais importantes: (Conditional)

Para ter uma vida mais saudável e mais produtiva, eu... (IA)

a- ( ) _____ mais cedo. (dormir)
b- ( ) _____ um curso de jardinagem. (fazer)
c- ( ) _____ pra academia 4 vezes por semana. (ir)
d- ( )_____ menos horas. (trabalhar)
e- ( ) _____ "não aos doces". (dizer)
f- ( )_____ uma nova língua. (estudar)
g- ( )_____ a tocar violão. (aprender)
h- ( )_____ menos. (beber)
i- ( ) _____ mais a pé. (andar)
j- ( )_____ nas horas certas. (comer)
k- ( )_____ mais frutas, legumes e verduras do mercado pra casa. (trazer)

9- Caça-palavra:

A atividade física e suas vantagens

Articulação: melhora a **flexibilldade.**
Cérebro: melhora o **desempenho**, porque oxigena o **sangue** que
passa por ele.
Circulação: melhora a **pressão sanguínea,** porque dilata os **vasos**.
Coração: melhora o **bombeamento** do sangue.
Hormônio: aumenta a **concentração** dos hormônios sexuais e diminui
o **cortisol**, que é o responsável pelo **estresse**.
Músculo: queima **gorduras** e retarda a degradação da **musculatura.**
Osso: aumenta a **densidade óssea**, porque amplia a fixação de **cálcio.**

F	R	S	R	W	I	A	S	P	R	U	F	S	A	N	G	U	E	R	H	C	B	N	O	E	R	T
L	R	X	C	O	R	A	Ç	Ã	O	L	D	T	D	A	F	A	I	O	I	C	L	Á	C	D	C	Á
E	F	A	I	S	Y	D	E	A	D	E	S	E	M	P	E	N	H	O	S	D	H	G	É	F	O	C
X	C	O	R	T	I	S	O	L	T	J	F	S	S	C	H	O	I	U	Ã	S	J	D	R	H	N	E
I	B	L	C	Q	F	R	A	Z	H	A	R	T	I	C	U	L	A	Ç	Ã	O	G	U	E	B	C	N
B	N	O	U	Z	G	T	S	A	R	U	D	R	O	G	K	U	K	V	Z	S	F	E	B	A	E	U
I	M	P	L	C	N	U	D	C	J	G	E	E	A	B	L	L	S	F	M	S	D	S	R	N	N	O
L	U	B	A	V	M	J	H	V	N	M	Ú	S	C	U	L	O	E	D	N	O	E	B	O	H	T	G
I	H	F	Ç	J	D	E	N	F	D	E	N	S	I	D	A	D	E	Ó	S	S	E	A	T	O	R	D
D	R	X	Ã	G	P	E	N	B	K	A	X	E	R	J	L	G	A	A	B	F	S	S	O	S	A	V
A	T	H	O	R	M	Ô	N	I	O	E	H	K	O	T	N	E	M	A	E	B	M	O	B	E	Ç	F
D	D	N	S	O	M	U	S	C	U	L	A	T	U	R	A	E	D	T	G	G	A	B	U	C	Ã	S
E	E	J	P	P	R	E	S	S	Ã	O	S	A	N	G	U	Í	N	E	A	B	Z	U	N	S	O	A

PRETÉRITO MAIS-QUE-PERFEITO COMPOSTO DO SUBJUNTIVO (Past Perfect Subjunctive)

The Past Perfect Subjunctive has the same form of the Past Perfect Tense but the translation is not the same in Portuguese.
(HAD + PAST PARTICIPLE)

Ela queria que ...

SE + SUJEITO	VIAJAR	TER	SAIR
eu	tivesse viajado	tivesse tido	tivesse saído
você / ele/ ela	tivesse viajado	tivesse tido	tivesse saído
nós	tivéssemos viajado	tivéssemos tido	tivéssemos saído
vocês/ eles/ elas	tivessem viajado	tivessem tido	tivessem saído

- Ela **queria** que eu **tivesse viajado** pra Itália com ela, mas eu não pude. - She wishes I had traveled to Italy with her but I couldn't.
- Eu **queria** que ele **tivesse tido** tempo de conhecer a empresa. - I wish he had had time to see the company.
- Cadê a Vivian? Eu **pensei** que ela **tivesse saído** de casa cedo. - Where's Vivian? I thought she had left home early.
- Eu **pensei** que você **tivesse se mudado** para São Paulo. - I thought you had moved to São Paulo.
- Eu **achei** que eles **tivessem comprado** um apartamento maior. - I thought they had bought a bigger apartment.

Would rather + past perfect subjunctive:
- Expressa preferência ou desejos sobre o passado. Os sujeitos da frase são diferentes.

- Eu preferia que isso tudo **nunca tivesse acontecido**. - I'd rather this whole thing had never happened. (I wish it had never happened.)
- Eu preferiria que nada disso **tivesse acontecido**. - I'd prefer it if this whole thing had never happened. Eu preferiria que isso **não tivesse acontecido.**

As if / as though + past perfect subjunctive

- Ele **olhou** pra mim como se eu **tivesse feito** alguma coisa errada. - He looked at me me as if I had done something wrong.

Although + past perfect subjunctive

- Embora ele **tivesse aceitado** o emprego, não ficou muito feliz. - Although he had accepted the job, he wasn't very happy.
- Embora ele **tivesse sido** grosso comigo, eu o tratei bem. - Although he had been rude to me, I treated him well.

PRETÉRITO MAIS-QUE-PERFEITO COMPOSTO DO SUBJUNTIVO - PAST PERFECT SUBJUNCTIVE

SE + SUJEITO	TER + COMPRAR	TER + COMER	TER + IR
Se eu	tivesse comprado	tivesse comido	tivesse ido
Se você/ ele/ ela	tivesse comprado	tivesse comido	tivesse ido
Se nós	tivéssemos comprado	tivéssemos comido	tivéssemos ido
Se vocês/ eles/ elas	tivessem comprado	tivessem comido	tivessem ido

Exemplos:

- Se eu **tivesse comprado** o vestido, teria me arrependido. - If I had bought the dress, I'd have regretted it.
- Se você **tivesse comido** o salmão, teria passado mal. - If you had eaten the salmon, you would have felt sick.
- Se eles **tivessem ido** ao show, teriam se divertido muito. Que pena! - If they had gone to the show, they would have had a lot of fun. That's too bad!

* **OBS:** Com o verbo **ESTAR,** usa-se **ESTIVESSE.**

- Se **estivesse (tivesse estado)** chovendo, eles teriam cancelado o show. - Had it been raining, they would have canceled the show.

FUTURO DO PRETÉRITO COMPOSTO DO INDICATIVO - CONDITIONAL PERFECT

SUJEITO	TER + COMPRAR	TER + COMER	TER + IR
Eu	teria comprado	teria comido	teria ido
Você/ Ele/ Ela	teria comprado	teria comido	teria ido
Nós	teríamos comprado	teríamos comido	teríamos ido
Vocês/ Eles/ Elas	teriam comprado	teriam comido	teriam ido

Exemplos:

- Eu **teria vindo** à reunião se você tivesse me dito. - I would have come to the meeting if you had told me about it.
- Se você tivesse me ouvido, isso não **teria acontecido**. - If you had listened to me, it wouldn't have happened.
- Se nós não tivéssemos ficado presos no trânsito, não **teríamos perdido** o voo. - If we hadn't been stuck in traffic, we wouldn't have missed our flight.

SE+ PRETÉRITO MAIS-QUE-PERFEITO COMPOSTO DO SUBJUNTIVO + FUTURO DO PRETÉRITO COMPOSTO DO INDICATIVO

IF + PAST PERFECT SUBJUNCTIVE+ CONDITIONAL PERFECT **(THIRD CONDITIONAL)**

Indica um fato anterior a outro fato passado. É conjugado, geralmente, com a partícula **se**:

- Se ele **tivesse terminado** o trabalho, ele **já teria ido** embora. - If he had finished his work, he would have already left.
- Se você **tivesse vindo**, eu **teria ficado** feliz. - If you had come over, I'd have been happy.
- Se você **tivesse experimentado** a feijoada, **teria gostado**. - If you had tried the feijoada, you would have liked it .
- Se ele **tivesse me oferecido** mais dinheiro, eu **teria aceitado** o emprego. - If he had offered me more money, I'd have accepted the job.

Compare:

I expected/wish/wanted... - **Eu esperava/queria que**

I expected him to win the game. - Eu esperava que ele **vencesse** o jogo. (Imperfect Subjunctive)

I hoped he hadn't lost the game. - Eu esperava que ele **não tivesse perdido** o jogo. (Past Perfect Subjunctive)

I wanted him to win the game. - Eu queria que ele **vencesse** o jogo. (Imperfect Subjunctive)

I wish he had won the game. - Eu queria que ele **tivesse vencido** o jogo. (Past Perfect Subjunctive)

Let's practice! - Vamos praticar!

I would be very happy if... - **Eu ficaria muito feliz se...**

you **had won** the lottery.
she **had married** him.
they **had traveled** to Rio.
they **had passed** the exam.
the students **had done** all the homework.
you **had visited** me last weekend.
we **had had** time to talk.
we **had gone out** together last Saturday.
Miami Heat **had won** the game.
he **had come** to my party.
we **had stayed** together.
I **had gone** to Europe with them.

- Traduza:

a- I wish she had seen my new puppy.

b- I'd prefer it if he hadn't come to the party.

c- He thought I had quit my job.

d- He acted as if he had seen a ghost.

e- Although we had liked the apartment very much, we didn't buy it.

f- If you had sent him the letter, you'd have regretted it.

g- If they had read the instructions, they would have made the cake correctly.

h- If we had done the homework, we would have learned the new vocabulary.

i- He wouldn't have done that if she had told him the truth.

j- We would have accepted the offer if he had talked to us before the end of the week.

- Faça frases com as situações abaixo usando o pretérito mais-que-perfeito composto do subjuntivo:

 Não comprei o tênis que eu queria porque estava caro.

_____

 Levamos horas para chegar em casa porque resolvemos dirigir.

_____

 O time perdeu a partida porque não treinou o bastante.

_____

Recusei a oferta de emprego porque o salário não valia a pena.

 _____

Ele ficou de ressaca o dia todo porque bebeu demais na festa.

 _____

Tudo bem? Vamos aprender Português!

Aluno(a): _____

UNIT 6 - UNIDADE 6   Lesson 3 - Lição 3

EXERCÍCIOS

1- Reescreva as frases usando o pretérito mais-que-perfeito composto do subjuntivo: (Past Perfect Subjunctive)

Eles planejaram a festa com cuidado, mas a festa não foi boa.
Embora eles tivessem planejado a festa com cuidado, ela não foi boa.

a- Eu fiz tudo por ela, mas ela não me deu importância.

_____

b- Eu preparei um jantar ótimo pra ele, mas ele não apareceu.

_____

c- Eu escolhi o melhor restaurante da cidade, mas eles não gostaram da comida.

_____

d- A vendedora me mostrou vários vestidos, mas não gostei de nenhum.

_____

e- Ele a convidou para uma viagem a Paris, mas ela recusou.

_____

2- Reescreva as frases seguindo o exemplo:

Ela não passou na prova porque não estudou.
Se ela tivesse estudado, teria passado na prova.

a- Eles não viajaram porque estavam sem dinheiro.

_____.

b- Nós cancelamos a festa porque estava chovendo muito.

_____.

c- O carro parou porque ele não colocou gasolina.

_____.

d- Elas perderam o ônibus porque estavam atrasadas.

_____.

e- Eu perdi a hora porque dormi muito.

_____.

f- Eles não comeram tudo porque não estavam com muita fome.

_____.

g- Carla não falou com a mãe dela porque o telefone estava com problema.

_____.

h- Eles descobriram o roubo porque colocaram câmeras na casa.

_____.

i- Eu não participei do campeonato porque não sei nadar bem.

_____.

j- Não compramos a fazenda porque o João não quis vendê-la.

_____.

k- Ela não fala alemão, por isso contratou uma intérprete.

_____.

l- Ele me convidou pra jantar, mas recusei porque estou sem fome.

_____.

3- Complete as frases seguindo o exemplo: (Third Conditional)

Se eu <u>tivesse tido</u> tempo, <u>teria visitado</u> mais lugares na cidade.

a- Eu não _____ a aula se você _____ me _____ mais cedo. (perder) (acordar)

b- O que você _____ se _____ isso? (fazer) (descobrir)

c- Se você não _____ tanto, não _____ tantas dívidas. (gastar) (acumular)

d- Eles _____ a oferta se nós _____ o preço? (aceitar) (reduzir)

e- Se você não _____ me _____ pra sair, eu _____ em casa o dia todo. (convidar) (ficar)

f- Se eles não _____ a partida, o clube _____ o treinador embora. (ganhar) (mandar)

g- Se ele não _____ tanto, não _____ mal. (comer) (passar)

h- Se eu _____ na faculdade, já _____ minha especialização. (continuar) (terminar)

i- Se ele _____ mais, _____ na prova. (estudar) (passar)

j- Se nós não _____ à festa, não _____ a Vanessa. (ir) (conhecer)

k- Eles não _____ se não _____ na viagem. (casar-se) (apaixonar-se)

4- Complete as histórias usando a Voz Passiva: (Passive Voice)

A sorte de Gastão

Um gatinho chamado Gastão, que estava perdido há três semanas, _____ (encontrar) hoje de manhã. Ele _____ (descobrir) por uns <u>pedreiros</u> (construction workers) debaixo do chão da casa. Os homens escutaram um barulho enquanto estavam tentando consertar o encanamento. O gato _____ (levar) imediatamente para o veterinário. O veterinário disse que o gato sobreviveu porque conseguiu beber a água de um cano furado. O dono de Gastão, que _____ (entrevistar) pelo jornal local, disse que pela primeira vez na vida, Gastão fugiu de casa.

Pare em nome da lei!

Um homem de 86 anos _____ (parar) pela polícia enquanto estava dirigindo na contra-mão numa rodovia. Quando _____ (perguntar) sobre o que estava fazendo, o Sr. João Almeida disse: "Estou feliz em vê-los. Eu _____ (xingar) por todos os motoristas, mas estão todos indo na direção errada."

Os policiais o levaram para casa e, desde então, sua carteira de motorista _____ (suspender).

5- Complete as perguntas sobre as histórias usando a Voz Passiva:

a- Quem _____ debaixo do chão da casa?
   Um gato chamado Gastão.
b- Para onde o Gastão _____?
   Para o veterinário.
c- Por quem o dono do gatinho _____?
   Pelo jornal local.
d- Quando Gastão _____?
   Três semanas após o seu desaparecimento.
e- Por que o Sr João Almeida _____ pela polícia?
   Porque estava dirigindo na contra-mão.
f- O que ele disse quando _____ sobre o que estava fazendo?
   Ele disse que estava feliz em ver os policiais.
g- Por que ele _____ pelos motoristas?
   Porque estava dirigindo na direção contrária.
h- O que houve depois que os policias o levaram pra casa?
   Sua carteira _____.

6- As frases abaixo contém informação errada. Reescreva cada uma usando a informação correta nos parênteses: (Passive Voice)

a- A caipirinha é _____ com rum. (fazer / cachaça)
   Não. A caipirinha _____.
b- John Lennon foi _____ em Londres. (matar / Nova Iorque)
   Não. John Lennon _____.
c- 'Garota de Ipanema' foi _____ e _____ por João Gilberto. (escrever/compor / Tom Jobim)
   Não. 'Garota de Ipanema' _____.
d- A Torre Eiffel _____ em Londres. (construir / Paris)
   Não. Ela _____.
e- O primeiro modelo da Ferrari _____ em 1957. (fabricar/1947)
   Não. O primeiro modelo _____.
f- O quadro 'Girassóis' _____ por Renoir. (pintar / Van Gogh)
   Não. Ele _____.
g- O muro de Berlim _____ em 1982. (derrubar / 1989)
   Não. Ele _____.

h- O iPad _____ pela Microsoft. (desenvolver / Apple)
 Não. Ele _____.

7- Responda:

1- Se você pudesse inventar alguma coisa útil, o que inventaria?
2- Pense em alguns itens interessantes que você colocaria numa caixa para somente abrí-la 30 anos depois. O que escolheria e por quê?
3- O que você faria se soubesse que viveria até os 100 anos?
4- O que você faria se ficasse invisível?
5- Se você pudesse escolher um super poder, o que escolheria?
6- Dentre essas coisas, o que escolheria?
   a- vida eterna
   b- voltar no tempo 15 anos
   c- comer o que quiser sem engordar
   d- viajar o mundo com tudo pago
7- O que você faria se o seu celular caísse dentro do vaso?
8- O que você faria se tivesse somente 24h de vida?
9- O que você diria se o mundo inteiro estivesse te escutando?
10- Se você batesse em um carro parado no estacionamento e danificasse ele, você deixaria o seu nome e número no carro da pessoa?
11- Se você pudesse pedir o gênio da lâmpada somente um pedido, qual seria?
12- Se você fosse um pássaro, qual seria?
13- Se você fosse um super-herói, qual seria?
14- Se você pudesse ser outra pessoa por um dia, quem escolheria ser?
15- Se você pudesse mudar algo em você fisicamente, o que mudaria?
16- Se você pudesse mudar uma coisa no mundo, o que mudaria?
17- Se você pudesse viver em qualquer lugar do mundo, onde viveria?
18- Se você pudesse falar outra língua estrangeira fluentemente além do Português, qual escolheria?
19- Se você pudesse voltar no tempo, para que ano voltaria?
20- Se você morasse sozinho, estivesse em casa à noite e ouvisse passos na cozinha ou nas escadas, o que faria?
21- Se te oferecessem um ótimo emprego para você morar em um país muito longe da sua casa, você iria?
22- Se você escolhesse uma outra profissão, qual seria?
23- Se você pudesse escolher outra época para viver, iria pro futuro ou voltaria ao passado?
24- Se você tivesse a chance de ir à lua ou outro planeta, vc aceitaria?
25- Se você fosse convidado/a para tomar um chá com a primeira-dama do seu país, sobre o que conversariam?
26- Se sua casa pegasse fogo e você pudesse levar somente 3 coisas, o que levaria?
27- Você se sacrificaria para salvar a vida de alguém?
28- Se você ficasse famoso/a por algo muito importante para a humanidade, que ficasse na história pra sempre, o que seria essa coisa?

FUTURO COMPOSTO DO SUBJUNTIVO - FUTURE PERFECT SUBJUNCTIVE

- Indica uma ação futura que estará terminada antes de outra ação futura. É conjugado, geralmente, com a partícula **quando = depois que.** (NO DEFINITE FORM IN ENGLISH)
- É formado pelo futuro simples do subjuntivo do verbo **ter** mais o **particípio** do verbo principal.

* No inglês, só a forma do Futuro do Subjuntivo é usada. No português, há duas formas.
  Veja o exemplo:

‑ Voltarei a confiar em você depois que/quando você **aprender** a não mentir mais. - I'll trust you again when you learn not to lie anymore.

‑ Voltarei a confiar em você depois que/quando você **tiver aprendido** a não mentir mais. - I'll trust you again when you have learned not to lie anymore. (Futuro Composto do Subjuntivo)

VIAJAR
Futuro do Subjuntivo
quando eu **viajar**
quando você/ele/ela **viajar**
quando nós **viajarmos**
quando vocês/eles/elas **viajarem**

Futuro Composto do Subjuntivo
quando eu **tiver viajado**
quando você/ele/ela **tiver viajado**
quando nós **tivermos viajado**
quando vocês/eles/elas **tiverem viajado**

- Só contarei a verdade a ele quando eu **viajar** para Paris.
- Só contarei a ele a verdade quando eu **tiver viajado** para Paris.

RECEBER
Futuro do Subjuntivo
quando eu **receber**
quando você/ele/ela **receber**
quando nós **recebermos**
quando vocês/eles/elas **receberem**

Futuro Composto do Subjuntivo
quando eu **tiver recebido**
quando você/ele/ela **tiver recebido**
quando nós **tivermos recebido**
quando vocês/eles/elas **tiverem recebido**

‑ Pagarei as contas quando eu **receber** o meu salário.
‑ Pagarei as contas quando eu **tiver recebido** o meu salário.

DORMIR
Futuro do Subjuntivo
quando eu **dormir**
quando você/ele/ela **dormir**
quando nós **dormirmos**
quando vocês/eles/elas **dormirem**

Futuro Composto do Subjuntivo
quando eu **tiver dormido**
quando você/ele/ela **tiver dormido**
quando nós **tivermos dormido**
quando vocês/eles/elas **tiverem dormido**

‑ Ela só vai sair de casa quando o bebê **dormir.**
- Ela só vai sair de casa quando o bebê **tiver dormido.**

Let's practice! - Vamos praticar!

Eu vou conseguir ficar em paz quando …

eu (pagar) as contas
nós (resolver) o problema
eu (comprar) minha casa própria
ela (vender) o terreno
eu (fazer) as pazes com ele

Nós vamos viajar pra Turquia de férias assim que…

nós (economizar) uma grana
eu (terminar) o projeto
as crianças (entrar) de férias
meu chefe (aceitar) meu pedido
meu marido (tirar) uns dias de folga.

REVENDO OS TEMPOS VERBAIS NO SUBJUNTIVO:

***Presente do Subjuntivo:** (Present Subj.)
- Ela <u>quer</u> **que eu trabalhe** aos sábados também. = She wants me to work on Saturdays as well.
- <u>Espero</u> **que você passe** na prova. = I hope you pass the test.

***Pretérito Imperfeito do Subjuntivo:** (Imperfect Subj.)
- Ela <u>quis/queria</u> **que eu trabalhasse** aos sábados também. = She wanted me to work on Saturdays as well.

***Pretérito perfeito composto do subjuntivo:** (Present Perfect Subj.)
- Espero <u>que</u> você **tenha passado** na prova. = I hope you passed the test.

***Futuro do Subjuntivo:** (Future Subj.)
- Vamos te ligar <u>quando</u> **chegarmos** em casa. = We'll call you when we get home.

***Futuro composto do subjuntivo:** (Future Perfect Subj.) (NO DEFINITE FORM IN ENGLISH)
- Vamos te ligar <u>quando</u> **tivermos chegado** em casa. = We'll call you when we've gotten home.

***Futuro do Subjuntivo:**
<u>Se</u> eu **estudar, passarei** na prova. = If I study, I'll pass the test. (First Conditional)
***Pretérito Imperfeito do Subjuntivo:**
<u>Se</u> eu **estudasse** mais, **entenderia** os exercícios. - If I studied more, I would understand the homework. (Second Conditional)
***Pretérito mais-que-perfeito composto do subjuntivo:**
<u>Se</u> eu **tivesse estudado** mais, **teria passado** na prova. (Third Conditional)

210

Aluno(a): _____

UNIT 6 - UNIDADE 6   Lesson 4 - Lição 4

EXERCÍCIOS

1- Siga o exemplo: (Future Perfect Subjunctive and Future Subjunctive)

Quando eles vão poder descansar? Só depois que eles **tiverem terminado/terminarem** o trabalho.

a- Quando eles vão se casar?
(terminar a faculdade) - Só depois que eles _____/_____.
b- Quando ela vai se mudar?
(comprar todos os móveis) - Só depois que ela _____/_____.
c- Quando vocês vão comprar a casa?
(ter um aumento de salário) - Só depois que nós _____/_____.
d- Quando você vai começar a investir?
(conseguir uma promoção) - Só depois que eu _____/_____.
e- Quando eles vão se aposentar?
(fazer um bom pé-de-meia) - Só depois que eles _____/_____ .

2- Complete as frases usando o futuro composto do subjuntivo: (Future Perfect Subjunctive)

a- Quando eu _____a carta, eu a enviarei. (escrever)
b- Quando os alunos _____ o livro, eles farão um resumo. (ler)
c- Quando vocês _____ em casa, liguem pra mim. (chegar)
d- Quando nós _____ as compras, iremos direto pra casa. (fazer)
e- Assim que ele _____ o problema, as coisas ficarão melhores. (resolver)
 f- Depois que eles _____ o bônus no trabalho, irão passar uma semana em Tulum. (receber)
g- Logo que a reunião _____, vamos tomar um drink juntos. (acabar)
h- Logo que _____ as passagens, faremos as malas. (comprar)
i- Assim que _____ os cálculos, te falaremos o preço do serviço. (fazer)
j- Depois que _____ a mesa, chamaremos vocês para jantar. (pôr)
k- Assim que o médico _____ o último paciente, fechará o consultório. (atender)
l- Depois que eu _____ tudo em casa, ligarei pra você. (terminar)

3- Complete com o futuro composto do subjuntivo e o futuro do subjuntivo:

Nossa casa está quase pronta. Quando poderemos nos mudar?

a- Logo que o marceneiro (=wood worker) _____/_____os armários da cozinha. (fazer)
b- Quando a loja _____/_____ o fogão. (entregar)
c- Assim que os pintores _____/_____ de pintar a sala. (terminar)
d- Logo que o jardineiro_____/_____ a grama. (plantar)
e- Quando a companhia de luz _____/_____ a luz. (ligar)
f- Quando a faxineira _____/_____ a casa em ordem. (pôr)

211

Quando vocês vão se casar?

a- Assim que a casa _____/_____ pronta. (ficar)
b- Logo que nós _____/_____ todos os convites. (entregar)
c- Quando nós _____/_____ a igreja e os padrinhos. (escolher)
d- Quando _____/_____ e _____/_____ todas as coisas. (resolver / pagar)
e- Assim que _____/_____ todo o enxoval. (terminar)
f- Depois que _____/_____ todos os móveis. (comprar)

4- Complete as frases abaixo com o pretérito mais-que-perfeito composto do subjuntivo: (Past Perfect Subjunctive + Conditional Perfect)

a- Se eu _____ mais tempo, eu o _____. (ter / convencer)
b- Se a gente _____ com ele, a gente _____ o problema. (falar / resolver)
c- Se nós não _____ a autorização, não _____ na conferência. (conseguir / entrar)
d- Se você não _____ me _____, eu não _____ tempo de terminar o relatório. (ajudar / ter)
e- Se nós _____ de avião, já _____ lá. (viajar / chegar)
f- Se _____ sol, a gente _____ ao clube. (fazer / ir)
g- Se _____, o piquenique _____ um desastre. (chover, ser)
h- Se ele _____ um desconto, a vendedora _____. (pedir / dar)
i- Se ela _____ o xarope, já _____ com a tosse. (tomar / acabar)
j- Se eu _____ aquela bolsa caríssima, eu _____ me _____. (comprar / arrepender)

5- Corrija as frases abaixo:

a- Se eu sei a resposta, te falaria. _____
b- Viajaremos depois que nós tiver comprado as passagens. _____
c- Se ele tivesse estudado mais, teria fazido uma boa prova. _____
d- Os ladrões foi presos ontem. _____
e- Eu quero que você vê a casa nova. _____
f- Se eu sou você, não compraria aquela bolsa. _____
g- Minha mãe quer que eu faço faculdade de Medicina. _____
h- Quando eu termino a faculdade, vou viajar pra África. _____
i- Eu quis que ele veja meu cachorrinho novo. _____
j- O que você fez se ganhasse na loteria? _____
k- Não tinha nenhum em casa ontem. Todos viajaram. _____
l- Eu tenho lendo muitos livros de romance ultimamente. _____
m- Você traz o material pra aula ontem? _____
n- Se haver algum problema, me liga. _____

Expressões populares com as partes do corpo
Parte 6

PÉ:

***pé** frio - unlucky person
- Ele é **pé frio**. Toda vez que vai ao jogo no estádio, o time dele perde.

***pé** quente - lucky person
- Ele é **pé quente**. Sempre tem sorte nos sorteios.

*enfiar o **pé** na jaca - eat everything you want
- Hoje eu vou **enfiar o pé na jaca!** Vou comer tudo que quero.

***pé** no saco - pain in the butt
- Esse cara é um **pé no saco**! Deus me livre!

*não chegar aos **pés** - to be not as good as (nothing compared to)
- Esse apartamento **não chega aos pés** da sua casa.

*ao **pé** da letra - literally, word for word
- Você deve seguir as instruções **ao pé da letra**.

*dar um tiro no **pé** - make a stupid choice; shoot yourself on the foot
- Ele **deu um tiro no pé** comprando aquela casa velha por tanto dinheiro.

*com o **pé** na cova - about to die; with the foot in the grave; lying on the death bed
- Meu tio está **com o pé na cova**. Tadinho! Está muito doente.

*bater o **pé** - to insist or not change your mind
- Ele **bateu o pé** que não ia viajar com os pais.

CARA:

*tomar vergonha na **cara** - change the way you behave, "Grow up"!
- **Toma vergonha na cara!** Vai procurar um emprego!

*tapa na **cara** - wake-up call to reality, slap in the face
- Ela está precisando de um **tapa na cara** pra acordar pra vida.

*dar a **cara** a tapa - try to prove a point of view ("I bet!")
- Eu **dou minha cara a tapa** que você não vai durar nesse emprego.

*quebrar a **cara** - get screwed over
- Ele **quebrou a cara** acreditando naquele vendedor safado.

*(ser) **cara** de pau - to have the nerve; one without a good sense of etiquette or consideration
- Deixa de ser **cara de pau**! Como você tem a coragem de pedir um presente tão caro ao seu amigo?

*na **cara** dura - brazenly, boldly
- Ele perguntou quando ela ganhava **na cara dura**.

*cara de paisagem - poker face, a face on a person that shows no emotion
Detesto gente que faz **cara de paisagem.**

*cara amarrada - in a bad mood, angry
Ele vive de **cara amarrada**. Será que tem muitos problemas?

BRAÇO:
*dar o braço a torcer - to give in, to concede, to acknowledge as true, to accept the idea

- Ela não **dá o braço a torcer** facilmente. (give in)
- Você sabe que está errado. Por que não **dá o braço a torcer?** (admit)
- Ela precisa iniciar o tratamento imediatamente, mas não quer **dar o braço a torcer.** (accept the idea)

*ser o braço direito - one you can count on for anything you need; right hand
- Lucas **é o meu braço direito** na empresa.

*de braços cruzados - to sit by, do nothing
- Não fique **de braços cruzados.** Faça alguma coisa!

*de braços abertos - with open arms
Recebi minha amiga **de braços abertos** na minha casa.

Let's Practice! - Vamos praticar!

a- Você é pé quente?
b- Você foi recebido de braços abertos por seus colegas no trabalho/ na escola?
c- Você tem algum amigo cara de pau?
d- Você já quebrou a cara em algum negócio que fez?
e- Você enfia o pé na jaca no Natal?
f- Quando você faz uma receita, você segue as instruções ao pé da letra?
g- Você geralmente dá o braço a torcer ?
h- Você é o tipo de pessoa que bate o pé quando quer alguma coisa?
i- Você conhece alguém que precisa tomar vergonha na cara?
j- O que é pior pra você: alguém com cara de paisagem ou cara amarrada?

UNIT 7 - UNIDADE 7

PUNCTUATION / INTONATION
Pontuação e Entonação

COMPARING / EXPRESSING CAUSE, QUANTITY
Comparando / Exprimindo causa, quantidade

DIRECT AND REPORTED SPEECH
Discurso Direto e Indireto

RELATIVE PRONOUNS
Pronomes Relativos

TEXT: BEHAVIORS AMONG DIFFERENT GENERATIONS
Texto: Comportamentos Geracionais

EXPRESSIONS WITH PARTS OF THE BODY 7
Expressões com as partes do corpo 7

CONHECENDO MAIS O PORTUGUÊS - GETTING TO KNOW THE PORTUGUESE LANGUAGE

Pontuação e escrita

. = ponto final

: = dois pontos

; = ponto e vírgula

, = vírgula

? = ponto de interrogação

! = ponto de exclamação

( ) = parênteses

——- = travessão

" = aspas

- = hífen

_ = traço baixo ou subtraço

... = reticências

A = letra maiúscula

a = letra minúscula

Entonação e pontuação

Leia as frases em voz alta, observando a entonação de acordo com a pontuação usada:

- O menino brincava, não estudava.
- O menino brincava? Não. Estudava.
- O menino? Brincava! Não estudava.

Fazendo comparação
- **como / igual / feito / igualzinho / que nem**
- com o verbo **'parecer'**

- Ele nada **como/que nem** um peixe.
- Ele **parece** um peixe nadando.

- Ela dança **igual/feito** uma bailarina profissional.
- Ela **parece** uma bailarina profissional dançando.

- Meu filho é **igual a/ igualzinho a** <u>mim</u>; não gosta de cebola.
- Meu filho é **como / feito /que nem** <u>eu</u>; não gosta de cebola.

Exprimindo causa e consequência
tanto...que
tão...que

- Ele <u>falou</u> **tanto** no telefone **que** a orelha dele ficou vermelha.
- Nós <u>andamos</u> **tanto** na rua **que** ficamos cansados.

- Ela era **tão** <u>inteligente</u> **que** passava em todas as provas.
- O shopping é **tão** <u>grande</u> **que** não dá para ver todas as lojas em um dia.

Exprimindo finalidade
a fim de = **para** (in order to)

- Compramos uma fazenda **a fim de/para** plantarmos verduras orgânicas e vendermos na feira.

Exprimindo quantidade e intensidade

bem = muito(a) (quite, very)
tão (so)
muitos(as)/ um monte de/ bastante/ vários(as)
pouco(a), poucos(as)

- Quero uma cerveja **bem** gelada.
- Comprei umas camisas **bem** caras no shopping ontem.
- Ele está **bem** gordo.
- Ele é **tão** lindo!
- Esse vestido está **tão** apertado que não consigo respirar.
- Tenho um **monte de/vários** sapatos que não uso no armário.
- Ela precisa de **pouco/muito** dinheiro para viver.

Exprimindo causa

'fazer'com que = 'levar' (alguém) a (make someone + verb)

O medo **fez com que** ele fugisse. - Fear made him run away.
O medo o **levou a** fugir. (= O medo o fez fugir.)

A saudade da família **fez com que** ela voltasse pra casa.
A saudade da família a **levou a** voltar pra casa. (=A saudade da família a fez voltar pra casa.)

Estudar português **faz com que** eu aprenda mais sobre o Brasil.
Estudar português me **leva a** aprender mais sobre o Brasil. (=Estudar português me faz aprender mais sobre o Brasil.)

Let's practice! - Vamos praticar!

ATENÇÃO

> **fazer com que = levar a**
> - Anxiety makes me eat a lot.
>   A ansiedade faz **com que** eu coma muito.
>   A ansiedade me faz comer muito. = A ansiedade me **leva a** comer muito.
>
> - Anxiety made me eat a lot.
>   A ansiedade fez **com que** eu comesse muito.
>   A ansiedade me fez comer muito. = A ansiedade me **levou a** comer muito.

a- Perfume **makes** me sneeze. (espirrar)
b- The food **made** me sick. (passar mal)
c- Too much heat **makes** me feel dizzy. (ficar tonto/a)
d- Lack of money **made** him work more. (falta de dinheiro)
e- Meditation **makes** people feel calmer. (sentir-se / mais calmas)
f- Traveling **made** him become more independent. (tornar-se mais independente)
g- Her new job **made** her get more experience. (ter mais experiência)
h- Quitting my job **made** me feel free. (libertar-se, sentir-se livre)
i- The pandemic **made** all of us value family and friends even more. (valorizar... ainda mais)
j- Gratitude **makes** us see beauty in everything. (ver beleza em tudo)

Aluno(a): _____

UNIT 7 - UNIDADE 7   Lesson 1 - Lição 1

<u>EXERCÍCIOS</u>

1- Traduza as frases praticadas anteriormente nas três formas usadas:

a- Perfume faz com que eu _____
   Perfume me faz_____
   Perfume me leva a _____
b- A comida fez com que _____
_____
_____

c- Muito calor _____
_____

d- A falta de dinheiro _____
_____

e- A meditação_____
_____

f- Viajar_____
_____
_____

g- O novo trabalho dela _____
_____

h- Sair do meu emprego_____
_____

i- A pandemia _____
_____

j- A gratidão _____
_____
_____

2- Escreva frases com as palavras abaixo:

a- igual _____
b- bem _____
c- tão _____
d- parece _____
e- poucos _____
f- tanto...que _____
g- tão...que _____
h- que nem _____
i- a fim de _____
j- bastante _____

3- Use a pontuação correta no texto abaixo:

Sábado de manhã Elisa foi até o supermercado comprar ingredientes para fazer um bolo
Na hora que estava fazendo o bolo lembrou que tinha esquecido de comprar o fermento Ela ficou muito chateada e disse para sua mãe
Mãe e agora O que vou fazer
Minha filha pense numa solução
Elisa pensou em desistir de fazer o bolo mas como já tinha começado decidiu usar outro ingrediente No lugar do fermento ela usou bicarbonato de sódio
Depois de 40 minutos o bolo ficou pronto Foi um sucesso
Todos comeram e Elisa que sempre foi muito esperta na cozinha ficou muito feliz com o resultado.

4- Pontue as frases corretamente:

a- Ai/ / que dor de cabeça/ /
b- Eu não gosto de acordar cedo/ / e você/ /
c- Ela disse/ /
   / / Por favor/ / abra a porta/ /
d- Que festa animada/ / Vamos dançar/ /
e- Assim que cheguei em casa/ / fui tomar um banho bem quente/ /
f- O filme / /Avatar/ / foi lançado em 2009/ /
g- Comprei as seguintes coisas no mercado/ /
   bananas/ /açúcar/ /leite e ovos/ /

5- O que te faz feliz? O que te leva a ser mais otimista em relação ao futuro? Como a situação do seu país faz você se sentir no momento?

_____
_____
_____
_____
_____
_____
_____
_____
_____

6- Complete com o pretérito-mais-que-perfeito composto do subjuntivo: (Past Perfect Subjunctive)
   TIVESSE/TIVÉSSEMOS/TIVESSEM + PARTICÍPIO

a- Achei que vocês _____ (estudar) mais para a prova.
b- Se ela não _____(casar-se) com o Elias, teria se casado com meu primo.
c- Se o Silas não _____ (aceitar) a proposta de trabalho, provavelmente já estaria aposentado.
d- Duvidei que ele _____ (pular) o muro. Parecia impossível de tão alto!
e- Se o Miguel _____ (dançar) comigo, a festa teria sido mais divertida.
f- Pensei que você _____ (esquecer) do meu aniversário.
g- Se as crianças _____ (acordar) cedo, certamente teriam ido à praia.

DISCURSO DIRETO E INDIRETO - DIRECT AND REPORTED SPEECH

*Discurso direto - refere-se a **fala** de outra pessoa, sem a participação do narrador. O **discurso direto** acontece quando a fala de uma pessoa é apresentada com o uso de dois-pontos (:), aspas (" ") e travessão (—).
Usa-se geralmente os verbos **disse, respondeu, falou, afirmou, perguntou, pediu, sugeriu** etc no discurso direto. Esses verbos podem vir antes ou depois da fala da pessoa.
O discurso direto permite que a pessoa fale na **primeira pessoa**.

*Discurso indireto - Quando existe um <u>narrador</u> no discurso. Faz-se o uso das conjunções adverbiais, **'que', 'e', 'onde', 'porque'** etc.
O discurso indireto é caracterizado pela narração na **terceira pessoa**. O tempo verbal utilizado é quase sempre o <u>passado.</u>

Pessoas e pronomes
A 1ª pessoa no discurso direto passa para a 3ª pessoa no discurso indireto. Deve-se mudar a pessoa do verbo e todos os pronomes da frase.

DISCURSO DIRETO	DISCURSO INDIRETO
Presente do indicativo - Simple Present (Present Indicative)	**Pretérito imperfeito do indicativo** - Simple Past (Imperfect Indicative)
Pretérito perfeito do indicativo - Simple Past (Preterit Indicative)	**Pretérito mais-que-perfeito composto do indicativo** - Past Perfect
Futuro do presente do indicativo - Simple Future (Future Indicative)	**Futuro do pretérito do indicativo** - Conditional
Imperativo - Imperative **Presente do Subjuntivo** - Present Subjunctive **Futuro do Subjuntivo** - Future Subjunctive	**Pretérito imperfeito do subjuntivo** - Imperfect Subjunctive
Pronomes Demonstrativos na primeira pessoa - Demonstrative Pronouns - first person	**Pronomes Demonstrativos na terceira pessoa** Demonstrative Pronouns - third person

<u>Exemplos:</u>

Ele disse: "Eu **não fumo**." (discurso direto)
Ele disse que (ele) **não fumava**. (discurso indireto)

Eles disseram: "Nós **perdemos** o ônibus."
Eles disseram que (eles) **tinham perdido** o ônibus.

REPRODUÇÃO POSTERIOR - os tempos verbais se modificam.

Direto	Indireto
Ana disse: —- Eu **tenho** que ir. (1ª pessoa)	Ana disse que ela **tinha** que ir. (3ª pessoa)
Breno falou pra ela: —-**Sou** seu amigo de infância. (Presente)	Breno disse a ela que **era** seu amigo de infância. (Pretérito imperfeito)
Ele falou: —-Eu **quebrei** um copo na cozinha hoje de manhã. (Pretérito perfeito)	Ele me disse que **tinha quebrado** um copo na cozinha hoje de manhã. (Pretérito mais que perfeito)
Meu pai me perguntou: —-O que você **vai decidir**? (Futuro do presente)	Meu pai me perguntou o que eu **iria decidir**. (Futuro do pretérito)
Ele disse: —-**Isto** não <u>está</u> nada bom. (Pronome demonstrativo na 1ª pessoa)	Ele disse que **aquilo** não <u>estava</u> nada bom. (Pronome demonstrativo na 3ª pessoa)
Eles falaram: —-Estamos **aqui** . (Advérbio de lugar: "aqui")	Eles disseram que estavam **lá**. (Advérbio de lugar: "lá")
O professor disse aos alunos: —-**Terminem** a lição! (Imperativo)	O professor <u>pediu</u> aos alunos que **terminassem** a lição. (Pretérito imperfeito do subjuntivo)

Noções temporais e espaciais

DISCURSO DIRETO	DISCURSO INDIRETO
ontem	no dia anterior
hoje	naquele dia
amanhã	no dia seguinte
agora	naquele momento
ano que vem	no ano seguinte
ano passado	no ano anterior
aqui	ali
aí	lá
este/esta	aquele/aquela
isto/isso	aquilo
ir lá	vir aqui
levar lá	trazer aqui

REPRODUÇÃO IMEDIATA - os tempos verbais não mudam.

João disse:
—- **Vou** sair agora.
O que ele disse?
Ele disse que **vai** sair agora.

—- Vocês **precisam** estudar.
O que ela disse?
Ela disse que **precisamos** estudar.

—- Ninguém **entendeu** nada.
O que ele disse?
Ele disse que ninguém **entendeu** nada.

—- Quem **chegou**?
O que ela está perguntando?
Ela está perguntando quem **chegou**.

Imperativo:

—- **Feche** a janela!
O que ela te disse?
Ela me disse **para fecha**r a janela.

—- **Não faça** nada!
O que ele está dizendo pra você?
Ele está dizendo **para eu não fazer** nada.

—-**Venha** aqui, por favor.
O que ele falou?
Ele pediu **para eu ir** lá.

223

Reprodução posterior:

a- O médico disse ao paciente: (disse)

—- Você **precisa** parar de fumar.

b- O paciente respondeu: (disse)

—- Eu **não consigo**. Já **tentei** várias vezes.

c- Maria Clara disse pro namorado: (sugeriu)

—- **Vamos jantar** num restaurante italiano no sábado?

d- Clarice falou pra amiga: (perguntou)

—- Você **quer** fazer o trabalho da faculdade comigo?

e- Ele disse: (falou)

—- Eu **não gosto** de frutos do mar.

f- A mãe disse: (disse)

—- O bebê **está chorando** muito. **Não sei** o que fazer!

g- O chefe disse: (falou)

—- Eu **quero** que todos **venham** à reunião.

h- Meu pai falou: (disse)

—- **Vamos viajar** para a Disney no ano que vem.

i- Ela perguntou pro chefe: (perguntou)

—- **Posso** sair mais cedo hoje? **Preciso** ir ao médico.

j- Eles falaram: (disseram)

—- Nós **fizemos** todas as mudanças necessárias.

k- Ele me disse: (pediu)

—- Vem cá, por favor.

Reprodução imediata:

a- —- Eles não estão aqui.
O que ele disse?

b- —-Fica quieto e escute!
O que ele falou?

c- —- Ninguém me deu uma explicação.
O que ele disse?

d- —- Você quer ir jantar comigo?
O que ele perguntou?

e- —-Quando vocês voltaram de viagem?
O que ele perguntou?

f- —-Leva o guarda-chuva porque vai chover.
O que ele disse?

g- É importante saber o que está acontecendo no mundo.
O que ele disse?

h- —- O que você está querendo dizer com isso?
O que ele te perguntou?

i- —- Não quero que vocês façam bobagem.
O que ele disse?

j- —- Vou fazer tudo pra você conseguir o emprego.
O que ele disse?

k- —- Saiam daqui!
O que ele falou?

l- —- Amanhã isso será lembrado.
O que ele falou?

Tudo bem? Vamos aprender Português!

Aluno(a): _____

UNIT 7 - UNIDADE 7   Lesson 2 - Lição 2

EXERCÍCIOS

1- Transforme as frases abaixo para o discurso indireto, usando a reprodução posterior:

a- O pai perguntou ao filho:
 —- Quem fez essa bagunça aqui na sala?

_____

b- A vendedora perguntou:
 —- Precisa de ajuda, senhora?

_____

c- A cliente respondeu:
—- Não preciso de ajuda, estou só olhando.

_____

d- A mãe ordenou:
—- Pare de questionar, menino, e faça rápido o que eu te pedi.

_____

e- Jesus Cristo disse:
 "Nem só de pão viverá o homem".

_____

f- Léo perguntou:
—- Professora, posso ler o texto?

_____

g- O jogador disse:
—- Foi um jogo difícil.

_____

h- Dona Jussara me perguntou:
—- Você fez os salgadinhos e comprou os refrigerantes?

_____

i- Ela me perguntou:
—- Que horas são? Acho que esse relógio está atrasado.

_____

j- O homem falou pra mim: (pediu)
—- Traz a caixa de ferramentas que está na garagem, por favor.

_____

k- Ela falou pra Dona Lia: (pediu)
—- Por favor, fecha a janela porque está ventando muito.

_____

l- A mãe do Davi falou: (pediu)
—- Vai brincar no seu quarto! Preciso limpar a sala.

_____

m- Os pais disseram ao filho:
—- Vamos adotar outro gatinho pra você.

_____

n- Ela perguntou ao primo:
— Quer jantar aqui hoje?

_____

o- Meu irmão disse:
— Ontem a Bruna chegou muito tarde e foi direto pro chuveiro.

_____

p- A mãe falou pra filha: (pediu)
— Acaba de jantar e lava a louça pra mim.

_____

q- Os jogadores disseram:
— Amanhã jogaremos melhor e ganharemos o jogo.

_____

r- O cliente disse:
— Quero experimentar essa camisa preta aqui.

_____

s- Ele disse:
— Se eu tiver tempo, te ligarei mais tarde.

_____

t- Eles disseram pra mim:
— Queremos que você faça a festa na nossa casa.

_____

2- Bernardo Tavares, Diretor Comercial da "Estrela Seguros", está conversando com um repórter sobre a sua carreira. Ele ainda se lembra da sua primeira entrevista de trabalho logo depois que saiu da faculdade.

Entrevistador:
a- Onde você mora?
b- Você já trabalhou antes?
c- Por que você quer o emprego?
d- Como você ficou sabendo da nossa empresa?
e- Você pode trabalhar aos sábados?
f- Como você virá pro trabalho?
g- Qual é a sua pretensão de salário?
h- Quando você pode começar?

Bernardo:
a/b- Ele me perguntou _____
e se eu _____.
c/d- Ele quis saber por que eu _____ e
_____.
e/f- Ele me perguntou se _____ e
_____.
g/h- No final da entrevista, ele me perguntou _____ e
_____.

3- Pontue o texto abaixo corretamente:

Bianca Gabriela e Priscila estavam conversando e falando alto na rua
quando Amanda chegou e perguntou
Por que vocês estão brigando
Quem te disse que estamos brigando Estamos apenas falando alto disse
Bianca
Nossa Vocês podiam falar mais baixo Quem passar por aqui assim como
eu vai achar que vocês estão brigando disse ela
Gabriela então falou
Obrigada pelo conselho mas será mesmo que estamos falando tão alto assim
E Priscila disse
Acho que não A Amanda deve estar com ciúmes porque não está participando da conversa né Amanda
ahahahahhahahah

Let's talk! - Vamos conversar!

1- Descreva uma coisa que seja considerada 'má sorte' no seu país.
2- Agora me diz uma coisa que traz sorte na sua cultura ou crença.
3- Você é supersticioso?
4- Se você pudesse desaparecer por uma semana, para onde iria?
5- O que você faria se visse um crime?
6- Sobre quais assuntos você gosta de conversar?
7- Quais são as técnicas que você usa para estudar e aprender melhor?
8- Me diz um costume do seu país que muitos estrangeiros não sabem.
9- O que você acha que deveria ser inventado?
10- Me diz uma pessoa de sucesso que você admira.
11- Descreva o par perfeito pra você.
12- O que as pessoas geralmente fazem no primeiro encontro na sua cultura?
13- O que você e seu melhor amigo tem de mais diferente?
14- Que tipo de notícias te interessam?
15- Como você lida com o estresse?
16- Você é aventureiro/a? Já fez alguma coisa arriscada?
17- Me diz uma viagem fantástica e diferente que você adoraria fazer?
18- Quais são as qualidades que outras pessoas veem em você?
19- Qual é a melhor época do ano pra visitar a sua cidade ou país?
20- Quais são os seus objetivos na sua carreira?
21- Me diz um objetivo que você tem na sua vida agora.
22- Quais são as qualidades mais importantes para ter sucesso na carreira?

COMO/IGUAL/QUE NEM

He sings like a <u>bird</u>. (passarinho)
He sounds like a bird singing.

He <u>snores</u> like a pig. (roncar)
He sounds like a pig snoring.

She cooks like a chef.
She seems like a chef cooking.

He speaks Portuguese like a native.
He sounds like a native speaking Portuguese.

My cat is like me; he loves to sleep on the couch.
My cat looks like me. He loves to sleep on the couch.

TANTO...QUE

The baby cried so much that he fell asleep.
I love him so much that it scares me sometimes.
He laughed so much that he <u>peed</u> his pants. (mijar, fazer xixi)
She studied so much for the test that she had a headache.

TÃO...QUE

He is so lonely that I worry about it.
The bag was so expensive that it will take me more than 6 months to pay for it.
The music was so loud that I couldn't hear him.
He ate so fast that he had a stomachache.

DISCURSO INDIRETO

- Leia o diálogo e depois use o discurso indireto:

Pai: —- Filho, você **vai te**r que acordar bem cedo amanhã.
Filho: —- Você **pode** colocar o alarme pra mim?
Pai: —-Sim. **Quero** que você **tome** banho rápido porque **vamos sair** às 6h em ponto.
Filho: —-Você **avisou** à vovó que **vamos chegar** a tempo para o almoço?
Pai: —- Ainda **não falei** com ela hoje, mas **ligarei** mais tarde.
Filho: —-O que ela **vai cozinhar** pra gente?
Pai: —-Ela me **disse** que já **comprou** todos os ingredientes para fazer a sua lasanha favorita. E que também **vai preparar** a torta de chocolate que você **pediu**.
Filho: —-**Não vejo** a hora de ver a vovó! **Estou** com muita saudade dela!
Pai: —-Eu também! Agora, **vai** pro quarto estudar e **fazer** seus deveres!

PRONOMES RELATIVOS - RELATIVE PRONOUNS

Dentre os pronomes relativos, o pronome **que** é o mais utilizado. É por esse motivo que ele é conhecido como "pronome relativo universal". Pode ser empregado com referência a pessoas ou coisas, no singular ou no plural.

Invariáveis
Que = o qual, a qual, os quais, as quais - (that, who, which)
Quem = com o/a qual - (who, whom)
Onde = no qual, em que - (where)
Como = que - (how)

Variáveis
O qual, a qual, os quais, as quais
Cujo, cuja, cujos, cujas - (whose)

Exemplos:

a- Os contratos **que/os quais** ele assinou são importantes. - The contracts that he signed are important.
b- A mulher **com quem/com a qual** falei é americana. - The woman who I talked to is American.
c- O escritório **onde/em que/no qual** trabalho tem 3 andares. - The office where I work has 3 floors.
d- A casa, **cujo** dono vive na Europa, está abandonada. - The house whose owner lives in Europe is abandoned.
e- Não gosto da forma **como/que** ele me trata. - I don't like the way he treats me.

QUE
O livro é ótimo. Comprei **o livro**.
O livro **que** comprei é ótimo.

QUEM (precedido de preposição: de, com, por, para, contra, a)
Eu falei com **a mulher**. Ela estava nervosa.
A mulher <u>com</u> **quem** falei estava nervosa.

ONDE
O apartamento é grande. Vou morar nele.
O apartamento **onde** vou morar é grande.

CUJO (pouco usado)
A casa está abandonada. O dono vive na Europa.
A casa, **cujo** <u>dono</u> vive na Europa, está abandonada.

A casa está abandonada. Os quartos estão vazios.
A casa, **cujos** <u>quartos</u> estão vazios, está abandonada.

COMO (=QUE)
Gosto do jeito **como/que** ele fala. Adoro o sotaque dele!

Let's practice! Vamos praticar!

PRONOMES RELATIVOS

a- Você pode deixar seu carro estacionado _____ preferir.

b- A pessoa _____ sabe tudo sobre a cirurgia é o Dr. Ricardo.

c- O condomínio _____ comprei a casa fica longe da cidade.

d- Maria Clara, _____ pais moram no Rio, preferiu ir estudar em São Paulo.

e- Olívia, _____ é mãe de gêmeos, precisa de uma babá para ajudá-la.

f- Henrique, _____ carro foi roubado, teve que dormir num hotel.

g- O chefe de departamento com _____ trabalho é americano.

h- O quadro _____ a Janaína pintou está em exposição numa galeria de arte em Nova York.

i- Esse é o barzinho _____ te falei, _____ o bartender faz a melhor caipirinha do Rio.

j- Davi foi a única pessoa _____ me ofereceu ajuda.

k- A pessoa a _____ dei o recado disse que falaria com você.

l- O açougue é o lugar _____ compramos carne.

m- Os anos durante _____ vivemos juntos foram inesquecíveis.

n- O acidente aconteceu na rodovia BR-116, _____ obras estão sendo feitas.

o- Todos _____ entraram no prédio foram revistados pela polícia.

p- Não vi a bolsa da _____ você está falando.

q- O assunto sobre _____ você falou é muito delicado.

r- Este é o escritor _____ livro é muito lido.

s- Trabalho numa empresa _____ me sinto bem.

t- Liberdade, _____ é um bairro em São Paulo, tem mais de 400 mil japoneses.

u- Tenho um pequeno apartamento, _____ não vale muito.

v- O país para _____ ela foi é maravilhoso.

w- O homem a _____ ela declarou seu amor, não a quis.

x- A tinta, a _____ usaremos amanhã para pintar a casa, já foi comprada.

y- Acaba de ser vendido o prédio _____ dono faleceu.

z- Já não reconheço a cidade _____ nasci.

Tudo bem? Vamos aprender Português!

Aluno(a): _____

UNIT 7 - UNIDADE 7   Lesson 3 - Lição 3

EXERCÍCIOS

1- Reescreva as frases usando o pronome relativo QUE:

A fazenda é grande. Ele a comprou.
A fazenda que ele comprou é grande.

a- Você nos deu copos de cristal.
Usamos os copos de cristal _____
b- A atendente trabalha na loja. Gosto dela.
Gosto da _____
c- Ele não leu o email. Eu escrevi o email ontem.
Ele _____
d- O carro era velho. Ele o vendeu.
O carro _____
e- As crianças vieram aqui. Elas brincaram na piscina.
As crianças _____
f- O celular era novo. Eu o perdi.
O celular _____
g- Vimos o filme ontem. Você tinha recomendado esse filme.
Vimos ontem o filme _____
h- Plantei essa árvore. Ela cresceu rápido.
Essa árvore _____

2- Reescreva as frases usando o pronome relativo QUEM e a preposição em parênteses:

O novo funcionário é americano. Trabalho com ele. (com)
O novo funcionário com quem trabalho é americano.

a- Eu estou trabalhando com um novo chefe. Ele nunca está contente com o meu trabalho. (com)
O novo chefe _____
b- Saí com um cara ontem. Ele foi muito gentil comigo. (com)
O cara _____
c- Penso nessa menina o tempo todo. (em)
Essa é a menina _____
d- Eu não sei o nome da mulher. Eu entreguei o pacote pra ela. (a/para)
Eu não sei o nome da mulher _____
e- Os parentes de Rosana são ricos. Ela mora com eles. (com)
Os parentes _____
f- Nossos adversários (=opponents) são fortes. Jogamos sempre com eles. (com)
Os adversários _____
g- A sobrinha não merece a fortuna. Eles deixaram tudo para ela. (a)
A sobrinha _____
h- O cara é arquiteto. A Melissa se casou com ele. (com)
O cara _____

3- Reescreva as frases usando o pronome relativo ONDE:

Deixei meu carro no estacionamento. Ele está fechado. E agora?
O estacionamento <u>onde</u> deixei meu carro está fechado. E agora?

a- A empresa abriu <u>falência </u>(=bankruptcy). Eu trabalho lá.
A empresa _____
b- Nasci numa cidade pequena. Ela fica <u>no interior</u> do estado do Rio de Janeiro. (=in the countryside)
A cidade _____
c- A bibioteca era antiga. O <u>incêndio</u> (=fire) começou de manhã.
A biblioteca _____
d- A cidade é grande e moderna. Morei lá.
A cidade _____
e- Caramba! Perdi o avião. O aeroporto fica longe da minha casa.
O aeroporto _____
f- O carro foi roubado. Ele estava numa garagem pública.
A garagem _____
g- Ele ainda se lembra do lugar. Eles se conheceram lá.
O lugar _____
h- A prefeitura <u>demoliu</u> (=demolish) o prédio. A Karen morava lá.
O prédio _____

4- Reescreva as frases usando os pronomes relativos CUJO(OS), CUJA(AS):

A loja está sempre cheia. Os preços são bons.
A loja, <u>cujos</u> preços são bons, está sempre cheia.

a- O livro é velho. As folhas estão rasgadas.
O livro, _____
b- O carro estava estacionado há vários dias. A <u>placa</u> (=license plate) do carro era do Rio de Janeiro.
O carro, _____
c- O prédio fica na Avenida Alberto Braune. Os moradores reclamam do barulho.
O prédio, _____
d- Essa é a árvore. Os <u>galhos</u> (branches) foram cortados.
Essa é a árvore _____
e- Esse aqui é o meu primo. O carro dele foi roubado.
Esse é o meu primo _____
f- Esse é o iPad. A <u>tela</u> (=screen) está <u>danificada </u>(=damaged)
Esse é o iPad _____
g- Aquele é o cachorro. O dono o <u>maltrata</u> muito. (=mistreat)
Aquele é o cachorro _____
h- Aquela é a mulher. A <u>caixa de jóias</u> dela sumiu. (=jewelry box)
Aquela é a mulher _____
i- Esta sala é a melhor da empresa. As janelas dela são grandes.
Esta sala, _____
j- Os filhos da Débora estudam com os meus filhos. Ela vem jantar aqui hoje.
A Débora, _____

5- Complete as frases: (Third Conditional)

a - Se você **não tivesse comido** aquele peixe com tanta pimenta, _____
b - Se Sofia **não tivesse comprado** a farinha, _____ _____
c - Se eles **tivessem fumado** dentro do restaurante, _____
d - Se Steve Jobs e seus amigos **não tivessem criado** a Apple, _____
e - Se o atleta **tivesse treinado** mais, _____
f - Se eles **tivessem chegado** 10 minutos antes, _____
g - Se eu **tivesse escolhido** outra língua para estudar, _____

6- Reescreva as frases usando os verbos no tempo correto: (Third Conditional)

a- Nós **não pudemos ir** ao show porque não **tínhamos** dinheiro.
   Se nós _____ dinheiro, _____ ao show.
b- **Perdi** meu emprego porque **estava** sempre atrasada/o.
   Eu não _____ meu emprego se não _____
sempre atrasada.
c- O vento **estava** tão forte que **arrancou** o telhado da casa.
   Se o vento não _____ tão forte, não _____
 o telhado da casa.
d- Não **pude ligar** para o André porque **perdi** o número dele.
   Se eu não _____ o número do André, _____
para ele.
e- Ele **dormiu** na direção e acabou **sofrendo** um acidente.
   Se ele não _____ na direção, não _____
um acidente.
f- Ela **esqueceu** o bolo no forno e ele **queimou**.
   Se ela não _____ o bolo no forno, ele não _____

7- Texto:

Viajar

Viajar é muito bom, né? É uma oportunidade para sairmos um pouco de nós
mesmos, conhecermos outros costumes, fazermos novas amizades, provarmos
outros sabores e contemplarmos outras paisagens. Mesmo quando voltamos a
algum lugar já conhecido, temos uma percepção diferente porque o nosso olhar
muda ao longo da vida.
Viajar é abrir os olhos e descobrir um mundo cheio de oportunidades. Isso nos
ajuda a sermos mais humildes, menos preconceituosos e mais empáticos com o próximo. O mundo é
muito maior do que você imagina e você só poderá sentir, tocar ou experimentar milhões de coisas se
sair da sua bolha. Simplesmente ir.
Você gasta dinheiro, mas enriquece em todos os sentidos: mentalmente, visualmente, energeticamente
etc. Tudo isso contribui para o seu crescimento pessoal e experiência de vida. Você aprende a dar valor
a tudo aquilo que na sua rotina é normal. Você sente falta do seu travesseiro, da sua comida, da sua
casa. Você sai da sua zona de conforto. Você não controla o que pode acontecer como imprevistos e
certas mudanças. Você se reinventa.
Viajar é preciso porque o tempo passa e a vida é curta. Não crie raízes em um só lugar. Nossa Terra é
grande demais!

Você gosta de viajar? Me diz um lugar que você já visitou e achou interessante. O que você fez e quando você foi pra lá? Gostou da comida? Você foi sozinho/a?

Ou então, me diz um lugar que você gostaria de visitar e por quê. O que tem de interessante pra fazer lá?

Texto:

Comportamentos geracionais: como as gerações se diferenciam

Geração Baby Boomers: nascidos entre **1946 e 1964**
Geração X: nascidos entre **1965 e 1980**
Geração Y: (millennials): nascidos entre **1981 e 1995**
Geração Z: nascidos entre **1996 e 2010**
Geração Alpha: nascidos a partir de **2011**

Baby Boomers:
- geração idealista, combativa, disciplinada e com espírito coletivo, responsável por iniciar as lutas por direitos civis e políticos.
- concentram hoje grande parte da riqueza mundial
- mais resistente às mudanças, já que **prioriza a estabilidade, especialmente na carreira.**

Geração X:
- estabilidade na carreira, a disciplina e o respeito pela hierarquia.
- mais cética em relação a autoridades e governantes, perde um pouco do senso coletivo e **se torna mais individualista e competitiva.**
- tem um **alto poder de consumo** e procura aproveitar sua condição econômica da maneira mais intensa possível.
- se preocupam com o futuro do planeta, defendem o consumo consciente e gostam de se engajar em causas sociais.
- **são caracterizados como imediatistas**
- representam a maior parte da população economicamente ativa do país.

Geração Y: (millennials)
- **nasceu com a informática e a globalização** e, com esses fenômenos, transformou o mundo.
- são ávidos pela inovação e pelos desafios das transformações.
- são questionadores. Por terem crescido com a globalização, desenvolveram uma visão global.
- têm um alto poder de influência no consumo.
- **tendem a ser mais realistas, questionadores e financeiramente conscientes.**

Geração Z:
- **já nasceu em um mundo conectado e cresceu com um celular na mão**
- são extremamente ágeis, multitarefas e capazes de absorver uma grande quantidade de informações
- **a Geração Z vai além das questões ambientais e sociais e transforma a preocupação em ativismo.**
- defende toda causa ligada à identidade das pessoas (gênero, etnia e orientação sexual, por exemplo).
- Não tente defini-los ou colocá-los em caixinhas — **eles são o que quiserem ser.**

Geração Alpha:
- as crianças da Geração Alpha se relacionam naturalmente com o celular e a internet. Porém, o que vai marcar essa geração é a sua relação com a **inteligência artificial.** Dessa maneira, a tecnologia se torna ainda mais integrada à sua vida, até mesmo ao seu próprio corpo.
- as crianças da Geração Alpha tendem a ser ainda **mais livres em relação à sua identidade.** Meninas já não crescem mais em um mundo cor-de-rosa, o que tende a torná-las cada vez mais protagonistas, em posições de poder. Gênero e orientação sexual provavelmente não serão amarras, assim como o direito à diferença será uma causa ainda mais fortalecida.

Let's talk! - Vamos conversar!

a- Você faz parte de que geração? O que está relacionado a ela? (tecnologia, costumes)

b- Você admira alguma outra geração? O que a faz diferente da sua?

c- Como você vê a geração Alpha no mercado de trabalho no futuro?

d- As gerações Y e Z são imediatistas e, por isso, os níveis de medo e ansiedade dessa geração aumentam, fazendo-os enfrentar sérios problemas psicológicos. Eles olham de maneira crítica para o poder da Internet e redes sociais, mas embora estas ferramentas sejam poderosas para a militância e a mobilização, elas também podem ser traiçoeiras ao promover um estilo de vida ilusório e afetar a saúde mental, o que gera muitos casos de ansiedade, depressão e até suicídio.
Você acha que esse comportamento tende a piorar com o passar dos anos ou pode ser revertido?

e- O que é melhor e pior da sua geração comparado às geracões Z e Alpha?

Aluno(a): _____

UNIT 7 - UNIDADE 7   Lesson 4 - Lição 4

EXERCÍCIOS

1- Liste 10 coisas relacionadas à sua geração:

1- _____   6- _____

2- _____   7- _____

3- _____   8- _____

4- _____   9- _____

5- _____   10- _____

2- Praticando o subjuntivo:

Presente:

QUE + SUJEITO	VIAJAR	TER	SAIR
Que eu	viaje	tenha	saia
Que você / ele/ ela	viaje	tenha	saia
Que nós	viajemos	tenhamos	saiamos
Que vocês/ eles/ elas	viajem	tenham	saiam

Pretérito Imperfeito:

QUE + SUJEITO	VIAJAR - TRAVEL	TER - HAVE	SAIR - LEAVE
Que eu	viajasse	tivesse	saísse
Que você/ele/ela	viajasse	tivesse	saísse
Que nós	viajássemos	tivéssemos	saíssemos
Que vocês/eles/elas	viajassem	tivessem	saíssem

Futuro:

QUANDO/SE + SUJEITO	VIAJAR	CONHECER	SAIR
Quando/Se eu	viajar	conhecer	sair
Quando/Se você / ele/ ela	viajar	conhecer	sair
Quando/Se nós	viajarmos	conhecermos	sairmos
Quando/Se vocês/ eles/ elas	viajarem	conhecerem	saírem

2 a-Termine as frases:

(comprar) Ela <u>quer</u> que eu ... **compre** os ingressos do show.

Ela <u>quis/queria </u>que eu ... **comprasse** os ingressos do show.

Se eu ... **comprar** os ingressos do show, vou convidar o João para ir comigo.

a- (dar) Desejo que ele _____.

Eu quis que ele _____.

Se ele _____.

b- (fazer) Tenho medo que eles _____.

Tive medo que eles _____.

Se eles _____.

c- (saber) Duvido que você _____.

Duvidei que você _____.

Se você _____.

d- (pôr) Talvez eu _____.

Esperava que você _____.

Se eu _____.

e- (vir) Espero que nós _____.

Esperava que nós _____.

Se nós _____.

f- (estar) Peço a vocês que _____.

Pedi a vocês que _____.

Se vocês _____.

g- (poder) É importante que você _____.

Era importante que você _____.

Se você _____.

h- (fumar) Eu não permito que eles _____.

Eu não permiti que eles _____.

Se eles _____.

i- (querer) É uma pena que vocês não _____.

Se vocês não _____.

j- (ir) Sugiro que ela _____.

Sugeri que ela _____.

Se ela _____.

2 b- Use o presente do subjuntivo:

a- Tome cuidado a fim de que você _____.

b- Embora eu _____.

c- Venha pra casa antes que ele _____.

d- Ligue pra ela antes que _____.

e- Ficarei aqui até que _____.

f- Vou viajar para o Brasil caso _____.

g- Que pena que ele _____.

h- Tomara que eles _____.

2 c- Termine a frase usando o futuro do subjuntivo:

(ir) Se ele _____.

(trazer) Se você _____.

(saber) Se eles _____.

(dizer) Se nós _____.

(estar) Se elas _____.

(vir) Se nós _____.

(ver) Se eles _____.

(pôr) Se você _____.

(poder) Se eu _____.

(ter) Se nós _____.

3- Reescreva as frases na voz passiva:

a- Os <u>funcionários</u> fizeram os relatórios. (=employees)

_____

b- A professora corrigiu as <u>provas</u> na semana passada. (=tests)

_____

c- O eletricista consertou toda a <u>fiação</u> (=wiring).

_____

d- Nós vimos o filme ontem.

_____

e- O time do Brasil venceu a Copa do Mundo de 2002.

_____

f- Os médicos de plantão atendem vários pacientes graves.

_____

g- Michelle Obama lançou o livro "Minha História" (Becoming) em 2018.

_____

h- Shakespeare escreveu os livros Rei Lear, Macbeth e Romeu e Julieta.

_____

i- Alessandra dará um curso de Reiki online na semana que vem.

_____

j- O <u>corretor de imóveis</u> tem vendido muitas casas ultimamente. (=realtor)

_____

4- Traduza as frases com as diferentes formas do pretério perfeito composto no português: (Present Perfect and Present Perfect Progressive)

a- How long have you lived here? I've lived here for 6 months.

_____

b- The've been friends since 2010.

_____

c- I've known Léo for 5 years.

_____

d- How many books about Harry Potter has J.K. Rowling written? And how many has she sold?

_____

e- She has written 7 books and has sold more than 300 million copies of it.

_____

f- Have you ever been to California? Yes, I have already been there.

_____

g- Have you ever seen a camel?

_____

h- I've just had dinner. I'm not hungry.

_____

i- How many times has Pelé played for Brazil?

_____

j- Have you watched many movies lately? No, I haven't watched any. I've been busy.

_____

k- They've been studying Portuguese for 3 years.

_____

l- How long have you been dating Priscila?

_____

m- I've been talking to him on the phone for one hour.

_____

5- Complete as frases com **alguém, ninguém, alguma coisa, nada**:

a- _____ ligou quando eu estava fora?
   Não, _____ ligou.
b- _____ da empresa lembrou do aniversário do chefe. Ele ficou triste.
c- Você conhece _____ que sabe falar alemão?
d- Ele te disse _____ sobre o relatório?
   Não, não me disse _____.
e- Tem _____ pra comer aqui?
   Acho que não tem _____. Mas _____ aqui falou que o Renato vai trazer uma pizza pra gente mais tarde.
f- Se você vir _____ entrando no prédio, me avisa. Não podemos confiar em _____ no momento. _____ séria está acontecendo no apartamento 307, mas a polícia ainda não sabe _____ ao certo. Precisamos esperar.

6- Ligue as frases às respostas certas:

a- O Eduardo me pediu em casamento.
b- A Olívia quer dirigir pra casa, mas esqueceu os óculos.
c- Perdi minha carteira de identidade e meus cartões de crédito! E agora, o que faço?
d- O tênis que comprei online veio com defeito.
e- Ele ainda não me pagou o que deve.
f- A bolsa é linda, mas cara demais!
g- Meu filho quer ganhar $80 de mesada toda semana.
h- O quarto dele está uma bagunça!
i- Acho que vai chover muito hoje.

_____ Ele tem que arrumá-lo agora mesmo!
_____ Você deve entrar em contato com o vendedor e devolvê-lo.
_____ Você deveria aceitar.
_____ Acho que você deveria repensar esse valor. Acho muito alto.
_____ Ela não pode fazer isso! Ela deveria chamar um Uber.
_____ Você tem que ir à delegacia de polícia e ligar para o banco.
_____ Você deveria ligar e falar com ele que precisa do dinheiro.
_____ Você devia investir seu dinheiro ao invés de gastá-lo com coisas supérfluas.
_____ Uma grande tempestade poderá atingir a cidade na parte da tarde.

7- Qual é o contrário de....? (Opposites)

a- melhor _____

b- devagar _____

c- em cima _____

d- abrir _____

e- começar _____

f- atrasado _____

g- cedo _____

h- barato _____

i- limpo _____

j- perguntar _____

k- bonito _____

l- gordo _____

m- péssimo _____

n- perder _____

o- acender _____

p- ligar _____

q- chorar _____

r- dar _____

s- escuro _____

t- atrás _____

u- doce _____

v- bem _____

w- bom _____

x- interessante _____

y- comprar _____

z- dentro _____

8- Complete o texto com o tempo verbal correto:

A HISTÓRIA DO PAPEL

Hoje, o papel _____ (usar) para centenas de coisas como livros e jornais, mas também dinheiro, selos, copos, sacolas e, até mesmo roupas.

Há muito tempo, antes do papel existir, as pessoas _____ (escrever) em peles de animais, ossos e pedras. Em 2700 a.C, os egípcios _____ (começar) a fazer papiro, que era parecido com o papel. Mas o primeiro papel de verdade _____ (inventar) em 105 d.C pelo oficial chinês Tsái Lun. Era _____ (fazer) de uma mistura de plantas e tecido. Os chineses _____ (guardar) essa invenção em segredo por séculos.

Finalmente, no século X, o papel _____ (levar) para a Europa pelos árabes. A primeira fábrica de papel _____ (construir) na Espanha em 1150. Desde o século XVIII, quase todo papel _____ (fazer) da madeira por ser mais resistente que o tecido.

Todas as árvores _____ (possuir) em suas células uma substância chamada de celulose – é a partir dela que o papel _____. (fabricar)

Hoje em dia, cada pessoa _____ (usar) cerca de 300 kg de papel por ano. É muito papel!

No Brasil, as árvores mais utilizadas para produção de papel _____ (ser) o eucalipto e o pínus. Essas árvores são de crescimento rápido, e o Brasil é hoje um dos líderes mundiais na produção de papel e de celulose.

9- Traduza:

1- I'll always help you no matter what.
2- Whenever you need me, just give me a call.
3- I'll do anything I can to help you.
4- You can buy anything you want at the store.
5- Be polite to the guests who are at the lobby , please.
6- Talk to everybody who is there.
7- Accept everything they bring.
8- We'll help them with the money (that) we have.
9- Take all the money you can.
10- Whatever they say, I'll always believe you.
11- I wanted him to stay but he couldn't.
12- God willing, I'll travel to Brazil next year.
13- If I save money next year, I'll be able to buy a house.
14- As soon as I got home, I called him.
15- If he had bought the watch, he would have regretted it.
16- This exercise is not easy to do.
17- Keeping distance and wearing a mask is <u>advisable</u>. (aconselhável)
18- If you want, I can buy the veggies for you.
19- The doctor will help whoever gets here first.
20- It's important that we be here early.
21- He hadn't seen anything like that before.
22- Have you ever seen a bear?
23- I've been married for 5 years.
24- If we make the barbecue on Sunday, we'll invite our neighbors.
25- What would you do if you found a wallet?
26- I'd be very happy if I could take two weeks off.
27- Have you forgotten to pay the bills?
28- I haven't called him yet.
29- I want you to tell me the truth.
30- Hopefully, she'll get home in time for dinner.
31- I didn't want him to come to work today.
32- I turned the volume up so you could listen to the song.
33- It was necessary for him to stay at the office till 11pm last night.
34- That's a shame he can't have lunch with us today!
35- I doubt he is home now.
36- I hope all of you have a great trip.
37- I've been to the grocery store twice this week.
38- What's worse: sugar or fat?
39- Is your dad older or younger than your Mom?
40- Besides buying the tickets, I have to choose the seats.
41- Although it was raining, we went out on Saturday.
42- The kids are locked in the room.
43- The house was painted last week.
44- I've been running on the beach every morning.
45- I don't allow you to smoke here.
46- It's important that we know the song by heart.
47- Do you want me to bring the food for you now?

48- I am sorry that he treats you like that.
49-Did you hear anything about the accident?
50- You can find Mc Donald's anywhere in the US.
51- Brazil was discovered by Pedro Álvares Cabral.
52- That's the woman whose car was stolen.

10- O Brasil - sua bandeira e seus estados:

A bandeira do Brasil é formada por um **retângulo verde, um losango amarelo no centro, uma esfera azul celeste dentro do losango, e uma faixa branca com a frase "Ordem e Progresso".** Na bandeira brasileira ainda estão 27 estrelas que representam os 26 estados e o Distrito Federal do país.

Os estados brasileiros e suas respectivas capitais distribuem-se entre as cinco regiões do país: **Região Norte, Região Nordeste, Região Centro-Oeste, Região Sudeste e Região Sul.**

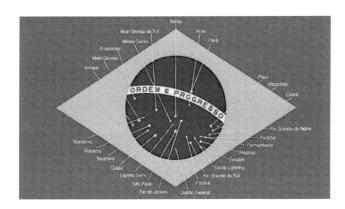

OUTRAS PARTES DO CORPO:

*tirar uma pestana (=eyelashes) **- take a nap**
- Estou muito cansado/a. Vou **tirar uma pestana.**

*tirar água do joelho (=knee) - go pee (used by men)
- Preciso **tirar a água do joelho!**

*ficar de cabelo em pé - be shocked
- Você vai **ficar de cabelo em pé** com o que vou te contar.

*nascer com a bunda virada pra lua - be very lucky
- Ela **nasceu com a bunda virada pra lua.** Já ganhou cinco vezes na loteria.

*amigo do peito - best friend
- Quem é o seu **amigo do peito?**

*cintura de violão (=waist) - thin waist, guitar-shaped body
- Ela tem um corpaço! **Cintura de violão.**

*ter sangue de barata (=blood) - be insensitive, cold, having no reaction
- Como você consegue ser assim? Eu não tenho **sangue de barata** pra tolerar isso.

*nervos de aço - strong nerves, nerves of steel; aptitude to withstand emotionally difficult conditions
- É preciso ter **nervos de aço** para trabalhar naquela empresa horrível.

*ombro amigo (=shoulder) - a friend you can count on
- Nós sempre precisamos de um **ombro amigo** quando estamos passando por problemas.

*pele de pêssego (=skin) - very soft skin
- As japonesas têm **pele de pêssego.**

*pulso firme (=wrist) - steady hand, iron fist
- Precisamos ter **pulso firme** quando lidamos com as pirraças dos nossos filhos.

PULGA ATRÁS DA ORELHA

*com a pulga atrás da orelha (=ear) - wary, leery, suspicious
- Eu fico com **a pulga atrás da orelha** quando ele viaja e não atende o telefone à noite.

<u>Let's practice! Vamos praticar!</u>

a- Quem é o seu amigo/a sua amiga do peito?

b- Me diz uma situação que você precisa sempre ter pulso firme.

c- Quando alguém mente pra você, você fica com a pulga atrás da orelha?

d- Você gosta de tirar uma pestana à tarde?

e- Quando você precisa de um ombro amigo, com quem você conversa?

f- Você conhece alguém que nasceu com a bunda virada pra lua?

g- Me diz uma situação que te deixou de cabelo em pé.

h- Você tem sangue de barata ou é explosivo?

Answer Key

Unit 1 - Lesson 1

1-

a- lixo	h- México	o- xarope
b- xale	i- peixaria	p- lagartixa
c- abacaxi	j- puxar	q- coxa
d- peixe	k- chuva	r- luxo
e- chão	l- xícara	s- baixo
f- faxina	m- mochila	t- cochilo
g- ameixa	n- chato	u- cachecol

2-

Texas, táxi, anexo, oxigênio, conexão, saxofone, Alex, tóxico

4- Caça-palavras:

Unit 1 - Lesson 2

1-

a- De quem
b- Como
c- De quem
d- Quais
e- Por que
f- Onde
g- O que
h- Onde
i- Onde
j- De onde
k- que
l- Quando
m- Qual
n- Quantos
o- Com quem
p- Para onde
q- Quem

(k) - Às 10h.
(d) - Yoga e culinária.
(n) - 23.
(a) - É meu.
(m) - Bombeiro.
(b) - Ao ponto.
(f) - Na América do Sul.
(c) - Não. É da Sandra.
(q) - O João.
(e) - Porque ela gosta da cultura do país.
(h) - Em Nova Iorque.
(l) - Dia 23 de agosto.
(i) - No trabalho.
(j) - De Porto Rico.
(o) - Com meus pais.
(p) - Para a praia.
(g) - Viemos passear.

2-

a- por que
b- porquê
c- Por que, Porque
d- Por que
e- porque
f- Por que, Porque
g- por que

h- porquê
i- Por que, Porque
j- porque
k- porquê
l- porque
m- por que

Unit 1 - Lesson 3

Texto:
Verbos na forma reflexiva pronominal:
se casaram, se conheceram, se beijaram, se apaixonaram, se divertiram, se mudar, se sentem

a- Eles moram no Rio de Janeiro.
b- Em 2017.
c- Caio, amigo de Sérgio.
d- No Cristo Redentor.
e- No ano passado.

Unit 1 - Lesson 4

Caça-palavra:

247

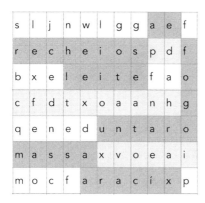

Unit 2 - Lesson 1

1-
a- por
b- pela
c- pela
d- por
e- pelo
f- por
g- por

h- pelas
i- pelo
j- pela
k- por
l- para, para
m- Para
n- pelas

o- para
p- pelo, por
q- por
r- pelo, pela
s- pelo

2-
a- para
b- para
c- por
d- por
e- para

f- por
g- por
h- para
i- por

3-
a- à, à
b- pelo
c- com
d- no
e- em, na
f- na (/numa)
g- em
h- de
i- no

j- em
k- por, no
l- da
m- às
n- de, pela (/na)
o- na
p- da, para
q- na (/pela)
r- da

Unit 2 - Lesson 2

Texto:
1- Devemos cuidar dos dentes a vida toda.
2- Precisamos escová-los após as refeições, trocar a escova a cada 3 meses, usar o fio dental regularmente e ir ao dentista a cada 6 meses.
3- O dentista faz a limpeza dos dentes e cuida das cáries.
4- Em 1938.
5- Muitas bactérias nocivas podem crescer dentro da boca e, até mesmo, causar doenças pelo corpo.

2-
Bom pra gente: fio dental, frutas, viajar, sol da manhã, descansar na rede, meditação
Ruim pra saúde: dor de cabeça, estresse, cigarro, cárie, açúcar, dormir pouco
Bom exercício: corrida, andar de bicicleta, natação, fazer trilha, yoga, academia

4-
Sente-se, feche, respire, Conecte-se, Pense, Imagine, repita, Deixe, relaxe, Foque, fique, Conecte-se, agradeça, Seja

5-

Em fevereiro, meu marido e eu vamos **para** o Nordeste do Brasil passar as férias de verão. Ficaremos lá **por** uma semana. Fomos à uma <u>agência de viagens</u> (travel agency) **para** reservarmos o hotel e comprarmos as passagens aéreas. Conseguimos preços ótimos. Pagamos somente R$3.000,00 **pelas** passagens e R$1.200,00 **pelo** hotel.

Teremos que sair **para** o aeroporto às 5h da manhã. Não gosto de levantar cedo **para**

viajar, mas **por** esses preços não tivemos outra opção.

Decidimos ir **para** o Nordeste porque lá é muito lindo. É famoso **pelas** belas praias, mas temos que tomar cuidado com o sol forte, por isso precisamos de <u>chapéu</u> (hat) e muito <u>protetor solar</u> (sunscreen) **para** proteger a <u>pele (skin)</u>, e muita água **para** <u>evitar</u> (to avoid) a desidratação. Quero comprar umas <u>lembrancinhas</u> (souvenirs) **para** minha familia também. O <u>artesanato</u> (art craft) do Nordeste é bem diferente e tem cada coisa linda!

Os restaurantes são famosos **pelas** <u>moquecas</u> (fish stew) e frutos do mar. A água de coco também é ótima e faz muito bem **para** a saúde.

<u>Não vejo a hora de viajar!</u> (I can't wait to travel!)

Unit 2 - Lesson 3

1-

a- o	f- os	k- las
b- os	g- a/te	l- lo
c- os	h- las	m- te
d- los	i- os	n- lo
e- os	j- lo	o- los

2-
h
e
i
a
b
c
f
d
g

3-
a- Quero te ajudar.
b- Alunos queridos, minha irmã quer conhecê-los.
c- Ela o vendeu para o Sr Felipe Bastos.
d- Eu os conheço.
e- Crianças, a van vai levá-los para o zoológico.

4-
a- Eu gosto muito de pizza.
b- Você tem muitos amigos?
c- Ela tem pouca paciência com o bebê.
d- A Alice é muito bonita e inteligente.
e- Ele precidsa de muita atenção.
f- Ela tem poucas coisas na mochila.
g- O café está amargo. Precisa de um pouco de açúcar.
h- Ele é muito preguiçoso.
i- Ela gasta muito dinheiro.
j- Você não precisa de muito dinheiro para viajar para a Colômbia.

5-
a- Será que ela vai aceitar/aceitará o emprego? Acho que sim.
b- Será que eles gostaram do presente? Acho que não.
c- Será que é uma boa escola? Não sei.
d- Será que eles são/estão felizes juntos? Talvez. Não tenho certeza.
e- Será que o Bernardo vai vir/virá à festa? Acho que sim.

Unit 2 - Lesson 4

1-
a- toca, toco
b- faz
c- traz, trago
d- vem, venho
e- dá, dou
f- passeio, passeia
g- penteiam, penteia
h- leem, leio

i- sabe, sei
j- faço, fazem
k- diz
l- veem, vejo
m- temos, têm
n- perco, perde
o- sobe, subo
p- venço

q- mente, minto
r- pede, peço
s- ouve, ouço
t- vão
u- foge, fujo
v- agradeço
w- reage, reajo

2-
a- está morando, está morando, está trabalhando,
b- estava preparando
c- estão fazendo, estamos fazendo
d- estava molhando, estava limpando
e- está acordando
f- estão reformando
g- estamos passando
h- estávamos atravessando
i- estão passando
j- está entendendo, estou falando
k- estão invadindo
l- estava passando
m- estão melhorando
n- estão nadando

3-
a- tinha, era
b- teve/tinha
c- teve, tive
d- compraram, compraram
e- fiz, fez
f- vieram, estavam
g- soube
h- deu, dei

i- paguei
j- trazia
k- praticou, pratiquei
l- tinha, começou
m- estava, chegou
n- disse
o- pôde, pude, puderam
p- quis

q- quis/queria, teve/tinha
r- veio, vim
s- foi, fui
t- trouxeram, trouxemos
u- assitia, era
v- viu, fizeram
w- estivemos
x- estive
y- estava, consegui/conseguimos
z- conversávamos

4-
a- ficava, cuidava
b- tinha
c- era
d- não trabalhava, não competia
e- limpava, cozinhava, cuidava, se preocupava

5-
i
e
d
c
h
b
j
a
f
g

6-
a- estava falando, chegamos
b- estava tomando, telefonou
c- entrei, estavam dormindo

d- gostou, estava esperando
e- estava trazendo, tropeçou
f- estava cozinhando, explodiu

8-
a- pôr
b- põem/puseram, ponho/pus
c- pus
d- puseram/põem
e- ponho/pus
f- pôs/põe
g- pôs
h- estão pondo

11-
vem, vou, vem, vou, ir, vir, Vamos, ir

12-
a- O casamento será na igreja São João Batista.
b- Larissa e André irão se casar.
c- A recepção será no Country Clube do Rio de Janeiro.
d- A cerimônia será às 11h.
e- O casamento será no dia 16 de maio de 2021.

13-
acontecerá, Sairemos, subiremos, passaremos, durará, dormiremos, poderá, poderão, serão, precisará, receberão, será

15-
d - mop
r - take the trash out
j - water the plants
p - vacuum
e - cook
l - iron

n - clean the windows
a - wash the bathroom
c - dust
q - hang the clothes
b - cut the grass
g - do the laundry

k - take care of the dog
m - set the table
f - wash the dishes
o - go shopping
h - sweep the floor
i - make the bed

Unit 3 - Lesson 1

1-
a- Você já comeu caviar? Não, nunca.
b- Ele ainda não experimentou/provou o novo prato japonês/a nova comida japonesa.
c- Você malhou muito essa semana? Sim, já fui a 3 aulas de zumba.
d- Eu não tomei café da manhã ainda.
e- Você já viu "A Bela e a Fera? Sim, já vi.
f- Eles (ainda) não terminaram o trabalho. (ainda)
g- Ela está de dieta/fazendo dieta há 3 meses.
h- O que você comprou pra ela?
i- Eu nunca fui ao México. Você já foi?
j- Eles já almoçaram. / Eles já comeram o almoço.
k- Há quanto tempo você tem o seu computador?
l- Nós somos amigos desde o Ensino Médio.
m- Eu trabalho/Eu estou trabalhando aqui há 2 anos.
n- Há quanto tempo você estuda/está estudando português?
o- Eu acabei de almoçar.
p- Ela acabou de começar a aula.

2-
Você está aqui há muito tempo? / Já escolheu o restaurante? / Ainda não decidi. / já comeu / Ainda não / Já comi várias vezes. / Você já comeu ceviche? / quando era adolescente / comi muito ceviche lá. / Quanto tempo você morou lá? / 2 anos

4-
derreta, Coloque, bata, despeje, Asse, Espete, Retire, deixe, desenforme, Sirva

Unit 3 - Lesson 2

1-
mais velho que, mais novo que, mais esperto, mais alto que, maior, o melhor, tão bom quanto

2-
a- mais velha / tão velha quanto
b- mais alta
c- mais inteligente
d- mais jovem que
e- maior que
f- o maior
g- mais esperto
h- mais longo

i- pior
j- mais calórico que
k- menos seguras que
l- mais fácil que
m- tão cara quanto
n- mais rápido
o- mais lento que
p- mais profundo que

q- o melhor
r- tão velho quanto
s- mais frio que
t- mais alto
u- o menor
v- o maior

3-
a- mais cedo
b- mais eficiente
c- mais séria do que
d- mais magro
e- maior que
f- mais interessado

g- mais importantes que
h- mais fáceis
i- mais cheio que
j- mais confiável
k- mais alto que
l- mais calmo

m- menor que
n- mais gostoso que
o- mais importante
p- o melhor
q- mais barato que

5-
a- grandíssimo
b- facílimo
c- divertidíssimo
d- importantíssimo
e- gostosíssimo

f- péssimo
g- ótimo
h- famosíssimo
i- baratíssimo
j- agradabilíssimo

Unit 3 - Lesson 3
1-
ajudo, ajudei, ajudava, ajudado
trago, trouxe, trazia, trazido
vejo, vi, via, visto
sonho, sonhei, sonhava, sonhado
esqueço, esqueci, esquecia, esquecido
ponho, pus, punha, posto
venho, vim, vinha, vindo
sou, fui, era, sido
como, comi, comia, comido
trabalho, trabalhei, trabalhava, trabalhado
vou, fui, ia, ido
prefiro, preferi, preferia, preferido

faço, fiz, fazia, feito
pego, peguei, pegava, pegado/pego
machuco, machuquei, machucava, machucado
jogo, joguei, jogava, jogado
começo, comecei, começava, começado
decido, decidi, decidia, decidido
leio, li, lia, lido
peço, pedi, pedia, pedido
cubro, cobri, cobria, coberto
entrego, entreguei, entregava, entregado/entregue
escrevo, escrevi, escrevia, escrito
sei, soube, sabia, sabido

2-
a- perdido
b- aberta, fechada
c- guardado
d- escrita
e- ganho
f- gasto
g- paga
h- feito
i- visto
j- coberto

k- entregue
l- ligada
m- trancada
n- fechado
o- arrumada
p- aceito
q- preso
r- escolhiso
s- confundido
t- enchido

u- eleito
v- acesa
w- confuso
x- entregado
y- limpado
z- morto

3-
a- aceito
b- vistos
c- construída
d- posta
e- dita

f- dito, feito, mudado
g- arrumada
h- alugado
i- pintada
j- guardados

k- expulsado, suspendido, expulso, suspenso
l- impressos
m- prendido, recuperado, presos
n- eleito
o- acendido, acesas
p- preocupado

252

5-
b- Deixei a casa limpa e arrumada.
c- A comida está pronta e embalada.
d- Ele foi vendido.
e- 350 emails foram enviados.
f- As vitrines das lojas foram quebradas e as mercadorias foram saqueadas.

6-
morava, trabalhava, estudava, tinha, ia, tinha, viajava, curtia, mudou, conheceu, apaixonou, começou, comprou, reformou, decidiram, foram, passaram, fez, estava, se divertiram

Unit 3 - Lesson 4

1-
a- tem comido
b- tem dado
c- temos viajado
d- têm dormido
e- tem feito
f- tem assistido
g- têm trazido
h- tem comido
i- têm aberto
j- tem se vestido
k- têm sido

4-
a- especialmente
b- regularmente
c- exclusivamente
d- naturalmente
e- amorosamente
f- pessoalmente
g- infelizmente
h- possivelmente
i- realmente
j- primeiramente
k- livremente
l- perfeitamente
m- rapidamente
n- intensamente
o- extremamente
p- levemente
q- provavelmente
r- imediatamente
s- dificilmente
t- diariamente

5- escrevi, tenho estado, foram, têm se divertido, tenho trabalhado e estudado, fiquei, tenho feito, tem me ajudado, tem feito, assisti, lembrei

6-
a- facilmente,
b- fluentemente
c- mal
d- friamente
e- especialmente
f- livremente
g- claramente
h- totalmente
i- rapidamente
j- baixo
k- bem
l- alto

8-
a- tinha jantado
b- tinha aberto
c- tínhamos partido
d- tinha morrido
e- tinha feito
f- tinha escrito e enviado
g- tinha começado
h- tínhamos dito
i- tinham visto
j- tinha ido
k- tinham andado
l- tinha feito
m- tinha entregado
n- tinha ganhado
o- tinham dito

10-
a- cheguei, tinham jantado
b- nasceu, tinha sido
c- chegamos, tinha começado
d- tinha entrado, fechou
e- chegou, tinha ido
f- tinham tomado, liguei
g- tinha dormido, telefonou
h- tinha posto, convidaram

Unit 4 - Lesson 1

1-
a- ouça
b- traga
c- seja
d- morem
e- possamos
f- peça
g- diga
h- façam
i- ponha
j- vendam
k- venha
l- vão
m- tenhamos
n- chova

2-

a- assistam
b- permaneça
c- divida
d- ouçam
e- tragam
f- venham
g- convide
h- seja
i- dure

j- ande
k- vendam
l- possam
m- façam
n- cheguem
o- traga
p- esteja
q- tenham
r- entenda

s- esqueça
t- dê
u- consigam
v- coma, durma
w- pague
x- estejam
y- descubra
z- entendam

3-

b- fique em casa
c- comece o trabalho agora
d- pegue o ônibus
e- chegue às 8h da manhã

f- fique contente
g- dirija devagar
h- aluguem a casa
i- esqueça o que aconteceu

4-

b- não fale comigo
c- façamos barulho
d- tenham sorte

e- desista da viagem
f- não chova hoje à noite
g- sirvam vinho na festa

5-

a- É necessário que eles cheguem lá ao meio-dia.
b- É preciso que você conheça essa cidade.
c- É aconselhável que vocês escolham outro caminho.
d- É ótimo que elas vejam as amigas delas felizes.
e- Convém que vocês lutem pleos seus direitos.
f- É importante que os alunos façam o dever de casa.
g- É uma pena que você não possa ficar.
h- É impossível que ele chegue a tempo.

6-

Dúvida:
- saia
- volte
- encontremos
- telefonem

Pedido:
- atrasem
- conversem
- saia
- fume

Vontade:
- aprenda
- dirija
- parem
- melhorem
- venham

Sentimento:
- precise
- goste
- almocem
- saibamos

7-

saiba, esteja, possa, dê, passe, seja

Unit 4 - Lesson 2

1-

a- íamos
b- corria
c- compreendeu, viu
d- interromperam
e- Estava
f- sabia
g- vinham

h- bebia
i- trouxe, pedi
j- conversávamos, encontrávamos
k- estive
l- estava
m- esteve
n- moravam, eram

o- dava
p- estava, chegou
q- tivemos, estávamos
r- estiveram
s- aprendi, tinha
t- tinha, ia

254

3-
a- chegue, perca
b- façam
c- durma
d- acabem
e- tenha

f- tenhamos
g- haja
h- dê
i- esteja
j- saiba

k- sejam
l- queira
m- tenha
n- faça, seja

5-
a- qualquer
b- algum
c- alguma coisa/algo, nada
d- algum
e- nenhum

f- alguma coisa
g- algum
h- qualquer
i- alguma coisa
j- alguma

k- nada
l- qualquer coisa
m- qualquer

6-
b- Porque já tínhamos visto o filme.
c- tinha dado defeito.
d- Porque tinham andado o dia inteiro.

e- Porque tinha gastado o dinheiro todo.
f- Porque eu já tinha almoçado.
g- já tinha feito.

7-
b- me ligou, tinha saído de casa.
c- cheguei na festa, tinham cantado
d- entraram na sala do cinema, tinha começado.
e- trouxe a pizza, tinha feito um lanche.

8-
a- me visto
b- nos preocupamos
c- se cumprimentaram

d- vão se maquiar, se arrumar
e- nos lembramos
f- nos divertíamos

9-
Estou pensando. / Ainda não decidi. / Com certeza! / Acho que sim. / Depende da época do ano. / Tomara!

Unit 4 - Lesson 3

Texto:
1- Em Alter do Chão.
2- Eles estavam procurando petróleo.
3- Por 250 anos.

1-
a- Ninguém
b- nada
c- alguma coisa/algo
d- alguém
e- algum
f- Alguém
g- Ninguém

h- Alguma coisa, ninguém
i- Qualquer
j- Nada
k- alguém, ninguém
l- Alguma coisa/Algo
m- alguma
n- Ninguém

2-
a- toda
b- tudo
c- tudo
d- Todo
e- tudo
f- Todos
g- Tudo

h- Todas
i- Todo mundo
j- Toda
k- toda
l- Toda
m- todos
n- todo mundo

3-
a- em qualquer lugar
b- algum lugar
c- em lugar nenhum

d- algum lugar
e- em lugar nenhum
f- Em qualquer lugar

255

4-
a- Você conhece alguém que fala italiano fluentemente?
b- Tem alguém com você agora?
c- Você tem algo a dizer sobre as suas últimas férias?
d- Você gostaria de comer alguma coisa/algo agora?
e- Você assistiu todos os episódios de "A Coroa?"
f- Você não tem nada pra dizer sobre os últimos acontecimentos nos Estados Unidos?
g- Você tem alguma coisa valiosa em casa?
h- Todo mundo na sua casa fala inglês?
i- Você vai ao mercado toda semana?
j- Você não tem nenhum parente morando nos Estados Unidos?
k- Você teve algum problema de saúde na sua infância?
l- Todos os brasileiros gostam de futebol?
m- Todos os seus alunos moram nos Estados Unidos? Todos eles são americanos?

5-
a- tem emagrecido
b- tem visto
c- tem feito
d- tem trazido
e- tem dito
f- tem aberto, tem saído
g- tenho encontrado, Tenho trabalhado

6-
a- teve
b- tem se falado, tem viajado
c- tem dado, tem tido, têm sido
d- perderam
e- estiveram, viajaram, tem ficado

Unit 4 - Lesson 4

1-
mantenham, Abram, fechem, abaixem, Levantem, Façam, Mexam, dobrem, Levantem, Estiquem, dobrem e estiquem

5-
a- pela
b- para
c- por
d- para
e- por
f- por
g- pela
h- para
i- para
j- pela
k- Por
l- pela
m- por
n- pelo
o- Por
p- por
q- para
r- pelo
s- por
t- pelas

6-
a- alguma coisa, nada
b- alguém, ninguém
c- alguma, nenhuma
d- alguma, tudo
e- alguém, ninguém
f- alguém, todo mundo
g- algum, nenhum
h- algum, nenhum
i- algum, nenhum
j- alguma, todas

7-
a- Li o livro todo.
b- O bebê dormiu a noite toda.
c- Eles trabalharam a semana toda.
d- Trabalhamos no projeto no fim de semana todo.
e- Eles venderam tudo que tinham e voltaram para o Brasil.
f- Nós comemos tudo que estava na geladeira.
g- Eles ficaram consertando o encanamento a manhã toda.

8-
a- alto
b- bem
c- demais
d- mal
e- depressa/rápido
f- devagar
g- muito ou pouco
h- baixo/alto

1-

a- Se eu trabalhasse mais, ganharia mais dinheiro.

b- Se nós comêssemos mais legumes e verduras, teríamos menos problemas de saúde.

c- Se ela tivesse mais tempo, faria um curso de culinária.

d- Se eles estivessem de férias, viajariam para as Bahamas.

e- Se eu pudesse, janataria na churrascaria hoje.

f- Se estivesse fazendo sol, ela iria à praia.

g- Se eles estivessem felizes no casamento, não teriam se separado.

h- Se eles gostassem de estudar línguas, estudariam alemão?

2-

a- visse	e- perdoasse
b- fosse	f- enviássemos
c- tivessem	g- queimasse
d- ouvissem, dançassem	h- pudessem

3-

a- Eu insisti que ela viesse à festa.

b- Tive medo que a entrevista fosse adiada.

c- Pedi que todos estivessem aqui às 7h em ponto.

d- Eu queria que eles não estivessem viajando.

e- Solicitei que os funcionários terminassem o serviço ao meio-dia.

f- Queríamos que todos fizessem uma boa viagem.

g- Eu queria que os preços das mercadorias diminuíssem.

h- Eu queria que ele fosse fluente em português.

i- Queria que você jantasse comigo hoje.

j- Tive medo que eles ficassem perdidos na cidade e fossem assaltados.

k- Eu queria que ela não estivesse doente.

l- Achei que você pudesse nos ajudar.

m- Eles pediram que eu os ajudasse.

6-

estava, aparecesse, estava, pudessem, estava, fosse, era

7-

a- viesse, queira	e- pedisse, peça
b- dissesse, diga	f- trouxéssemos
c- tivessem	g- pudessem, possam
d- ouvissem, ouçam	h- vestisse, vista

8-

a- estivesse, dormiria	e- recebesse, ficaria	i- gostaria, permitisse
b- falasse, ouviríamos	f- gastassem, teriam	j- ficaríamos, recebêssemos
c- estivesse, ajudaria	g- dormisse, trabalharia	k- seria, tivesse
d- gostaria, conhecesse	h- viajaria, permitisse	

Texto:

4- US$121,700

5- É o oitavo país em desigualdade social e econômica.

4-

a- confortabilíssimo	g- barulhão	m- florzinha
b- mãezona	h- magérrima	n- barzinho
c- problemão	i- ótimo	o- paupérrimo
d- amigão	j- calçadão	p- hotelzinho
e- caríssimo	k- dificílima	q- pertinho/pertíssimo
f- palavrão	l- péssimo	r- limpinha/limpíssima

5-
a- Nós compraríamos a casa se você nos desse um bom desconto.
b- Ele iria à festa se fosse convidado.
c- Eles visitariam o Cristo Redentor se fossem para o Rio nas férias.
d- Você trabalharia mais se pudesse?
e- Ela não perderia o ônibus se acordasse mais cedo.
f- Eu aceitaria o emprego se eles pagassem bem.
g- Vocês jamais fariam isso se soubessem das consequências.
h- Nós poderíamos almoçar com vocês se tivéssemos tempo.

Unit 5 - Lesson 3
1-
a- terminarem   e- enviar
b- ouvirem   f- estiverem
c- chegar   g- ficarmos
d- recebermos   h- sairmos

3-
a- puder   g- forem   m- disserem
b- souber   h- formos   n- pagarem
c- trouxerem   i- der   o- puder
d- fizerem   j- quiserem   p- estiver
e- trabalharem k- chegar   q- pedirem
f- vir   l- estiver   r- trouxerem

4-
a- Doa a quem doer
b- Seja quem for
c- Haja o que houver
d- Dê no que der
e- Digam o que disserem

5-
quiser/puder/chegar/sair/tiver/puder/for/for

6-
a- tivermos   e- estiverem
b- quiser   f- precisarem
c- puderem   g- estiver
d- trouxerem

7-
quiser, quisermos, quiserem   abrir, abrirmos, abrirem
tiver, tivermos, tiverem   for, formos, forem
der, dermos, derem   estiver, estivermos, estiverem
vir, virmos, virem   insistir, insistirmos, insistirem
vier, viermos, vierem   fizer, fizermos, fizerem
ficar, ficarmos, ficarem   vender, vendermos, venderem
disser, dissermos, disserem   estudar, estudarmos, estudarem
trouxer, trouxermos, trouxerem   puser, pusermos, puserem
souber, soubermos, souberem

8-
a- chover, ficarei   i- doar, compraremos
b- não passará, não estudar   j- for, compre
c- comprar, terá   k- ficarmos, ligarei
d- tiver, ligarei   l- liga, quiserem
e- quiser, comprarei   m- ligarei, estiver
f- fizer, não se esqueça n- Faça, puder
g- comprar, poderei   o- diminuirá, mudar
h- estiver, liga   p- Chegue, quiser

10-

b- diria, reclamasse

c- faria, desmaiasse

d- faria, acabasse

e- dormiria, estivessem

f- acenderia, tivesse

Unit 5 - Lesson 4

1-

a- entendermos	h- assinarmos	o- receberem
b- ficarem	i- recbermos	p- ler
c- termos	j- aceitar	q- ser
d- terem	k- trazerem	r- dizerem
e- verem	l- fazermos	s- Deixarmos
f- serem	m- espreguiçarmos	
g- gritarem	n- entrarmos	

2-

b- darem

c- Concordei, concordar

d- Vimos, vermos

e- Desistimos, viajarmos

f- entreguei, entregar

3-

a- sermos, desanimarmos

  sejamos, desanimemos

  fôssemos otimistas e não desanimássemos

b- pagar

  pague

  pagasse as contas em dia

c- conhecer

  conheçam

  conhecessem novas culturas

d- ligar

  liguem

  ligassem o alarme

e- jantarmos

  jantemos

  jantássemos cedo

f- sair

  sairmos

  saiamos

g- almoçar

  almocemos

  almoçarmos

  almoçássemos

4-

a- chegarem	e- for	i- estiverem	m- tivermos
b- puder	f- souber	j- couberem	n- quiser
c- pudermos	g- chegar	k- quiser	o- fizer, chover
d- estiver	h- fizermos	l- der	

6-

a- aproveitaríamos, chegássemos

b- viajaria, tivesse

c- poderia, soubesse

d- viesse, poderíamos

e- fosse, compraria

f- cortasse, fizesse, ficaria

g- escutasse, teria

8-

a- todas	g- tudo	m- tudo	s- todas
b- Todos	h- todas	n- todos	t- todo
c- nenhum	i- alguém	o- tudo	u- toda
d- alguma	j- Todas	p- Toda	v- algum
e- ninguém, Todos	k- nada	q- todas	w- nada
f- todos	l- todo	r- todo	

9-

a- tinham pagado/pago

b- tinham aplicado

c- tinha depositado

d- tinha dirigido

e- tinha bebido

f- tinha descoberto

g- tinha posto

h- tinha aberto

i- tinha escrito e enviado

j- tinham dirigido

k- tinha dito

l- tinha feito, ido

259

Unit 6 - Lesson 1
Texto:

a- Os índios.
b- No litoral.
c- Ensinaram tudo sobre a natureza, os montes, praias e rios, as ervas nocivas ou não.
d- Eles trabalhavam no cultivo da cana-de-açúcar e do café.
e- Eles introduziram alimentos como o feijão e o quiabo, tiveram grande influência na música e na dança, e trouxeram a religião e seus orixás.
f- Pelo menos 4 milhões.
g- Liberdade. Fica em São Paulo.
h- Eles introduziram novos conceitos de sociedade, economia e religião.
i- Eles deviam adorar a somente uma divindade e seguir a Bíblia.
j- É formada pelos povos indígenas, africanos, imigrantes europeus e asiáticos.

2-
a- O avião foi inventado por quem?
b- Os ladrões foram presos pelos policiais.
c- Os documentos foram preparados ontem por Carina.
d- O português é falado por milhões de pessoas.
e- A lasanha foi feita por Olga para o almoço. / A lasanha para o almoço foi feita por Olga.
f- Essas condições de pagamento não serão aceitas por eles.
g- A fogueira foi acesa por Paulo e João.
h- O livro foi escrito por quem?
i- Os animais foram soltos na floresta.
j- A casa será limpa/vai ser limpa por mim amanhã.
k- O buquê foi pego por Susana no casamento.
l- Casas flutuantes são construídas pelas pessoas na Amazônia.
m- A pizza foi entregue pelo rapaz dentro do horário.
n- Milhares de elefantes são mortos todos os anos na África pelos caçadores.
o- Coisas que não são verdade são ditas pelas pessoas. As famosas "fake news"!

3-
a- Fala-se os inglês em mais de 50 países.
b- Procuram-se muitos professores de inglês para ensinarem crianças chinesas.
c- Vendem-se muitos apartamentos com vista pro mar em Miami.
d- Contratam-se várias pessoas nos hotéis do Rio de Janeiro.

4-
Precisa-se (professor)
Vende-se (apartamento)
Procura-se (secretária)

Alugam-se (chalés)
Consertam-se (bolsas e sapatos)

6-
a- é exportada
b- é produzido
c- são consumidas
d- é fabricado

e- Come-se
f- é feito
g- Encontra-se
h- é... encontrado

8-
a- A sentença foi dada pelos membros do júri.
b- O culpado foi reconhecido por todos.
c- Os ladrões foram identificados pelos policiais.
d- A denúncia foi feita por quem se sentiu lesado.
e- Todos os vizinhos foram acordados pelo barulho.
f- Os alunos foram ajudados pela professora.
g- Tudo foi levado pela correnteza.

9-

dado	trazido	ido
gastado, gasto	escrito	vindo
entregado, entregue	dito	ouvido
pagado, pago	sabido	coberto
sido	visto	acendido, aceso
querido	aberto	prendido, preso
feito	preferido	matado, morto
tido	posto	morrido, morto
podido		

10-

faça / fizesse / fizer
tenha / tivesse / tiver
queira / quisesse / quiser
vá / fosse / for
saiba / soubesse / souber
traga / trouxesse /trouxer
seja / fosse / fosse
perca / perdesse / perder

Unit 6 - Lesson 2

1-

a- trouxe, Marcos tenha trazido.
b- escrevi, Lorena tenha escrito
c- as crianças tenham levado
d- paguei, Tio Joaquim tenha pago
e- vi, o vizinho tenha visto
f- alguém muito querido tenha morrido

g- tenha perdido
h- tenahm chegado
i- tenha feito
j- tenha tido
k- tenha aberto
l- tenham se arrependido

2-

a- tenha esquecido
b- tenha acabado
c- tenha descoberto
d- tenham feito

e- tenha ocorrido
f- tenha tido
g- tenha dito
h- tenha posto

3-

a- ficarmos
b- termos
c- ir
d- estarmos

e- terem
f- descobrirmos
g- estarem
h- fazermos

4-

a- Ele disse pra vocês ligarem pro Zé.
b- É bom vocês falarem com ele.
c- O ônibus parou para os passageiros descerem.
d- Elas gritaram ao verem a barata.
e- Vimos toda a situação sem podermos argumentar.
f- Ela sempre pede pra nós cantarmos pra ela.
g- Antes de sair de casa, fechem as janelas.

5-

b- viesse
c- entendêssemos
d- saiba

e- passe
f- mudemos
g- descesse

6-

b- tenham terminado
c- tenha perdido
d- tenham feito
e- tenha esquecido
f- tenha morrido

g- tenham querido
h- tenha dito
i- tenha posto
j- tenha descoberto

261

7-
a- tenha enfrentado o chefe
b- tenha trabalhado no domingo
c- tenham jogado
d- tenha feito
e- tenha chegado a tempo na faculdade hoje
f- tenha passado

8-
a- dormiria
b- faria
c- iria
d- trabalharia

e- diria
f- estudaria
g- aprenderia
h- beberia

i- andaria
j- comeria
k- traria

9-
Caça-palavras:

```
F R S R W I A S P R U F S A N G U E R H C B N O E R T
L R X C O R A Ç Ã O L D T D A F A I O I C L Á C D C Á
E F A I S Y D E A D E S E M P E N H O S D H G É F O C
X C O R T I S O L T J F S S C H O I U Ã S J D R H N E
I B L C Q F R A Z H A R T I C U L A Ç Ã O G U E B C N
B N O U Z G T S A R U D R O G K U K V Z S F E B A E U
I M P L C N U D C J G E E A B L L S F M S D S R N N O
L U B A V M J H V N M Ú S C U L O E D N O E B O H T G
I H F Ç J D E N F D E N S I D A D E Ó S S E A T O R D
D R X Ã G P E N B K A X E R J L G A A B F S S O S A V
A T H O R M Ô N I O E H K O T N E M A E B M O B E Ç F
D D N S O M U S C U L A T U R A E D T G G A B U C Ã S
E E J G P R E S S Ã O S A N G U Í N E A B Z U N S O A
```

Unit 6 - Lesson 3

1-
a- Embora eu tenha feito tudo por ela, ela não me deu importância.
b- Embora eu tenha preparado um jantar ótimo pra ele, ele não apareceu.
c- Embora eu tenha escolhido o melhor restaurante da cidade, eles não gostaram da comida.
d- Embora a vendedora tenha me mostrado vários vestidos, não gostei de nenhum.
e- Embora ele a tenha convidado para uma viagem a Paris, ela recusou.

2-
a- Se eles tivessem dinheiro/estivessem com dinheiro, teriam viajado.
b- Se não estivesse chovendo muito, não teríamos cancelado a festa.
c- Se eles tivessem colocado gasolina, o carro não teria parado.
d- Se elas não estivessem atrasadas, não teriam perdido o ônibus.
e- Se eu não tivesse dormido muito, não teria perdido a hora.
f- Se eles estivessem com muita fome, teriam comido tudo.
g- Se o telefone não estivesse com problema, Carla teria falado com a mãe dela.
h- Se eles não tivessem colocado câmeras na casa, não teriam descoberto o roubo.
i- Se eu soubesse nadar bem, teria participado do campeonato.

j- Se o João quisesse/tivesse querido vender a fazenda, nós a teríamos comprado.

k- Se ele falasse alemão, não teria contratado uma intérprete.

l- Se eu estivesse com fome, teria aceitado o convite para jantar. / não teria recusado o convite dele pra jantar.

3-

a- teria perdido, tivesse me acordado

b- teria feito, tivesse descoberto

c- tivesse gastado, teria acumulado

d- teriam aceitado, tivéssemos reduzido

e- tivesse me convidado, teria ficado

f- tivessem ganhado, teria mandado

g- tivesse comido, teria passado

h- tivesse continuado, teria terminado

i- tivesse estudado, teria passado

j- tivéssemos ido, teríamos conhecido

k- teriam se casado, tivessem se apaixonado

4-

A sorte de Gastão

foi encontrado, foi descoberto, foi levado, foi entrevistado

Pare em nome da lei!

foi parado, foi perguntado, foi xingado, foi suspensa

5-

a- foi descoberto, foi encontrado

b- foi levado

c- foi entrevistado

d- foi encontrado

e- foi parado

f- foi perguntado

g- foi xingado

h- foi suspensa

6-

a- feita, é feita com cachaça.

b- morto, foi morto em Nova Iorque.

c- escrita e composta, foi escrita e composta por Tom Jobim.

d- foi construída, foi construída em Paris.

e- foi fabricado, foi fabricado em 1947.

f- foi pintado, foi pintado por Van Gogh.

g- foi derrubado, foi derrubado em 1989.

h- foi desenvolvido, foi desenvolvido pela Apple.

Unit 6 - Lesson 4

1-

a- tiverem terminado a faculdade/ terminarem

b- tiver comprado todos os móveis / comprar todos

c- tivermos tido um aumento de salário / tivermos um aumento de salário

d- tiver conseguido uma promoção / conseguir

e- tiverem feito um bom pé-de-meia / fizerem um...

2-

a- tiver escrito

b- tiverem lido

c- tiverem chegado

d- tivermos feito

e- tiver resolvido

f- tiverem recebido

g- tiver acabado

h- tivermos comprado

i- tivermos feito

j- tivermos posto

k- tiver atendido

l- tiver terminado

3-

Casa:

a- tiver feito / fizer

b- tiver entregado / entregar

c- tiverem terminado / terminarem

d- tiver plantado / plantar

e- tiver ligado / ligar

f- tiver posto / pôr

Casamento:

a- tiver ficado / ficar

b- tivermos entregado / entregarmos

c- tivermos escolhido / escolhermos

d- tivermos resolvido e pago, pagado / resolvermos e pagarmos

e- tivermos terminado / terminarmos

f- tivermos comprado / comprarmos

4-

a- tivesse tido, teria convencido

b- tivesse falado, teria resolvido

c- tivéssemos conseguido, teríamos entrado

d- tivesse me ajudado, teria tido

e- tivéssemos viajado, teríamos chegado

5-

a- Se eu soubesse a resposta, te falaria.

b- tivermos

c- feito

d- foram

e- você veja

f- Se eu fosse você

g- faça

f- tivesse feito, teria ido

g- tivesse chovido, teria sido

h- tivesse pedido, teria dado

i- tivesse tomado, teria acabado

j- tivesse comprado, teria me arrependido

h- terminar

i- que ele visse

j- faria

k- ninguém

l- lido

m- trouxe

n- houver

Unit 7 - Lesson 1

1-

a- Perfume faz com que eu espirre.

  Perfume me faz espirrar.

  Perfume me leva a espirrar.

b- A comida fez com que eu passasse mal.

  A comida me fez passar mal.

  A comida me levou a passar mal.

c- Muito calor faz com que eu fique tonto/a.

  Muito calor me faz ficar tonto/a.

  Muito calor me leva a ficar tonto/a.

d- A falta de dinheiro fez com que ele trabalhasse mais.

  A falta de dinheiro o fez trabalhar mais.

  A falta de dinheiro o levou a trabalhar mais.

e- A meditação faz com que as pessoas se sintam mais calmas.

  A meditação faz as pessoas sentirem-se mais calmas.

  A meditação leva as pessoas a sentirem-se mais calmas.

f- Viajar fez com que ele se tornasse mais independente.

  Viajar o tornou mais independente.

  Viajar o levou a tornar-se mais independente.

g- O novo trabalho dela fez com que ela tivesse mais experiência.

  O novo trabalho dela a fez ter mais experiência.

  O novo trabalho dela a levou a ter mais experiência.

h- Sair do meu emprego fez com que eu me libertasse. / me sentisse livre.

  Sair do meu emprego me libertou / me fez sentir-me livre.

  Sair do meu emprego me libertou / me levou a sentir-me livre.

i- A pandemia fez com que valorizássemos a família e os amigos ainda mais.

  A pandemia nos fez valorizar a família e os amigos ainda mais.

  A pandemia nos levou a valorizar a família e os amigos ainda mais.

j- A gratidão faz com que vejamos beleza em tudo.

  A gratidão nos faz ver beleza em tudo.

  A gratidão nos leva a ver beleza em tudo.

3-

Texto:

Sábado de manhã, Elisa foi até o supermercado comprar ingredientes para fazer um bolo.

Na hora que estava fazendo o bolo, lembrou que tinha esquecido de comprar o fermento. Ela ficou muito chateada e disse para sua mãe:

"Mãe, e agora? O que vou fazer?"

"Minha filha, pense numa solução."

Elisa pensou em desistir de fazer o bolo mas, como já tinha começado, decidiu usar outro ingrediente. No lugar do fermento, ela usou bicarbonato de sódio.

Depois de 40 minutos, o bolo ficou pronto. Foi um sucesso!

Todos comeram e Elisa, que sempre foi muito esperta na cozinha, ficou muito feliz com o resultado.

4-

a- Ai, que dor de cabeça!

b- Eu não gosto de acordar cedo, e você?

c- Ela disse:

  "Por favor, abra a porta. / ___ Por favor, abra a porta.

d- Que festa animada! Vamos dançar!

e- Assim que cheguei em casa, fui tomar um banho bem quente.

f- O filme "Avatar" foi lançado em 2009.

g- Comprei as seguintes coisas no mercado:

  bananas, açúcar, leite e ovos.

6-

a- tivessem estudado

b- tivesse se casado

c- tivesse aceitado

d- tivesse pulado

e- tivesse dançado

f- tivesse squecido

g- tivesse me acordado

Unit 7 - Lesson 2

1-

a- O pai perguntou ao filho quem tinha feito aquela bagunça lá na sala.

b- A vendedora perguntou se a senhora precisava de ajuda.

c- A cliente respondeu que não precisava de ajuda porque estava só olhando. / e que estava só olhando.

d- A mãe ordenou que o menino parasse de questionar e fizesse rápido o que ela tinha pedido a ele.

e- Jesus Cristo disse que nem só de pão viveria o homem.

f- Léo perguntou à professora se ele podia ler o texto.

g- O jogador disse que tinha sido um jogo difícil.

h- Dona Jussara me perguntou se eu tinha feito os salgadinhos e tinha comprado os refrigerantes.

i- Ela me perguntou que horas eram porque achava que aquele relógio estava atrasado.

j- O homem pediu que eu trouxesse a caixa de ferramentas que estava na garagem.

k- Ela pediu à Dona Lia que por favor fechasse a janela porque estava ventando muito.

l- A mãe de Davi pediu a ele que brincasse no seu quarto porque precisava limpar a sala.

m- Os pais disseram ao filho que iriam adotar outro gatinho para ele.

n- Ela perguntou ao primo se ele queria jantar lá naquele dia.

o- Meu irmão disse que, no dia anterior, a Bruna tinha chegado tarde e que tinha ido direto pro chuveiro.

p- A mãe pediu à filha que acabasse de jantar e lavasse a louça para ela.

q- Os jogadores disseram que no dia seguinte iriam jogar melhor e que ganhariam o jogo.

r- O cliente disse que queria experimentar aquela camisa preta lá.

s- Ele me disse que se tivesse tempo, me ligaria mais tarde.

t- Eles me disseram que queriam que eu fizesse a festa na casa deles.

2-

a/b- onde eu morava e se eu já tinha trabalhado antes.

c/d- queria o emprego e como fiquei sabendo da empresa deles.

e/f- eu podia trabalhar aos sábados e como eu iria pro trabalho.

g/h- qual era a minha pretensão de salário e quando eu podia começar.

3-

Bianca, Gabriela e Priscila estavam conversando e falando alto na rua quando Amanda chegou e perguntou:

"Por que vocês estão brigando?"

 "Quem te disse que estamos brigando? Estamos apenas falando alto.", disse Bianca.

 "Nossa! Vocês podiam falar mais baixo. Quem passar por aqui, assim como eu, vai achar que vocês estão brigando.", disse ela.

Gabriela então falou:

"Obrigada pelo conselho, mas será mesmo que estamos falando tão alto assim?"

E Priscila disse:

"Acho que não! A Amanda deve estar com ciúmes porque não está participando da conversa, né Amanda?" ahahahahhahaha

Unit 7 - Lesson 3

1-

a- que você nos deu.

b- atendente que trabalha na loja.

c- não leu o email que escrevi ontem.

d- que ele vendeu era velho.

e- que vieram aqui brincaram na piscina.

f- que eu perdi era novo.

g- que você tinha recomendado.

h- que você plantou cresceu rápido.

2-

a- com quem estou trabalhando nunca está contente com o meu trabalho.

b- com quem saí ontem foi muito gentil comigo.

c- em quem penso o tempo todo.

d- para/a quem entreguei o pacote.

e- com quem Rosana mora são ricos.

f- com quem sempre jogamos são fortes.

g- a quem eles deixaram tudo não merece a fortuna.

h- com quem Melissa se casou é arquiteto.

3-

a- onde trabalho abriu falência.

b- onde nasci é pequena e fica no interior do estado do RJ.

c- onde o incêndio começou era antiga.

d- onde morei é grande e moderna.

e- onde perdi o avião fica longe da minha casa.

f- onde o carro foi roubado é pública.

g- onde eles se conheceram ainda é lembrado por ele.

h- onde a Karen morava foi demolido pela prefeitura.

4-

a- cujas folhas estão rasgadas, é velho.

b- cuja placa era do RJ, estava estacionado há vários dias.

c- cujos moradores reclamam do barulho, fica na Avenida Alberto Braune.

d- cujos galhos foram cortados.

e- cujo carro foi roubado.

f- cuja tela está danificada.

g- cujo dono o maltrata muito.

h- cuja caixa de jóias sumiu.

i- cujas janelas são grandes, é a melhor da empresa.

j- cujos filhos estudam com os meus, vem jantar aqui hoje.

6-

a- tivéssemos tido / poderíamos ter ido

b- teria perdido / tivesse estado, estivesse

c- não estivesse / teria arrancado

d- tivesse perdido, poderia ter ligado

e- tivesse dormido, teria sofrido

f- tivesse esquecido, teria queimado

Unit 7 - Lesson 4

2 a-

a- dê / desse / der

b- façam / fizessem / fizerem

c- saiba / soubesse / souber

d- ponha / pusesse / puser

e- venhamos / viéssemos / viermos

f- estejam, estivessem, estiveram

g- possa, pudesse, puder

h- fumem, fumassem, fumarem

i- queiram, quiserem

j- seja, fosse, for

3-

a- Os relatórios foram feitos pelos funcionários.

b- As provas foram corrigidas pela professora na semana passada.

c- Toda a fiação foi consertada pelo eletricista.

d- O filme foi visto por nós ontem.

e- A Copa do Mundo de 2002 foi vencida pelo Brasil.

f- Vários pacientes graves são atendidos pelos médicos de plantão.

g- O livro "Minha História" foi lançado em 2018 por Michelle Obama.

h- Os livros Rei Lear, Macbeth e Romeu e Julieta foram escritos por Shakespeare.

i- Um curso de Reiki será dado por Alessandra na semana que vem.

j- Muitas casas têm sido vendidas ultimamente pelo corretor de imóveis.

4-

a- Há quanto tempo você mora aqui? Moro aqui há seis meses.

b- Eles são amigos desde 2010.

c- Conheço o Léo há cinco anos.

d- Quantos livros do Harry Potter a J.K. Rowling escreveu? E quantos foram vendidos?

e- Ela escreveu sete livros e vendeu mais de 300 milhões de cópias dele.

f- Você já foi à Califórnia? Sim, já fui lá.

g- Você já viu um camelo?

h- Acabei de jantar. Não estou com fome.

i- Quantas vezes o Pelé jogou pelo Brasil?

j- Você tem assistido muitos filmes ultimamente? Não, não tenho assistido nenhum. Tenha estado ocupado/a.

k- Eles estudam/ estão estudando português há três anos.
l- Há quanto tempo você está namorando a Priscila?
m- Estou falando com ele ao/no telefone há uma hora.

5-

a- Alguém / ninguém	d- alguma coisa, nada
b- Ninguém	e- alguma coisa, nada, alguém
c- alguém	f- alguém, ninguém, Alguma coisa, nada

6-
a- Você deveria aceitar.
b- Ela não pode fazer isso! Ela deveria chamar um Uber.
c- Você tem que ir à delegacia de polícia e ligar para o banco.
d- Você deve entrar em contato com o vendedor e devolvê-lo.
e- Você deveria ligar e falar com ele que precisa do dinheiro.
f- Você devia investir seu dinheiro ao invés de gastá-lo com coisas supérfluas.
g- Acho que você deveria repensar esse valor. Acho muito alto.
h- Ele tem que arrumá-lo agora mesmo!
i- Uma grande tempestade poderá atingir a cidade na parte da tarde.

7-

a- pior	n- achar, encontrar / ganhar
b- rápido	o- apagar
c- embaixo	p- desligar
d- fechar	q- rir
e- terminar/acabar	r- receber
f- adiantado	s- claro
g- tarde	t- em frente / na frente
h- caro	u- salgado
i- sujo	v- mal
j- responder	w- mau, ruim
k- feio	x- chato
l- magro	y- vender
m- ótimo	z- fora

8- Texto:

é usado, escreviam, começaram, foi inventdo, feito, guardaram, foi levado, foi construída, é feito, possuem, é fabricado, usa, são.

9- Traduza:

1- Eu semprei te ajudarei, aconteça o que acontecer.
2- Quando precisar de mim, me liga.
3- Farei o que puder para ajudar você./ ajudá-lo/a.
4- Você pode comprar o que quiser na loja.
5- Seja educado com os hóspedes/convidados que estiverem no salão de espera, por favor.
6- Fale com todos que estiverem lá.
7- Aceite tudo o que eles trouxerem.
8- Nós os ajudaremos com o dinheiro que tivermos.
9- Pegue/leve todo o dinheiro que puder.
10- Não importa o que digam, sempre acreditarei em você. / Digam o que disserem, sempre acreditarei em você.
11- Eu queria que ele ficasse, mas ele não pôde.
12- Se Deus quiser, viajarei ao Brasil no ano que vem.
13- Se eu economizar dinheiro no ano que vem, poderei comprar uma casa.
14- Assim que cheguei em casa, liguei para ele.
15- Se ele tivesse comprado o relógio, teria se arrependido.
16- Esse exercício não é fácil de fazer.
17- manter a distância e usar máscara é aconselhável.
18- Se você quiser, posso comprar os legumes e verduras para você.
19- O médico ajudará quem chegar aqui primeiro.
20- É importante que estejamos aqui cedo.
21- Ele nuca tinha visto nada assim antes.
22- Você já viu um urso?

23- Sou casado/a há 5 anos.
24- Se nós fizermos o churrasco no domingo, convidaremos nossos vizinhos.
25- O que você faria se encontrasse uma carteira?
26- Eu ficaria muito feliz se pudesse tirar duas semanas de folga.
27- Você esqueceu de pagar as contas?
28- Eu não liguei para ele ainda.
29- Eu quero que você me diga a verdade.
30- Tomara que ela chegue a tempo para o jantar.
31- Eu não queria que ele viesse trabalhar hoje.
32- Eu aumentei o volume para que você ouvisse a música.
33- Foi necessário que ele ficasse no escritório até às onze da noite ontem.
34- É uma pena que ele não possa almoçar conosco / com a gente hoje.
35- Eu duvido que ele esteja em casa.
36- Espero que todos vocês façam uma boa viagem.
37- Eu estive no mercado duas vezes essa semana.
38- O que é pior: açúcar ou gordura?
39- O seu pai é mais velho ou mais novo que sua mãe?
40- Além de comprar as passagens, tenho que escolher os assentos.
41- Embora estivesse chovendo, nós saímos no sábado. / Apesar de estar chovendo, saímos no sábado.
42- As crianças estão trancadas no quarto.
43- A casa foi pintada na semana passada.
44- Tenho corrido na praia toda manhã.
45- Eu não permito que você fume aqui.
46- É importante que saibamos a música de cor.
47- Você quer que eu traga a comida para você agora?
48- Eu sinto muito que ele te trate assim.
49- Você ouviu alguma coisa sobre o acidente?
50- Você pode encontrar Mc Donald's em qualquer lugar dos Estados Unidos.
51- O Brasil foi descoberto por Pedro Álvares Cabral.
52- Aquela é a mulher cujo carro foi roubado.

BRASIL: ESTADOS E CAPITAIS

Made in United States
Troutdale, OR
08/30/2023

12501476R00151